IBEROAMÉRICA

IBEROAMÉRICA

su historia y su cultura

(Cuarta edición)

AMÉRICO CASTRO

HOLT, RINEHART AND WINSTON
New York   Toronto   London

Permissions

Salvador Reyes Nevares, "El machismo en Méjico" by permission of *Mundo Nuevo* (J); Pablo Neruda, "Enfermos de seguir . . .", "Me gusta cuando callas . . .", and "Puedo escribir los versos más tristes esta noche" by permission of the author (J); Gabriela Mistral, "Desolación", "Dulce ser . . .", and "Campesina" reprinted by permission of Doris Dana, Copyright 1922 by Gabriela Mistral (FE).

ILLUSTRATION CREDITS

Courtesy of the Brazilian Government Trade Bureau: 71, 81, 85. Courtesy of the Brazilian Embassy (Madrid): 78. Rene Burri, Magnum Photos, Inc.: 132, 214. J. Allan Cash, Rapho Guillumette Pictures: 124. Harry W. Crosby, Photo Researchers, Inc.: 100. Carl Frank, Photo Researchers, Inc.: 149, 176. Jerry Frank: 31, 35, 82, 106, 123, 127, 150, 161, 168. Ewing Galloway: 10, 26, 29, 54, 99, 131, 153, 170, 185, 191, 217. Georg Gerster, Rapho Guillumette: 32. Burton Holmes, Ewing Galloway: 42, 158. Fuji Hira, Monkmeyer Press Photo Service: 154. Courtesy of I.N.A.H., Mexico, D.F.: 112. S. Lanair, Magnum Photos, Inc.: 139. Collections of the Library of Congress: 37, 90. Courtesy of the Mexican National Tourist Council: 39, 93, 179. Collection, The Museum of Modern Art, New York: 173, 196, 198. The Research Libraries, New York Public Library: 103. Courtesy of the Pan American Union: 64, 96. Marilu Pease, Monkmeyer Press Photo Service: 146. Courtesy of the Puerto Rico Economic Development Administration: 188. Courtesy of Porrúa Hermanos: 11. Kim Sinclair: 49.

MAPS by Julia Doerschuk.

COVER DESIGN by Helga Maass.

Prólogo a esta cuarta edición

Las circunstancias a que han de hacer frente en nuestro tiempo, tanto Iberoamérica como los Estados Unidos, exigían introducir numerosos cambios y adiciones en esta cuarta edición. Se ha conservado, como es natural, cuanto en esta obra ha venido contribuyendo a que un estudiante americano tenga claras ideas sobre el pasado y el presente de Iberoamérica. Ahora bien, ese presente no es ya el de la edición anterior, ante todo por haber variado la imagen que antes tenían los iberoamericanos del llamado por ellos «Coloso del Norte». Los peruanos —para citar un ejemplo —se han atrevido a nacionalizar unilateralmente ciertas industrias americanas por no estar ya en vigor la «doctrina de Monroe». En una república latinoamericana han roto relaciones diplomáticas con los Estados Unidos, y las mantienen en cambio muy cordiales con los Soviets y con la China comunista. A consecuencia de ello naves de la marina soviética pueden repostar en puertos cubanos. En 1955 un hecho así habría parecido una increíble fantasía.

También dedicamos ahora alguna atención a las actividades guerrilleras en algunas repúblicas del sur, pues enlazan directa o indirectamente con la nueva situación creada en Cuba. Se acentúa, en cambio, en opuesta dirección, haber adquirido Méjico una estabilidad al parecer cada día más firme, tanto en el aspecto político como en el económico; es en muchos sentidos importante cuanto acontezca en una nación fronteriza, que se ha ido librando hasta ahora de los nocivos efectos de las tiránicas dictaduras y de las caóticas demagogias.

Dentro de las limitaciones de espacio —forzosas en un libro de esta clase —he procurado ampliar y poner tan al día como ha sido posible los avances literarios y culturales en Iberoamérica. Las cifras de población han sido renovadas. Reitero al profesor Raymond S. Willis —tan buen conocedor de los países de lengua hispano-portuguesa —mi viva gratitud por su ayuda editorial cuando preparaba la edición anterior a ésta, sobre todo por su sugestión de colocar en mejor orden ciertas secciones de este libro.

Con respecto a la presente edición, he de mencionar al escritor español Jorge Campos (un seudónimo) que ha colaborado conmigo para poner al día lo dicho sobre la literatura iberoamericana, un tema de su especial competencia. Juntos hemos redactado las adiciones introducidas en esta cuarta edición, a fin de que la forma lingüística estuviera a tono con el estilo del libro, y al alcance «lexicográfico» de un *undergraduate* que quiere aprender español en los Estados Unidos. La ayuda de Jorge Campos, en este punto, me ha sido muy valiosa, y he de darle aquí mis gracias muy expresivas.

Madrid   Américo Castro
12 de mayo, 1970

Índice

INDICE

I

El tema de este libro

Si el lector tiene a la vista el mapa de América, desde el norte hasta el sur, notará en seguida la existencia de diferentes zonas lingüísticas. Nos interesan ahora aquéllas en las cuales se habla español o portugués. El español se extiende desde el suroeste de los Estados Unidos hasta el
5 Cabo de Hornos, en la región antártica, en tanto que el portugués es la lengua de la extensa zona ocupada por el Brasil

El tema de este libro será una descripción y valoración de la historia y de la cultura de las naciones americanas cuyo idioma nacional es el español o el portugués. A esa inmensa extensión territorial damos
10 el nombre de Iberoamérica. La razón de este nombre es que todos esos países fueron descubiertos, colonizados y cristianizados por España y por Portugal, que, juntos, constituyen la Península Ibérica.

Al hablar sólo de los países de lengua española, diremos Hispanoamérica. La denominación Latinoamérica, o América Latina, es inexacta; quieren
15 fundarla en el hecho de que el español y el portugués son lenguas derivadas del latín. Pero en una importante zona del Canadá se habla francés —idioma también latino— y sin embargo nadie piensa en el Canadá francés al decir América Latina. Este nombre es tan inoportuno como lo sería el de América Germánica aplicado a los Estados Unidos,
20 fundándose en que el inglés es una lengua germánica.

De estos países iberoamericanos, Cuba y la República Dominicana son islas; los demás forman parte del continente. Todos ellos se rigen hoy por sistemas republicanos de gobierno, y por eso llevan también el nombre de Repúblicas Iberoamericanas.
25 Estas pueden distribuirse en tres grupos: Méjico, América Central (o Centro América) y América del Sur (o Sur América). Méjico es un solo país; América Central está integrada por Guatemala, Honduras, Nicaragua, El Salvador, Costa Rica y Panamá. En la América del Sur se encuentran: Colombia, Ecuador, Perú, Bolivia, Chile, Argentina,

Uruguay, Paraguay, Brasil y Venezuela. Añadiendo Cuba y la República Dominicana, tenemos diez y nueve naciones iberoamericanas. En todas se habla español, menos en el Brasil cuya lengua es el portugués. Los habitantes de las repúblicas antes mencionadas se llaman a sí mismos: mejicanos,[1] guatemaltecos, hondureños, nicaragüenses, salvadoreños, costarricenses, panameños, colombianos, ecuatorianos, peruanos, bolivianos, chilenos, argentinos, uruguayos, paraguayos, venezolanos, cubanos y dominicanos. En cuanto al Brasil, el nombre portugués de sus habitantes es *brasileiro;* en los países hispanoamericanos los llaman *brasileros,* y en España *brasileños.*[2]

Un lugar especial corresponde a la isla de Puerto Rico, territorio norteamericano desde 1898, hoy un Estado Libre Asociado a la Unión con derecho a elegir su gobernador y a izar su bandera junto a la de los Estados Unidos. Por su tradición, su lengua y su literatura, los puertorriqueños forman también parte del mundo hispánico.

Los americanos de lengua española y portuguesa no se diferencian de los americanos de lengua inglesa sólo por el simple hecho de hablar idiomas distintos. Además de hablar de otro modo, los iberoamericanos, en su inmensa mayoría, viven a su manera, y no piensan ni sienten como los norteamericanos acerca de este mundo y el otro. Conocer y no olvidar semejantes peculiaridades es el camino más corto para entender y estimar a nuestros vecinos. La vida de un pueblo es algo más que su geografía, sus condiciones económicas, su progreso material y su régimen político, porque dentro de cada pueblo y de cada hombre hay algo irreductible a hechos externos, cifras y estadísticas; ese algo es su manera de ser, la cual está integrada por las inclinaciones y por los hábitos tradicionales, por lo que uno quiere hacer y por lo que uno cree que debe hacer. Así pues, si pretendemos explicar lo que es un pueblo, nuestra primera tarea será procurar darnos cuenta de cómo es ese pueblo por dentro. Todo estudio relativo a temas humanos debe ocuparse, ante todo, de la manera de ser del hombre. No nos referimos únicamente a la psicología o a ciertos tipos de cultura, sino además

---

[1] En Méjico prefieren escribir con *x* las palabras *México* y *mexicano*, según se hizo en España hasta el siglo XVIII.

[2] He aquí los nombres de las unidades monetarias en los distintos países iberoamericanos: *peso* (Colombia, Cuba, Chile, Méjico, República Dominicana, Uruguay); *balboa* (Panamá); *bolívar* (Venezuela); *boliviano* (Bolivia); *colón* (Costa Rica, El Salvador); *córdoba* (Nicaragua); *cruzeiro* (Brasil); *guaraní* (Paraguay); *lempira* (Honduras); *quetzal* (Guatemala); *sol* (Perú); *sucre* (Ecuador).

al modo en que los pueblos obran, piensan y sienten cuando tienen conciencia de ser ellos mismos.

Las circunstancias geográficas, aunque muy importantes, no son tan esenciales como el carácter de los habitantes y su forma de civilización. La historia humana consiste en lo que el hombre hace con la naturaleza, y no en lo contrario. Es un error la creencia de que las naciones hispanoamericanas están divididas como resultado de las dificultades geográficas existentes entre ellas. Muchas regiones del Brasil están separadas por una naturaleza hostil y por distancias enormes, y sin embargo el Brasil siempre estuvo unido políticamente. Ecuador, Perú y Bolivia, hoy independientes, integraron antes el virreinato español del Perú, y antes el imperio de los incas; en tiempo de éstos, estaban enlazados por caminos magníficos que desafiaban los abismos y las escabrosidades de los Andes. Cuando los hombres quieren de veras esforzarse, obtienen de la naturaleza resultados y beneficios prodigiosos. Los españoles del siglo XVI, con medios que hoy nos parecen infantiles, caminaban por selvas y por alturas muy elevadas; a lo largo de la inmensa América fundaron ciudades que se extienden desde Concepción de Chile (1541) a Santa Fe de Nuevo Méjico (1605). Este libro, por consiguiente, concederá más atención a los hombres que a la naturaleza.

Antes de que América fuese descubierta en 1492, estaba ya habitada por gran variedad de pueblos. Los habitantes de las tierras que luego fueron Iberoamérica eran muy diferentes de los que poblaban los futuros Estados Unidos, desde Cape Cod a California. Estos indígenas carecían de la cultura y de la fuerte personalidad de los aztecas mejicanos, de los mayas de Centro América, de los indios peruanos, o de los araucanos chilenos. A esta primera diferencia hay que añadir ahora otra no menos importante: los españoles y portugueses que descubrieron y poblaron el inmenso territorio que va de California al Sur de Chile, poseían una civilización y una manera de ser muy distintas de las de Alemania, Francia, Inglaterra o Italia. Iberoamérica es, pues, en gran parte un resultado del enlace de la manera de ser de los pueblos de la Península Ibérica con la manera de ser de los indios que poblaban la tierra americana antes de llegar a ella españoles y portugueses. También debe tenerse en cuenta que algunas naciones iberoamericanas han modificado algo sus rasgos tradicionales a causa de haber recibido grandes contingentes de inmigrantes europeos (italianos en Argentina, Uruguay y Brasil), o africanos (negros en Cuba, la República Dominicana y Brasil).

Recuérdese también que Iberoamérica no se constituyó como los
Estados Unidos. *Aquí*, los ingleses en el siglo XVII y los norteamericanos
desde fines del XVIII difundieron un sistema europeo de vida, que se
aplicó y se extendió fabulosamente, sin tener en cuenta para nada lo
5 que antes hubiese. El sistema norteamericano ha ido aplicándose
uniformemente, como una especie de geometría moral y social, desde
Boston a San Francisco. Todo es, o completamente nuevo, o recuerda
más o menos la tradición europea. Pudiéramos entonces decir que
Norteamérica no posee un pasado *americano*.[3] El racionalismo, la
10 democracia calvinista, la santificación del trabajo y el ímpetu comercial e
industrial hicieron posible la grandeza de este país y también sus
limitaciones. *Allí*, en vez de lo que hemos llamado geometría moral y
social, la vida siguió un curso espontáneo y lleno de altibajos, más
inspirado en vitalidad y en creencias que en razón y cálculo, sin forma
15 estricta, sin límites claros; en tan extraño ambiente se confundieron lo
español, lo indio e incluso lo negro. La civilización ibérica se combinó,
en bastantes regiones, con la sensibilidad y el arte indígenas; en cada
país iberoamericano han surgido particularidades y diferencias, por
encima o por debajo de sus grandes rasgos comunes. Merced a tales
20 circunstancias, Iberoamérica depende no sólo de Europa, sino además de
su pasado *americano*. De ahí procede la riqueza vital y artística de su
pueblo, la enorme desigualdad de su historia, los contrastes entre sus
minorías exquisitas y sus masas atrasadas. *Conquistadores*

Digamos unas breves palabras sobre los conquistadores de América.
25 Españoles y portugueses estaban impulsados por la voluntad de señorío,
por su fe religiosa y por la ambición de lograr riquezas; no les interesó
mucho el trabajo paciente y organizado, ni inventar máquinas, ni fomentar
la industria y el comercio a fin de hacer productivo el dinero. La aspiración
aristocrática y el afán expansivo de las órdenes religiosas fueron impulsos
30 más fuertes que el deseo de enriquecerse los individuos, modificando

---

[3] Llamamos «pasado americano» a lo que existía en este continente miles de años antes de la llegada
de los europeos. Los Estados Unidos del siglo XVII no fueron construidos sobre ese pasado, sino
sobre una base europea y, en parte, sobre el elemento africano representado por los negros. La
región del Río de la Plata y el Brasil tampoco descansan sobre una base remotamente americana;
es bien sabido que en el Brasil la influencia africana es tan importante como la europea, y lo mismo
puede decirse de Cuba. Los otros países hispanoamericanos (Méjico, Perú, etc.) son, por el contrario,
resultado de la combinación de los elementos europeos con un pasado preexistente, y por eso su
población es principalmente mestiza y poseen un arte, e incluso una literatura, en que se armonizan
lo hispánico y lo indígena. Los problemas americanos, en el Norte y en el Sur, han de pensarse
teniendo en cuenta tales factores humanos que son los decisivos.

5

industrialmente los productos naturales, u organizando grandes empresas mercantiles. La riqueza de Iberoamérica, en el pasado, procedía de las minas de metales preciosos y, secundariamente, de la agricultura. La organización de la sociedad se inspiró en la de España: los grandes señores eran dueños de la tierra, y los labriegos (en América, los indios) la 5 cultivaban. La Iglesia católica, en España y en América, poseía inmensas extensiones de tierra productiva. El eco de esa fuerte tradición llega hasta el siglo XIX, según revela el siguiente hecho. Cuando se constituyó el primer gobierno de Méjico en 1821, fue nombrado regente don Agustín Iturbide, un jefe del ejército; y presidente del gobierno, don 10 Antonio Joaquín Pérez Martínez, obispo de Puebla. La Junta gubernativa ofreció al obispo, como un donativo, un millón de pesos y cuatrocientas leguas cuadradas de tierra en la región de Tejas. El obispo Pérez Martínez no aceptó tan fantástico regalo, pero mencionamos esa anécdota porque revela la naturalidad con que se concedían grandes 15 dominios territoriales a los eclesiásticos, en el siglo XIX lo mismo que en el XVI.

España y Portugal mantuvieron intactas sus creencias católicas, mientras en el siglo XVI otros países europeos se hicieron, parcial o totalmente, protestantes.[4] El pueblo no concebía más modo de vida 20 que el tradicional. Con fe religiosa, con impulso señorial y bélico, con un sentimiento exaltado del valor de la propia persona, con todo eso, el español se lanzó a la conquista del Nuevo Mundo, y expresó en obras de perdurable belleza su fe religiosa y su sentido de la cultura humana. Hay hoy en Hispanoamérica residencias de jefes del Estado, universidades y 25 bibliotecas públicas situadas en magníficos y artísticos edificios, construidos entre los siglos XVI y XVIII. Las mayores joyas del arte hispanoamericano son, sin embargo, los centenares de templos que esmaltan las tierras de Hispanoamérica. Francia, Holanda e Inglaterra no dejaron en América una sola huella de verdadero arte durante aquellos siglos. 30

Los ingleses no construyeron bellos y lujosos edificios, no porque su civilización fuera mejor o peor que la de los españoles, sino por estar interesados en fomentar otra clase de valores humanos. El protestantismo, desde Lutero, había borrado la distinción entre lo eclesiástico y lo secular, o sea, entre la Iglesia y la sociedad civil. El trabajo y las actividades 35 sociales entraron también en el campo de la religión; ésta, para los

---

[4] Recuérdese que la religión del norte de Europa fue reformada en el siglo XVI por Lutero (1483–1546) y Calvino (1509–1564).

católicos, siguió siendo inseparable de los sacerdotes y de un culto solemne. Los templos protestantes evitaron el lujo artístico y los ritos solemnes porque, como decía Lutero, «Cristo no tiene dos cuerpos, uno secular y otro espiritual». El protestante estaba dentro de su vida
5 religiosa al ocuparse en sus tareas diarias, y no necesitó de la mediación del sacerdote para relacionarse con Dios. Para el católico la religión continuó siendo la busca de lo sobrenatural a través de la Iglesia y de sus ritos simbólicos; para el protestante cualquier actividad humana estaba ya penetrada de espiritualidad religiosa, y quien tuviese fe en Cristo era
10 ya sacerdote de sí mismo. Así se comprende que los católicos españoles cultivaran un arte religioso, que fue ganando en esplendor a medida que se arraigaba en Europa y se extendía en América la reforma protestante. Las iglesias artísticas y lujosas y los templos sencillos y modestos simbolizan la pugna entre dos formas opuestas de espiritualidad religiosa.
15 Al español no le importó mucho averiguar científicamente cómo sean las cosas que vemos y tocamos, ni hizo nada para organizar socialmente el progreso de los conocimientos humanos antes del siglo XVIII; no pretendía conocer la realidad; quiso poseerla total e íntegramente. De ahí el arrojo audaz y heroico de los conquistadores, que vinieron a
20 América a desposarse con la tierra y con las mujeres indias, y a crear ciudades que un día serían capitales de naciones. No organizaron, en cambio, exploraciones científicas, hasta muy entrado el siglo XVIII; y eso como imitación de lo hecho por otros países. Los españoles de los siglos XVI y XVII poseían primero la tierra, y luego contaban lo que había en ella,
25 describían sus plantas y animales, y las costumbres de los indígenas; así contribuyeron al progreso de las ciencias naturales y de la etnografía. Es innegable que los conquistadores y colonizadores subyugaron la población india, y al principio de la conquista, la destruyeron totalmente en Cuba y en las otras Antillas. Pero las demás naciones de Europa siempre
30 trataron como raza inferior a los indígenas de los países que conquistaban. Todos saben lo hecho por los ingleses, primero en Norte América y luego en la India; en 1865 reprimieron una sublevación de negros en Jamaica con tal crueldad, que el mismo gobierno inglés tuvo que hacer una investigación. Es, por tanto, impensable que los españoles hubieran
35 dejado como estaban a los aztecas de Méjico y a los incas del Perú; pero han tenido que sufrir ataques muy duros de la opinión internacional, indiferente en cambio respecto de los excesos cometidos por otras naciones.

La conquista de América fue una extraña mezcla de grandeza, virtud y crueldad. Fueron grandes las empresas de los conquistadores, animados de un arrojo y de heroísmo sin igual en el siglo XVI; fué grande la erección de ciudades como Santo Domingo, Méjico, Lima, Bogotá y tantísimas otras, poniendo a veces en ellas más afán de belleza y suntuosidad 5 que en las mismas ciudades de la metrópoli; numerosos edificios, religiosos y civiles, guardan aún la huella del arte y la distinción hispánicas. Fueron virtuosas las obras de los frailes que evangelizaron a los indios lo mejor que supieron, y los incorporaron, en cuanto fue posible, a la forma hispánica de la cultura occidental. Fueron crueles quienes 10 usaron a los indios como esclavos, demolieron sus ciudades y han impedido subsistir tanta linda cosa como había entre los incas, los mayas y los aztecas. Lo único que atenúa semejantes daños es la certeza de que la población indígena de Hispanoamérica lo habría pasado aun mucho peor si algún otro pueblo europeo hubiese conquistado Méjico y el 15 Perú en el siglo XVI; y nadie se ocuparía hoy del asunto.

REFLEJOS DEL CARÁCTER HISPÁNICO EN IBEROAMÉRICA

El carácter de los españoles que iniciaron la colonización de América en 1492 debía mucho —directa e indirectamente— a los musulmanes que invadieron la Península Ibérica, desde el Norte de Africa, en 711 y permanecieron en ella más de siete siglos. La lucha de los cristianos para 20 recobrar su antiguo territorio (la llamada Reconquista) procedió gradualmente de norte a sur. Fue terminada victoriosamente por los Reyes Católicos, Fernando e Isabel, con la conquista de Granada, último reducto de la soberanía musulmana, en 1492, el mismo año en que los españoles descubrieron América, guiados por la pericia geográfica de 25 Cristóbal Colón. No es posible explicar aquí cómo influyeron los musulmanes sobre los cristianos; baste decir que la omnipresencia de la Iglesia y de la religión en la vida española es fenómeno paralelo a la presencia también total de la religión en todos los momentos de la vida musulmana. 30

No menor importancia hay que reconocer a la población judía de España, expulsada por los Reyes Católicos de sus reinos en 1492. En ningún otro país europeo gozaron los judíos de tanta fuerza y de tanto prestigio como en España. Judíos y árabes habían realizado durante la

Edad Media la mayor parte del trabajo técnico y científico: filosofía, ciencias naturales, medicina, construcción de edificios, industria, comercio. Los judíos solían ser médicos de los reyes y de los grandes señores; cobraban además los impuestos, administraban la hacienda pública y la de los nobles ricos, y eran en realidad los únicos españoles capaces de practicar el comercio bancario.

Durante los largos siglos de la Reconquista, los cristianos consagraron esfuerzo preferente a guerrear y a dominar las tierras reconquistadas. Miraban entre tanto con desprecio o con escaso interés las tareas en que descollaban las razas sometidas, —moros y judíos: el trabajo de los artesanos, el comercio y el negociar con el dinero. Al ser expulsados aquellos infieles, los españoles continuaron estimando propias de gente inferior tales tareas. Así se desarrolló entre los españoles el culto del valor militar y de la grandeza nobiliaria; de ahí surgió también la importancia excepcional de la religión y de la clase eclesiástica. Cuando los españoles vinieron a América, su ideal no podía ser otro sino hacer trabajar para ellos a los indígenas indios, y luego a los negros traídos inhumanamente de las tierras africanas, de la misma manera que moros y judíos habían sido sus servidores en España. La riqueza de las regiones descubiertas, el oro y la plata, compensaron así la pobreza española, natural en una nación de señores y labriegos, con escasa producción y deficiente comercio.[5]

La conducta de los españoles en América fue resultado de sus hábitos tradicionales; utilizaron a los indios para trabajar las minas y la tierra, y para lograr riqueza y prestigio social. Las cuestiones de etiqueta creaban conflictos entre las autoridades y los eclesiásticos, sobre si unos se sentaban delante o detrás en los actos oficiales. No procedía esto de frívola vanidad sólamente, sino de la importancia concedida a las relaciones sociales y morales entre hombre y hombre. Por tal motivo abundaron los juristas eminentes; uno de ellos, Francisco de Vitoria, sentó las bases del futuro derecho internacional. El interés por los problemas personales y jurídicos llevó también a discutir la legitimidad de la conquista de América, cosa que no aconteció en ningún otro país. Hubo una

---

[5] Hay que tener en cuenta que la colonización de América en los siglos XVI y XVII fue principalmente obra castellana; los catalanes dependían del reino de Aragón, y fueron excluidos de la conquista de América. Aunque España tenía sólo un rey, se conservaban todavía en el siglo XVI ciertas separaciones entre los que habían sido antes reinos independientes. Los catalanes eran los únicos españoles con alguna capacidad para la industria y el comercio. Los castellanos eran, en cambio, quienes posían más señaladamente los rasgos de carácter señorial y religioso a que nos venimos refiriendo.

9

La Mezquita de Córdoba (España), hoy templo católico; fue construida por los califas de Córdoba en el siglo X de la era cristiana. El arreglo simétrico de las columnas permite tener una perspectiva múltiple y siempre igual, sea cual fuere el lugar ocupado por el observador. Es un hecho importante para la historia de la civilización el que los católicos españoles imitaran a veces esta forma de arte en sus dominios americanos.

Cholula (Méjico). Capilla Real. Entre las 360 iglesias de esta ciudad (un lugar sagrado para los indígenas a la llegada de los españoles), se encuentra este monumento de estilo mudéjar, o sea, el de los moros que vivían en España bajo la dominación cristiana. La difusión por Hispanoamérica de esta clase de arte es un hecho poco conocido de los no especialistas. Se encuentran monumentos con rasgos mudéjares desde Arizona hasta la Argentina. La disposición de las columnas en la Capilla Real recuerda el interior de la mezquita, hoy catedral, de Córdoba (España).

salvar almas

contradicción entre el régimen opresivo aplicado a los indios por los conquistadores, y el cristiano propósito de los teólogos para hacerlo más humano; según los teólogos, los indios eran hombres perfectos, y la única razón de entrar en sus tierras era enseñarles la verdadera religión y salvar sus almas. Los defensores de los indios se convirtieron en 5 críticos y adversarios de sus mismos compatriotas; las órdenes religiosas se situaron frente al Imperio español, y calificaron de bárbaros tiranos a los colonizadores y a los funcionarios del Estado, porque utilizaban en provecho propio unas tierras que no eran suyas. Sólo una minoría sostuvo la idea de que los derechos del Estado se basaban en la 10 superioridad de la cultura española respecto de la india. La mayoría de los que iban a América ignoraron aquellos debates, y trataron a los indios como raza inferior, lo mismo que hicieron todos los europeos. No hace falta insistir sobre las conocidas atrocidades cometidas por los conquistadores, pues a ellas nos referimos en varios lugares de este libro. 15 La conquista fue cruel, sin duda; y los demás europeos procedieron del mismo modo antes del siglo XIX; aunque como ha escrito un ilustre historiador francés, «A la postre prevaleció el espíritu pacífico de los frailes [españoles]» (Marcel Bataillon). Pero la diferencia esencial fue *mestizaje* que los españoles se mezclaron con la población indígena, y que, en 20 general, los indios subsistieron e intervienen hoy en la vida política de Méjico y Perú (por ejemplo), cosa que no acontece en los Estados Unidos. Las polémicas de los teólogos del siglo XVI no fueron inútiles.

Consecuencia importante de lo anterior es que España fue el único país en donde surgió un antagonismo entre las tierras nuevamente 25 conquistadas y la metrópoli, ya en el mismo momento de la conquista. Los frailes decían que ellos eran los únicos que trataban a los indios como a hijos, mientras que los seglares los usaban como esclavos. Don Francisco de Quevedo, uno de los mayores escritores del siglo XVII, decía que los indios traicionaron a su patria al entregarse a los españoles, y que éstos 30 habían ido a las Indias llevados por la codicia del oro. España fue el único gran pueblo que ha vivido en contradicción consigo mismo; los remotos gérmenes de la revolución del siglo XIX y de la independencia de Hispanoamérica estaban ya vivos a principios del siglo XVI. No nos sorprendamos, pues, si España e Hispanoamérica siguen hoy todavía 35 viviendo en lucha consigo mismas, en una u otra forma.

Pero las creaciones mayores de España fueron debidas a las dificultades experimentadas por cada español para vivir su vida, y a las luchas entre

él y su propio país. Si entre la Iglesia y el Estado hubiese reinado pacífica
armonía, probablemente las órdenes religiosas no se habrían expresado
con tanta intensidad a través de las maravillas arquitectónicas que hoy
admiramos desde Méjico hasta Chile. Esos templos son como un eco
5 artístico del imperio espiritual de la Iglesia española, el cual se revela
también en la actividad benemérita de muchos frailes del siglo XVI:
fundaron colegios para educar a los indios y desarrollar sus aptitudes
técnicas y artísticas; aprendieron las lenguas indígenas, recogieron
tradiciones orales, y pudieron así conservar y reconstituir la historia de
10 las civilizaciones precolombinas. Poco sabríamos de ellas y de muchas
lenguas indígenas sin el esfuerzo gigantesco de aquellos misioneros. La
más importante de esas obras es la *Historia general de las cosas de Nueva
España*, del franciscano Bernardino de Sahagún, indispensable para
conocer el Méjico precortesiano. Pero Sahagún también escribió en
15 desacuerdo con su orden, pues su magnífica historia no fue publicada
hasta 1829.

Para cada español de primera clase la vida fue casi siempre un tremendo
problema. Algunas obras maestras de la literatura española reflejan
claramente la lucha del hombre consigo mismo y con el medio que lo
20 rodea. *La Celestina* (1499) narra unos trágicos amores, y es el punto de
partida del drama y de la novela en la Europa moderna. Don Quijote,
héroe de la mayor obra de Cervantes (1605), vale como una expresión
total del ser humano que se enfrenta con la dificultad esencial de existir;
Don Quijote pretende que el mundo sea distinto de como es. Lo mismo
25 puede decirse del teatro del siglo XVII y de lo mejor de la poesía española.

La expresión de las inquietudes y de los anhelos personales interesa
profundamente a españoles e iberoamericanos; la moral, el derecho y el
arte les preocupan más que la ciencia, la técnica industrial o la organización
de la sociedad mediante el trabajo metódico y bien dirigido de los
30 individuos. Para las actividades que de verdad le importan, la gente
hispánica no es perezosa. Un pueblo perezoso no se habría extendido
por América tan rápidamente, ni construido ciudades, ni haría tanta
obra admirable de arte: tejidos preciosos y de rara elegancia, orfebrería,
cerámica, etc.

35 La manera de ser de los españoles les impidió enlazar su cultura con
la del resto de Europa, y esto les ha creado muy graves problemas
desde hace ya siglos. Pero la historia es como es, y no puede ser de otra
manera. Desde fines del siglo XV comenzaron los españoles a lograr

13

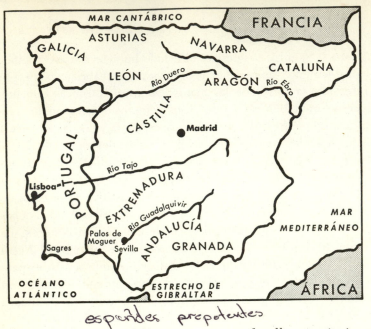

españoles prepotentes

triunfos militares y políticos, y a causa de ellos consiguieron muy alta
posición en el siglo XVI; su imperio abarcaba gran parte de Europa (el
Sur de Italia, el ducado de Milán, el Norte de la Francia actual, el
Franco Condado, Bélgica, Holanda, Sicilia, Cerdeña, Portugal desde
1580 á 1640), toda la América conocida en el siglo XVI, las Filipinas y 5
otras islas de Oceanía. Cuando un país alcanza éxitos de esa magnitud,
posee fuerza y riquezas, y se hace temer y admirar, siempre cree que su
manera de ser y de vivir es la mejor del mundo.

Lo malo para España es que, ya en el siglo XVI, comenzó a alzarse
frente a ella otro tipo de civilización que, a la larga, habría de serle 10
funesto. Italia, Francia, Alemania, Holanda e Inglaterra comenzaron a
cultivar la ciencia física y la técnica industrial que, en el siglo XIX,
gobernarían el mundo —el vapor, la electricidad, el motor de explosión.
La máquina se ha convertido en la divinidad de nuestro tiempo, y el
bienestar material interesa más que los problemas del espíritu y del 15
destino humano. Pero España, Portugal e Iberoamérica han contribuido en
forma insignificante al nacimiento y desarrollo del progreso científico y
mecánico. Los países con industria fuerte y original tratan hoy al mundo
hispánico con aire desdeñoso y protector, y buscan en él riquezas
naturales y consumidores para sus productos manufacturados. Son muy 20
pocos quienes se interesan en las maravillas artísticas de Iberoamérica y
en sus valores humanos sin aplicación práctica.

Ilustración
revolución industrial

14

El mundo hispánico, por supuesto, nunca se ha aislado de esa civilización que le era extraña; con lentitud y retraso ha ido aceptando los adelantos materiales del extranjero, como préstamos que sabe no puede devolver, y sin perder por ello la conciencia de su propio valor.
5 Desde el siglo XVIII la gente hispana ha importado desde la ciencia y las máquinas, hasta las constituciones y el sistema de los partidos políticos. Se ha creado así una forma de vida híbrida, en la cual los valores propios, que son muchos, se mezclan con imitaciones extrañas.

PECULIARIDADES IBEROAMERICANAS

Gracias a las explicaciones anteriores podemos comenzar a entender a
10 los iberoamericanos: *son espontáneamente de una manera, y necesitan vivir de otra.* De ahí proviene el estar en contradicción consigo mismos, y también sus sentimientos a la vez de superioridad y de inferioridad. Las minorías más cultas siempre se han esforzado por modificar los hábitos de la masa, la cual responde con lentitud a los consejos de la razón.
15 Puede decirse que las dificultades de los pueblos hispánicos no son consecuencia de su ignorancia, pues la minoría culta de Iberoamérica no es menos inteligente e instruida que la de los Estados Unidos; lo que ocurre es que el pueblo no responde al estímulo de las ideas, sino al del entusiasmo y la pasión. La violenta desarmonía entre los impulsos y las
20 razones hace difícil arraigar la democracia de tipo inglés o americano. La dirección de la política suele estar en manos de militares o abogados audaces; a veces, la diplomacia y el capitalismo extranjeros influyen mucho en la marcha de los asuntos públicos.

Es difícil analizar objetivamente una situación tan complicada; los
25 iberoamericanos, por su parte, cultivan un nacionalismo exasperado; consideran ofensa lo que no es lisonja, y dan gran importancia a lo que se escribe sobre ellos. A veces caen en un pesimismo amargo, tan infundado como su excesiva susceptibilidad.

Sorprende mucho la falta de unidad política en la América de lengua
30 española, cuando la comparamos con los Estados Unidos y con el Brasil, naciones unidas a pesar de su enorme extensión geográfica. Hispanoamérica se compone, en cambio, de diez y ocho repúblicas, un hecho absurdo, si pensamos con lógica, y cuya explicación hay que buscar en la historia, en la manera de ser de la gente, y no en la geografía.
35 Los Estados Unidos deben su unidad a que los primeros habitantes europeos que llegaron aquí, poseían ya la tendencia a unirse unos con

15

Norteamericanos

otros, como resultado de su religión, y de su forma de vivir y trabajar. Los primitivos colonos ingleses y holandeses se mantuvieron separados de los indios y unidos frente a ellos; su religión era ya una forma de democracia, sin la jerarquía señorial de la Iglesia católica de España. La gran tarea de los americanos del siglo XVII fue el comercio y el trabajo 5 agrícola, y muy pronto comenzaron a interesarse en la técnica industrial. Desarrollaron las libertades individuales y el régimen representativo, y fueron así establecidas las bases de la democracia norteamericana. El americano del Norte, inglés u holandés, dio más importancia a lo que podía construir con sus ideas y con sus manos, que a las construcciones 10 de su fantasía. No buscaron nuevos horizontes; dominaban la tierra que la raza blanca podía abarcar por sí sola. Pensaron en organizar una sociedad civil, y no en extender su fe religiosa entre los indios.[6] Dados estos propósitos, su ímpetu expansivo fué mucho menor que el de los españoles. Cuando los Estados Unidos lograron su independencia en 1776, 15 aun se encontraban cerca de la costa atlántica, y todavía no eran dueños de la Florida; compárese esto con la extensión de los dominios de la corona de España ya en el siglo XVI, a los cuales se añadió el Brasil entre 1580 y 1640, cuando España y Portugal estuvieron unidos bajo los reyes Felipe II, Felipe III y Felipe IV. *Hispanoamericano* 20

El primitivo norteamericano poseía una espiritualidad dirigida hacia el trabajo y la cohesión social; el iberoamericano dependió, por el contrario, de su aspiración aristocrática y religiosa.[7] Los primeros vivían en casas sencillas, por muy ricos que fueran; los segundos, siempre que tenían medios para ello, edificaron mansiones espléndidas. La 25 religión de los norteamericanos, el protestantismo de matiz puritano, concedía más importancia a la moral individual y social que al culto esplendoroso y a la relación emotiva del alma con Dios, la Virgen y los

---

[6] Hubo algún intento aislado de propagar el cristianismo entre los indios durante el siglo XVII. John Eliot (1604–1690) predicó a los indios de Nueva Inglaterra en su lengua, y tradujo la Biblia para ellos. Mas la diferencia con la América española es que los indios cristianizados (un número pequeño) no convivieron con los ingleses, y los misioneros no tomaron partido a favor de los indios y en contra de los colonizadores, según hicieron los frailes españoles en América y en las Filipinas.

[7] Los americanos del siglo XVII consideraban el trabajo manual como una actividad digna y meritoria; los españoles lo despreciaban, pues vinieron a América impulsados, en general, por el deseo de llegar a ser «señores» y de vivir como tales. Los habitantes de Buenos Aires en 1590 (para citar un ejemplo) carecían de servidores indios, y escribían al rey Felipe II que «había mujeres españolas nobles que son tan pobres, que ellas mismas tienen que traer del río el agua que han de beber; los vecinos de la ciudad también tienen que trabajar con sus manos, *lo cual es cosa de mucha lástima*». (Emilio A. Coni, *Agricultura, comercio e industria coloniales*, p. 15). Ahí se ve la esencial diferencia entre ambas colonizaciones.

16

santos. La ciudad de Méjico, en el siglo XVI, nombró oficialmente a San José su celeste protector, a fin de resguardarse contra los daños causados por los rayos y las tormentas. Esto carece de sentido para el calvinista americano, confiado en que Dios lo salvaría, y seguro de justificar su alma
5 al leer la Biblia, colaborar socialmente con el prójimo y trabajar en provecho propio y de la comunidad. El iberoamericano, animado de poética ilusión, se interesó en el más allá del otro mundo, y muy poco en la prosa de la vida diaria; quería percibir algo de las maravillas divinas, y por eso mismo fomentó el arte, en el cual siempre sentimos ecos de
10 algo extraordinario y superior al hombre. El protestante comprimió su emotividad, y redujo la religión a moral individual y cooperación social; el católico pretendía elevar su mundo hasta Dios. Tales opuestas actitudes ponen de manifiesto las considerables diferencias entre Norte y Sur América.
15 El catolicismo español era peculiarísimo, según se nota ya en ciertos nombres geográficos que, para un católico no español o portugués, resultan irreverentes. Esos nombres comienzan en las tierras que fueron españolas al sur del estado de Colorado: *Sangre de Cristo* (una cordillera), el distrito de *Las Animas*, o sea, las almas del purgatorio: *Trinidad*, o sea, la
20 Santísima Trinidad. Hay unas treinta ciudades en Iberoamérica que se llaman *Concepción*; la capital del Paraguay es *Asunción*; en el Brasil hay un río *Madre de Deus*, y en el Perú otro, el *Madre de Dios*. Hay muchos nombres *Espíritu Santo*; un puerto de Tejas es *Corpus Christi*, nombre latino que en español significa Cuerpo de Cristo. En California tenemos
25 *Sacramento*, *Los Angeles*, *San Diego*, y centenares más de la misma especie en todo el antiguo mundo hispanoportugués. Tales nombres manifiestan la familiaridad con que eran tratadas las cosas divinas, y el íntimo enlace entre la religión de los colonizadores y la de España, en tanto que los ingleses que se establecieron en América, trajeron consigo una religión
30 algo distinta de la oficial en Inglaterra.
Además de las diferencias religiosas entre Norte y Sur América, otros motivos políticos y sociales ahondaron sus distancias. Los primeros colonos de Maryland y Virginia estaban en relación con grandes compañías comerciales, establecidas en Londres, y se dedicaron al cultivo del tabaco,
35 negociaron en pieles, etc.; no encontraron, en cambio, ricas minas de oro y de plata. Aquellos trabajos, para ser productivos, necesitaban una sociedad bien enlazada horizontalmente, sin grandes contrastes entre señores y gente baja, y no mezclada con indios. Así se desarrolló el

17

hábito de vivir todos corporativamente sobre un mismo nivel social. La organización nobiliaria de Inglaterra no penetró en la Nueva Inglaterra, y el rey nunca tuvo para ellos una significación extraordinaria. Siendo una colonia, el sistema de gobierno era muy parecido al de una república democrática, en donde la raza blanca no se mezclaba con gentes de otro 5 color, sino muy raramente. Ya en 1619 llegó a Virginia un barco lleno de mujeres inglesas para ser esposas de los primeros pobladores.

no mestizaje

Las consecuencias de semejante historia son múltiples. La raza americana blanca no se mezcló con indios ni con negros; su régimen político es verdaderamente democrático (al menos para los ciudadanos 10 blancos); el trabajo manual dignifica lo mismo que toda ganancia honesta de dinero, y nadie se avergüenza de haber sido pobre; la cooperación entre los ciudadanos es efectiva, y, después de la guerra civil, la unidad de la nación fue perfecta; domina en los Estados Unidos el tipo de vida socializada y mecanizada; el invento y construcción de nuevas máquinas es, 15 quizá, la actividad en que más sobresale el norteamericano; el número relativo de quienes gozan de bienestar material es mayor que en ningún otro país. Es manifiesto, en cambio, que en 1776 no había aquí ciudades, monumentos ni obras literarias comparables a. las de Hispanoamérica. Las mayores empresas realizadas por los colonos y exploradores ingleses u 20 holandeses resultan modestas comparadas con las de los españoles. Modernamente, la misma perfección del sistema social limita la expresividad del individuo; el pensamiento y la sensibilidad toman formas cada vez más colectivas y menos personalizadas.

hispano

La situación es muy otra en Iberoamérica. Abundan los mestizos y los 25 mulatos; se llama blanco al que no es negro, en tanto que aquí se llama negro al que no es completamente blanco. Las formas de gobierno son democráticas oficialmente, pero no en la realidad. El trabajo manual, haber sido pobre o pertenecer a la llamada clase baja no dignifican nada; se concede mucha importancia a la forma de ir vestido; ninguna persona 30 «decente» andará por la calle cargada con un paquete, porque está muy vivo el sentimiento de clase y jerarquía sociales. Aparte de que haya más o menos fraude que en los Estados Unidos, las relaciones entre los ciudadanos, y entre éstos y el Estado, se fundan en la desconfianza y en el recelo. El americano llama *home* a su nación; un iberoamericano llama 35 «casa» a su vivienda personal, pero no a su país. La agitación y el afán de los negocios no dominan todavía al iberoamericano mejor educado, que aspira a desempeñar un papel importante en su ciudad y a consagrarse a trabajos liberales, o sencillamente a contemplar la vida y a gozar con el

espectáculo de su propia distinción. Huelga decir que todos los adelantos mecánicos han sido importados de Europa o Norte América, y que la industria que existe allá es todavía incipiente, y suele depender de capitales y técnicos extranjeros. En el fondo, el iberoamericano auténtico
5 no concibe más riqueza que la de la propiedad territorial, y es tan inhábil para negociar con dinero como su antepasado, el hispano-cristiano de la Edad Media.

Ya en el siglo XVI surgieron en Hispanoamérica relatos históricos que hablan de empresas prodigiosas en un estilo tenso y apasionado.
10 Algunos de ellos fueron traducidos a otras lenguas, y dieron a Europa ideas sobre América y sus habitantes, las cuales influyeron en el pensamiento moderno. La idea de que los hombres, en su origen, eran naturalmente buenos y libres halló apoyo en las noticias dadas por los cronistas españoles acerca de los indios americanos; reflejo indirecto
15 de esa idea fue el concepto de los derechos del hombre y de la igualdad básica de todos los seres humanos. Aquellas crónicas, por primera vez, convirtieron el heroísmo español en virtud colectiva y en tema literario. Francisco de Jerez, cronista del Perú, se asombra, en 1534, de que tan pocos españoles hubiesen dominado tierras tan inmensas y difíciles,
20 alimentándose con la comida de los indios, «que no tenían noticia de pan ni de vino». Los españoles fueron a las Indias (es decir, a América) «sin ser pagados ni forzados; de su propia voluntad y a su costa; y así han conquistado en nuestros tiempos más tierra que la que antes se sabía que todos los príncipes fieles e infieles poseían». Los móviles de la
25 conquista fueron la ambición de oro y el afán de poderío; los principios que mantuvieron unidos a aquellos hombres de acero fueron la gloria de Dios y la veneración del Rey. *Vida española*

Resulta de todo lo anterior que los pobladores de Iberoamérica no se parecían en nada a los ingleses y holandeses que fundaron los Estados
30 Unidos. La vida española se basaba en mitos grandiosos, y se desplegaba en imágenes poéticas: religión, realeza, esplendor nobiliario, heroísmo individual, expresión artística en todas sus formas. Abandonado a la prosa del trabajo diario y metódico, el español se hundía; la prueba es que recurrió a las labores agrícolas sólo cuando no encontraba minas con oro
35 deslumbrador. Necesitaba sentirse sostenido por la fe en algo que estuviese más alto que él. Cuando la monarquía y la nobleza perdieron fuerza y prestigio; cuando el sentimiento religioso se atenuó, y faltaron imperios que conquistar, los pueblos hispánicos de América se fragmentaron y se pusieron a vivir separadamente. No estaban unidos

por intereses «horizontales», ni ligados a un trabajo común que hubiese creado entre ellos lazos sólidos, basados en realidades inmediatas y no sólo en creencias comunes. Permanecieron juntos mientras participaron de unas mismas ilusiones y de unos mismos respetos hacia algo que estaba por encima de ellos: religión, monarquía y fe en la grandeza del heroísmo personal. La acción de España en América conservó su energía hasta el momento de hacerse independientes los virreinatos. Todavía en el siglo XVIII hubo excelentes virreyes que gobernaron las Indias con gran acierto. Un espíritu misionero y civilizador inspiró a los fundadores de las misiones californianas, que, entre 1740 y 1820, dieron origen a pueblos, muchos de los cuales aun perduran con su nombre español (San Diego, Los Angeles, Santa Bárbara, Monterrey y San Francisco). Entre los virreyes de la Nueva España (hoy Méjico), merece citarse Bernardo de Gálvez (1746-1786), cuyo nombre conserva la ciudad de Galveston.

Los últimos virreyes hicieron construir algunos de los espléndidos edificios que dieron a la ciudad de Méjico el aspecto monumental que aún hoy ofrece: Monte de Piedad, Palacio de Chapultepec, Escuela de Minas, etc.

El Imperio español se mantenía en pie a causa del respeto que inspiraba el rey de España; desaparecido éste al ser invadida la metrópoli por las tropas de Napoleón, cada territorio aspiró a convertirse en un país independiente.

El Brasil nos confirma en la idea de que la fragmentación de Hispanoamérica se debió, sobre todo, a la ruina del ideal monárquico. El Brasil es una inmensa nación cuya costa atlántica tiene hoy casi la misma longitud que en el siglo XVI. Cuando Hispanoamérica se dividió en diferentes repúblicas a principios del siglo XIX, el Brasil mantuvo su régimen monárquico. Se declaró independiente de Portugal en 1822, pero conservó la dinastía portuguesa de los Braganza; don Pedro I fue proclamado emperador, y su hijo don Pedro II reinó hasta 1889, año en que advino la República. Si aquel país extensísimo y sin casi más comunicaciones que las marítimas hubiese adoptado en 1822 el régimen republicano, Bahía, Río de Janeiro, São Paulo y Río Grande do Sul se habrían convertido en naciones independientes, del mismo modo que el Virreinato del Río de la Plata se fragmentó en la Argentina, el Uruguay y el Paraguay. Los brasileños, en el fondo, deben a su ascendencia portuguesa una manera de ser histórica análoga a la de los hispanoamericanos. Sólo se mantienen unidos dentro de un mito y de una creencia común.

UNIDAD ESENCIAL
DEL MUNDO IBEROAMERICANO

Mestizaje

España, Portugal e Iberoamérica continúan poseyendo hoy rasgos comunes que los ligan íntimamente, a pesar de las grandes diferencias que separan a las veinte y una naciones de lengua española y portuguesa, y de las peculiaridades nacionales que, en forma mayor o menor, van
5 todas ellas adquiriendo. Es igualmente importante, sin embargo, la unificación cultural de Hispanoamérica en su lengua literaria y en su pensamiento. Todos los países hispanoamericanos viven preocupados por su destino e insatisfechos respecto de su presente, según descubre una abundante literatura;[8] en las obras citadas en la nota se analiza y critica
10 la vida nacional de diferentes países, y se buscan soluciones para sus angustiosos problemas. No debe mirarse esa amarga literatura como un signo de debilidad; los pueblos iberoamericanos están tratando de encontrar una postura firme en el mundo actual, sin abandonar su propia manera de ser. La Iberoamérica del siglo XX posee una visión de sí
15 misma, más clara que la del siglo pasado.

Al lado de dicha literatura crítica aparece la tendencia a achacar a alguien o a algo la culpa de los males de cada país. Suele atribuirse el atraso económico y cultural a los tres siglos de dominación española y a la influencia de la Iglesia católica; hay quien ve en el imperialismo
20 norteamericano el mayor enemigo de Iberoamérica, recordando que el Sudoeste norteamericano fue arrebatado a Méjico por la fuerza de las armas, y que Panamá se separó de Colombia porque así lo quisieron los Estados Unidos. Pero sean como sean las tensiones entre las dos Américas, los pueblos del Sur no romperán sus relaciones con el Norte de cuyo
25 auxilio económico y técnico no pueden prescindir, aún siendo importante la colaboración industrial de varios países europeos.

La minoría blanca suele atribuir a indios y mestizos la pereza del pueblo y su resistencia a obedecer las leyes, mientras la población de color culpa a los blancos de la opresión del pueblo y de la ausencia de verdadera
30 democracia. Antes de la última guerra, los japoneses aprovecharon ese estado de ánimo para presentarse como hermanos de raza de los indios

---

[8] Alcides Arguedas, *Pueblo enfermo* (Bolivia); Eduardo Mallea, *Historia de una pasión argentina*; Salvador Mendieta, *La enfermedad de Centro América*; Victor Domingo Silva, *La patria trágica* (Chile); Juan B. Terán (argentino), *La salud de la América española*; Alberto Zum Felde (uruguayo), *El problema de la cultura americana*; José de Manoel Bomfim (brasileño), *A América latina*; Octavio Paz (mejicano), *El laberinto de la soledad*.

(sobre todo en el Ecuador y el Perú), aunque, naturalmente, fracasaron en su propósito.

La pobreza de los indios y, en general de las clases inferiores explica la difusión de las ideas socialistas y comunistas. Los contrastes entre opulencia y miseria son muy violentos. Una sola familia boliviana poseía 5 la mitad de una de las mayores minas de estaño del mundo, con lo cual su fortuna superaba a la del Estado. Las tierras más fértiles de la Argentina pertenecen a unos pocos centenares de propietarios privilegiados. En Cuba, la intervención norteamericana fomentó el monocultivo de la caña de azúcar mientras la gente humilde carecía de tierra, etc. Es 10 dudoso, sin embargo, que tan grandes injusticias vayan a resolverse con revoluciones sociales; antes es preciso que el pueblo adquiera más capacidad productiva y consumidora. En otro caso, sería indispensable que grupos numerosos y enérgicos forzaran a un pueblo, más bien apático, a modificar sus hábitos de trabajo y de vida, y que los beneficios de tal 15 cambio favorecieran a la nación y no a sus dirigentes.

El problema racial que dificulta la vida de la mayor parte de Iberoamérica enlaza con la situación del Imperio español desde sus comienzos, que ni pudo absorber ni quiso destruir la población indígena, según hicieron Roma en el pasado y los ingleses modernamente. En 20 Iberoamérica, la relación entre blancos, mestizos, indios y negros plantea serias dificultades, aunque al mismo tiempo yace en ese mismo conflicto la posibilidad de nuevas y valiosas formas de vida.

España y Portugal no tienen problemas raciales dentro de sus fronteras, pero coinciden con Iberoamérica en atribuir también a algo o a alguien 25 los males de que hoy sufren. Tanto España como Portugal han solido vivir sin formas democráticas de gobierno. El mundo hispano-portugués, en Europa y América, se halla en situación difícil y problemática, lo cual no significa que su pueblo esté moribundo; las esperanzas de su resurgimiento tienen hoy base más firme que hace cincuenta años, porque 30 ahora hasta los más ciegos están viendo que no bastan la fuerza, la riqueza y la técnica para sostener y recrear los valores de nuestra civilización. El nazismo ha demostrado que la barbarie más siniestra puede coexistir con una gran cultura material e intelectual. Cuando surgen problemas de esta clase, los valores latentes en la civilización iberoamericana 35 comienzan a cotizarse en el mercado espiritual del mundo.

La relación de tipo íntimo entre Iberoamérica y España nada tiene que ver con el sueño imperialista del fascismo español, sostenido por Alemania a fin de dañar a los Estados Unidos. El ideal, por el contrario, sería que una Iberoamérica muy fuerte produjera frutos cada vez más valiosos y muy distintos de los de España y Portugal, aunque todos brotaran del mismo y remoto origen. El ocasional imperialismo de ciertos españoles carece de sentido; pero es igualmente inaceptable el que ciertos «latinoamericanistas» en los Estados Unidos pretendan ignorar la unidad íntima e histórica entre Iberoamérica y la Península Ibérica. Tales intentos no encuentran buena acogida entre los iberoamericanos más inteligentes, porque lo que liga Iberoamérica a su tradición no es lo que digamos o escribamos en nuestros libros, sino la circunstancia inevitable de ser una misma la forma interna de vida en Iberoamérica y en la Península europea de donde procede. *Ambas son espontáneamente de una manera, y necesitan vivir de otra;* ambas coinciden en la busca afanosa de su propio destino, y tratan de hallar soluciones para sus peculiarísimos problemas. El día que algún país hispánico encuentre un feliz desenlace al drama de su vida, todos los pueblos hispánicos se beneficiarán inmediata y automáticamente de aquel hallazgo.

Lo que precede permite notar ciertos esenciales aspectos del mundo iberoamericano, y ha de sernos muy útil en adelante. Su estado actual es incomprensible, si no se relaciona con el pasado de la Península Ibérica y con los antecedentes indígenas. La estructura racial de Iberoamérica es como es, porque los españoles y los portugueses no sintieron escrúpulos en mezclarse con indias y negras. El elemento indio y negro influye mucho en Iberoamérica, en tanto que en los Estados Unidos puede prescindirse casi totalmente de la población primitiva. En los estados de Tejas, Nuevo Méjico y Arizona, que hace un siglo eran todavía mejicanos, se percibe la huella de España en la presencia de millares de indios y mestizos, que viven como una clase inferior y segregada, o como atracción para turistas. En Iberoamérica, por el contrario, el elemento indígena o negro tiene importancia considerable, aunque el viajero que sólo conozca ciudades como Montevideo, Buenos Aires, Santiago de Chile, Lima o Bogotá no pueda darse cuenta de ello.

PRESENCIA DE LO NORTEAMERICANO EN IBEROAMÉRICA

No obstante las profundas diferencias que separan a los americanos de lengua inglesa de sus vecinos del sur, todos ellos están unidos por cierta comunidad de vida y de intereses. Existen unos problemas en la vida de todos los americanos que no son exactamente los de Europa, Asia o

23

antipatía hacia yanquis

Africa. Todos ellos tienen conciencia de ser gentes nuevas, crecidas sobre una cultura de origen europeo; partiendo de aquélla aspiran a labrarse un presente y un futuro propios. Los países de lengua española y portuguesa, al constituirse políticamente, adoptaron el régimen presidencialista norteamericano a fin de acentuar su americanismo frente 5 a su tradición europea. Por otra parte la doctrina de Monroe (1823) expresaba al mismo tiempo la voluntad de mantener alejados a los europeos del continente americano.

Es cierto que junto a las armonías entre norteamericanos e ibero-americanos, existen la desestima y la antipatía hacia los primeros, 10 llamados «yanquis», y popularmente «gringos». La antipatía, a veces, es explicable como reacción de la pobreza y de la debilidad contra la riqueza y la fuerza norteamericanas. Pero, en bastantes casos, la animosidad se explica por el imperialismo de los Estados Unidos en el pasado (usurpación violenta de las tierras mejicanas desde Tejas a 15 California, ocupación del Canal de Panamá); por los desembarcos de la infantería de marina en Méjico, Nicaragua y la República Dominicana hace pocos años; y en fin, por la explotación hoy de las riquezas naturales de Iberoamérica no siempre en forma humana y razonable, y también por la actitud displicente y de superioridad de muchos 20 americanos de lengua inglesa.

Ese estado de ánimo se manifiesta más en las conversaciones que en los periódicos, o en las declaraciones oficiales de los gobiernos. De todos modos, es evidente el hecho de la adopción de multitud de cosas y de costumbres de los Estados Unidos en Iberoamérica. Han penetrado 25 algunos anglicismos en el lenguaje (por ejemplo, «carro» en lugar de «automóvil»); pero más importante que eso es la industrialización creciente de países como Méjico y el Brasil, y la abundancia de técnicos norteamericanos en todas partes; comienzan a extenderse los *drugstores* y los *supermarkets* (supermercados). Junto a las corridas de toros (en 30 Méjico y en el Perú) y al juego de pelota, o jai-alai, de tradición española, y además del fútbol, el tenis y las carreras de caballos (de tradición europea), los deportes norteamericanos (béisbol, basketball) son cada día más populares. En todas las ciudades importantes comienza a haber numerosos rascacielos, en contraste violento con los edificios de tradición 35 europea.

En suma, Iberoamérica ha sido invadida por el progreso material de los Estados Unidos, aunque no influida socialmente por las ideas democráticas y de cooperación ciudadana características de este país.

II

Iberoamérica y las civilizaciones indígenas

LAS INDIAS Y LOS INDIOS

Cuando Cristóbal Colón y sus ciento veinte y cinco españoles descubrieron en 1492 lo que más tarde sería América, razas variadísimas poblaban el continente y las islas del Nuevo Mundo; hablaban multitud de lenguas, y su nivel de civilización era muy desigual; su color iba desde
5 el amarillento hasta el cobrizo, y se distinguían tanto de la raza blanca como de la negra y la amarilla. Se dio a todas esas gentes el nombre de indios, porque los descubridores creían encontrarse en un país próximo a la India asiática, o al Japón, entonces llamado Cipango.

A la llegada de los españoles, las regiones más civilizadas eran el
10 Perú y Méjico; antes lo habían sido el Yucatán, Guatemala y Honduras, zona de la espléndida civilización maya. Con esa cultura era compatible practicar sacrificios humanos como rito religioso, y hasta comer luego la carne de las víctimas. Fuera de las civilizaciones maya, peruana y mejicana, el resto de América ofrecía un aspecto bastante primitivo.
15 Si los indios desconocían el hierro, y por tanto el acero, poseían en cambio cantidades enormes de oro y de plata, sobre todo en Méjico y en el Perú; allá surgieron los centros más importantes de la vida española, como réplica a las ricas y poderosas ciudades indias, existentes antes del descubrimiento. En cuanto al Brasil, su historia
20 siguió curso distinto según veremos luego.

LA CIVILIZACIÓN PERUANA O INCAICA

Se daba el nombre de incas a los reyes del Perú y a las personas de sangre real. El Cuzco fue la capital de aquel imperio, que comprendía el norte de Chile y las actuales repúblicas de Bolivia, Perú y Ecuador.

Perú. Puente colgante en el valle de Huancayo sobre el río Huari, parecido al descrito en la pág. 27.

Antes de existir el régimen incaico, hubo otros tipos de cultura y de dominación política que fueron sustituidos por aquél. Los incas establecieron un sistema de gobierno a la vez despótico, teocrático y casi comunista. El inca se decía hijo del Sol, y el templo del Sol en el Cuzco era, en efecto, de riqueza prodigiosa; cubrían sus paredes chapas de oro, y 5 los muros estaban formados por piedras talladas con regularidad geométrica y unidas exactamente unas con otras, sin ninguna argamasa. No habiendo medios de transporte, ni instrumentos de acero para tallar la piedra, los arqueólogos se devanan los sesos para averiguar cómo pudieron realizarse tan gigantescas y admirables obras. 10

Un sistema de caminos, puentes y fortalezas de piedra mantenía unido y seguro aquel vasto imperio, con los inmensos Andes por espina dorsal.

El cronista Francisco de Jerez describe uno de los puentes por donde pasaron los soldados españoles en 1527: «En medio del camino hay un río muy furioso; tiene dos puentes juntos hechos de red; levantan un gran cimiento desde el agua, y lo suben muy alto. De una parte del río
5 a la otra hay unas maromas tan gruesas como el muslo». El piso de los puentes era de cuerdas y piedras; por uno de ellos pasaba la gente baja, y por el otro, los señores y los capitanes.

Pedro Cieza de León, otro cronista, describe hacia 1550 el notable y muy limpio camino que enlazaba todo el imperio incaico; tenía quince
10 pies de ancho, y pasaba por medio de arboledas; a ambos lados de él corría un muro de la altura de un hombre; «de estos árboles, por muchas partes caían sobre el camino ramos llenos de frutas, y andaban en las florestas muchos géneros de papagayos y otras aves». A lo largo de esta vía se encontraban viviendas para que descansaran los incas y su séquito; si
15 alguien penetraba en las casas de los moradores de aquellas tierras o en sus sembrados, el inca lo mandaba matar.

Como se ve, los incas poseían un excelente sistema de comunicaciones, mucho más maravilloso si se piensa que el único medio de transporte era el hombre o la llama, animal que sólo puede cargar con unas cien libras
20 de peso. Si esos caminos unían materialmente un imperio de unas 2700 millas de longitud, el enlace político se lograba mediante la llamada «lengua general» o quichua, obligatoria para todos los súbditos del inca y que, en efecto, se hablaba desde Quito hasta el norte de Chile y de lo que luego fue la Argentina. Todo lo anterior revela un estado de gran
25 adelanto en la administración y cultura públicas.

Eran magníficos el arte de la construcción, los tejidos y la cerámica, de los cuales pueden verse bellos ejemplares en los museos norteamericanos. A falta de escritura usaban los *quipos*, cuerdas de distintos colores con nudos, que servían tanto para consignar relatos como para hacer cálculos.
30 Su religión descansaba sobre mitos solares. El primer inca, un hijo del Sol, cayó junto al lago de Titicaca, acompañado de su hermana; de ellos procedía el linaje incaico. Como entre otros pueblos de la antigüedad, el matrimonio más perfecto era el celebrado entre hermanos. El culto consistía en sacrificios de animales y en ofrendas de objetos
35 preciosos; en algunos casos también se practicaban sacrificios humanos. Junto al templo del Sol, en el Cuzco, había una especie de convento de muchachas vírgenes, dedicadas a tejer las telas usadas por los incas.

Una tercera parte de las tierras del imperio pertenecía a particulares, y era explotada mediante un régimen casi comunista, porque la propiedad pasaba de unos a otros al cabo de cierto tiempo. De las otras dos partes, una pertenecía al inca, y otra a los sacerdotes del Sol. El programa político y social, como se ve, cuidaba de satisfacer los derechos de la comunidad, de la religión y del individuo, todo ello combinado con bastante inhumanidad; ciertos delitos llevaban como castigo la destrucción del pueblo del delincuente.

Esta rápida y muy incompleta noticia de la civilización incaica permite, sin embargo, comprender el entusiasmo que despertó en Europa el relato que de aquellas costumbres dieron los cronistas españoles, sobre todo los *Comentarios reales* de Garcilaso de la Vega (1609), que traducidos al francés y al inglés, contribuyeron a desarrollar la creencia de que en el Perú se encontraba una forma de civilización más perfecta y más próxima a la naturaleza que la europea. Esto influyó en ciertas teorías del siglo XVIII acerca de la perfección del estado de naturaleza (Rousseau), base de los llamados derechos del hombre, punto de arranque para algunas formas de la democracia moderna.

La manera de vivir de los indios descansaba sobre tradiciones antiquísimas, y era ya inseparable de su modo de ser íntimo y de la grandiosa y áspera naturaleza que los rodeaba. De no haber venido los europeos a perturbarles, aquel régimen de vida se habría conservado hasta hoy en forma más o menos parecida. Estas civilizaciones semejaban a las del Oriente asiático; no poseían una ciencia de tipo teórico, una manera de pensar que los europeos aprendieron de los griegos; así pudo nacer la ciencia moderna, y se desarrolló la inquietud racional, causa de la inestabilidad de nuestras costumbres, creencias y formas de vida. Cada siglo de vida europea sufrió mutaciones bastante perceptibles, en tanto que los pueblos orientales o precolombinos vivían con un ritmo lentísimo; salían de una creencia mítica para entrar en otra; desaparecían de la historia a consecuencia de alguna catástrofe, pero no variaban la base de su vida.

Sus conocimientos acerca de la naturaleza tuvieron siempre finalidad religiosa o práctica; se preocuparon de cuestiones muy inmediatas, y nunca se les habría ocurrido dar la vuelta al mundo para ver si la tierra era redonda. La curiosidad y la ambición del hombre blanco vinieron a perturbarlo todo; las sociedades indígenas de América quedaron destruidas, y poco después los negros africanos fueron arrancados de su tierra por la violencia, a fin de servir de esclavos a españoles, portugueses e ingleses.

Machu Picchu (Perú). Ruinas de una ciudad-fortaleza, edificada hace
unos dos mil años. Se encuentra a pocas millas del Cuzco a unos
quince mil pies de altura. Machu Picchu («pico grande») está situado
frente a Huaina Picchu («pico menor»); servía a los Incas (según
piensan algunos) de último baluarte defensivo en caso de una derrota, por ser un lugar juzgado inaccesible a causa de su gran altura.
Tan oculto estaba, que no ha sido descubierto sino en el siglo XX
por el americano Hiram Bingham.

Mirada desde un punto de vista moral, la historia aparece llena de atroces inhumanidades. Mas la verdad es que los teólogos y juristas españoles fueron los únicos que en el siglo XVI protestaron contra aquellos actos de fuerza.

OTRAS CIVILIZACIONES DE SUR AMÉRICA

Durante la época precolombina, nada hubo en el resto de la América 5 del Sur, desde Colombia a la Patagonia, que sea comparable a la cultura incaica. Quedan aún en Colombia, en el Departamento de Huila, algunos monumentos reveladores de una gran civilización, ya desaparecida cuando los españoles arribaron a aquellas tierras. Aparte de eso, hubo en Colombia una cultura llamada chibcha o muisca, extendida desde 10 Panamá al Ecuador; aquellos indios labraban objetos de oro con rara perfección, pero no poseyeron una estructura política y nacional semejante a la de los incas peruanos. Por lo demás, los chibchas sufrieron los ataques de tribus vecinas y salvajes, algunas de las cuales aun viven en Colombia, en regiones no del todo dominadas por la raza blanca. 15

La costa norte de la América del Sur estaba ocupada principalmente por tribus de raza caribe, difundidas también por las islas del mar llamado, por esta causa, Caribe. Los indios que los españoles hallaron en las islas Lucayas y en las Antillas, eran caribes; las primeras palabras americanas adoptadas por el español, y luego por otras lenguas europeas, proceden 20 de la lengua hablada por estos indios: *canoa*, *huracán*, *cacique*, *maíz*, y muchas más. Los caribes eran bastante feroces; se duda hoy de que fuesen antropófagos, aunque la palabra *caníbal* deriva de *caribe*.

Yendo hacia el Sur mencionaremos a los tupí-guaranís, que ocupaban la región que va de las Guayanas al Paraguay, y del Amazonas hasta casi los 25 Andes. Aunque el nivel cultural de estas tribus era muy bajo, su idioma servía de «lengua general», y se hablaba, en las regiones antes mencionadas, por infinidad de tribus de razas y lenguajes distintos. El guaraní se oye todavía en el norte de la Argentina y en el Paraguay (juntamente con el español), así como en grandes extensiones del Brasil. Se demuestra 30 con ello, una vez más, que las distancias y los mayores obstáculos naturales no impiden que surjan relaciones humanas de tipo tan íntimo como son las lingüísticas. Pero no por eso puede compararse la cultura guaraní con la peruana de los incas.

Fuera de esto, nada hay digno de mención en cuanto a los demás 35 indios de la América del Sur, importantes para la etnografía y la arqueología, mas no para la cultura de los países iberoamericanos en la época actual.

CIVILIZACIÓN MAYA

La vasta región de los actuales Yucatán, Guatemala y Honduras, poseyó la más alta historia de la época precolombina: la de los mayas.
5 Cuando los españoles llegaron a la América Central, las grandes ciudades mayas habían desaparecido, y muchos de sus importantes monumentos

Chichén Itzá (Yucatán, Méjico), antigua capital de la tribu maya de los Itzá. El nombre de la ciudad significa «boca del pozo de los Itzá». Esta tribu ocupaba la región al sur de Mérida, capital actual de Yucatán. La pirámide aquí reproducida—llamada vulgarmente «El Castillo» —formaba parte de un templo en el cual se daba culto a Cuculcán («serpiente con plumas»). Esta deidad simbolizaba la estrella Venus, en su calidad de acompañante del Sol, y no porque tuviese para los mayas la significación erótica que le daban las mitologías de Grecia y Roma. Cuculcán significaba lo mismo que el nombre del dios mejicano Quetzalcóatl. La finalidad última de las varias religiones centroamericanas era alimentar con sangre humana el curso del Sol, con objeto de lograr lluvias oportunas y buenas cosechas, sobre todo de maíz.

Otra espléndida ruina de Chichén Itzá. Templo de los Guerreros, edificado en honor de los «Caballeros águilas y tigres». Eran éstos unos señores toltecas, que hace más o menos mil años, invadieron y conquistaron el imperio de los mayas. El templo estaba rodeado de cuatro hileras de columnas, muchas de las cuales pueden verse en esta ilustración.

estaban casi recubiertos por la densa vegetación del trópico. Autorizados arqueólogos como Spinden hacen comenzar la historia de los mayas en el siglo VII antes de Cristo.

Desde el actual estado mejicano de Veracruz, su más antigua residencia, 5 emigraron a Guatemala en el siglo I antes de Cristo. Allí fundaron su llamado Primer Imperio, cuya capital fue Uaxactún, el cual se deshizo por causas ignoradas. Los mayas se trasladaron al Yucatán hacia el siglo VI después de Cristo, y constituyeron un Segundo Imperio con su capital Chichén-Itzá. Sus habitantes, los itzás, huyeron a Guatemala en el siglo 10 XV a consecuencia de guerras civiles, y a esa época pertenecen los últimos monumentos con fecha conocida. Las ciudades mayas estaban construidas en torno a una gran plaza central; constaban de templos piramidales, de viviendas suntuosas para los sacerdotes y los nobles, y de chozas de adobe para el pueblo. Tallaban las piedras con instrumentos de 15 piedra. Su religión era mitológica; sus dioses simbolizaban elementos de la naturaleza y animales.

Los arqueólogos han podido fechar diferentes períodos de la historia maya, gracias a un sistema aritmético y cronólogico muy preciso; los calendarios se basaban en observaciones astronómicas, y todos reunidos 20 constituían el «calendario redondo», de 18,980 días, iguales exactamente a 52 años. Todo ello tenía una finalidad religiosa. Los conocimientos astronómicos de aquel pueblo lo acercan a las civilizaciones de Egipto y Mesopotamia. Se conservan aún magníficos restos de sus edificios, según puede verse en las ilustraciones que reproducimos. Los dioses de la 25 religión maya guardaban relación con la agricultura, especialmente con el culto del maíz, alimento por excelencia en la América precolombina. Los mayas practicaban sacrificios humanos. Pero a pesar de eso, el mundo maya produce impresión de grandiosidad y de elegancia refinadísima, que no percibimos en los imperios incaico y azteca. Estos 30 últimos fueron más eficaces políticamente, pero no hicieron, como los mayas, dioses de sus vientos, ni combinaron sus nombres con los colores amarillo, rojo, blanco y negro, como en una anticipación de metáforas y simbolismos para la poesía de nuestro tiempo. En la expresión escultórica de la figura humana alcanzaron rara perfección. El hundimiento de la 35 civilización maya, mucho antes de la conquista española, es otro misterio en la vida de aquel maravilloso pueblo. Lo probable es que algún cambio físico, la esterilidad de la tierra, epidemias, guerras civiles u otras causas desconocidas, acabaran con los más y los mejores de la raza.

33

EL MÉJICO PRECORTESIANO

En el Perú, el poder y la eficacia de la administración imperial causan más admiración que la vida interior de las ciudades, colocadas en medio de una naturaleza rica en metales preciosos, pero en general áspera y dura. En el Méjico anterior a la llegada de Cortés, por el contrario, creemos hallarnos en una de esas ciudades orientales descritas en *Las mil y una noches*, en Bagdad o Basora. Mas dejemos la palabra al mismo Hernán Cortés, que escribe al emperador Carlos V poco antes de dominar completamente la capital.

> Esta gran ciudad de Tenochtitlán[1] está fundada sobre una laguna salada; desde la tierra firme hasta el cuerpo de la dicha ciudad, por cualquiera parte que quieran entrar en ella, hay dos leguas. Tiene cuatro entradas, todas de calzada hecha a mano, tan ancha como dos lanzas. Es tan grande la ciudad como Sevilla y Córdoba reunidas. Las calles principales son muy anchas y muy derechas; la mitad es de tierra y la mitad de agua, por la cual andan en canoas. Hay una plaza tan grande como dos veces la de la ciudad de Salamanca, toda cercada de portales alrededor, donde diariamente hay miles de personas comprando y vendiendo todo género de mercaderías: comida, comestibles, joyas de oro y plata, de plomo, de latón, de cobre, de estaño, de piedras, de huesos, de conchas, de caracoles y de plumas. Véndese piedra labrada y por labrar, adobes, ladrillos, madera labrada y por labrar. Hay la calle de la caza, en donde venden todas las clases de aves que hay en la tierra, así como gallinas, perdices, codornices, tórtolas, palomas, papagayos, águilas, halcones, gavilanes—y de algunas de estas aves de rapiña venden las pieles con su pluma, cabeza, pico y uñas. Hay calle de herbolarios, en donde hay todas las raíces y yerbas medicinales. Hay casas como de boticarios, en donde se venden las medicinas hechas, lo mismo bedidas que ungüentos y emplastos. Hay casas como de barberos, en donde lavan y rapan las cabezas. Hay casas en donde dan de comer y beber por precio. Hay hombres como los que llaman en Castilla «ganapanes», para traer cargas, Hay mucha leña, carbón, braseros de barro y esteras de muchas maneras para camas, y otras más delgadas para asiento y para esterar salas y habitaciones.

Prosigue Hernán Cortés mencionando multitud de otras cosas: verduras, frutas, miel, cera, azúcar, pulque, hilado de algodón, colores para pintar, cueros teñidos de varios colores, loza y toda suerte de

---

[1] Modifico el texto para hacerlo más claro.

Calendario azteca, o piedra del Sol, de fines del siglo XV. Este curiosí-
simo monumento se conserva en el Museo Nacional de la ciudad de
Méjico. El tiempo se calculaba mediante ciclos de 52 años y subciclos
de cuatro; el año constaba de 18 meses de 20 días, al último de los
cuales se añadían cinco para completar los 365. A cada mes corresponde un símbolo. Huelga decir que el calendario azteca estaba
relacionado con la religión solar, y con cultos de carácter agrícola.
Al cabo de cada ciclo de 52 años, las pirámides en que se practicaban
los ritos religiosos eran recubiertas por otras pirámides que las oculta-
ban enteramente. Gracias a esto los arqueólogos han podido determinar la fecha de ciertos monumentos.

vasijas. Cada clase de mercadería era vendida en una calle distinta; las ventas eran vigiladas por unos inspectores a fin de evitar fraudes.

En el lugar que hoy ocupan la Plaza Mayor, el Palacio Nacional, la Catedral, el Ayuntamiento y otros importantes edificos, se encontraba antes de 1520 el Tecpan o recinto del templo. Constaba éste de grandes 5 pirámides con escalones hasta su cúspide. Alrededor de las pirámides o teocalis se hallaban las viviendas de los sacerdotes, y por todas partes se veían representaciones escultóricas de sus dioses e ídolos. El conjunto era de impresionante grandeza. Pero la principal finalidad de tantos suntuosos templos eran los sacrificios humanos, ofrendados a los dioses 10 aztecas. Las víctimas solían ser cautivos cogidos en las guerras, los cuales, desnudos, subían las fatídicas escaleras, en fila, uno tras otro. Arriba aguardaban los seis sacerdotes, con ropas de colores llamativos, que completaban unas plumas verdes y amarillas puestas en la cabeza. La vista de aquéllos, refieren los cronistas Bernal Díaz y el Padre José de Acosta, 15 «ponía grandísimo miedo a todo el pueblo». Cada víctima era colocada de espaldas sobre una piedra, y el sumo sacerdote le abría el pecho con un cuchillo de obsidiana, «con una presteza extraña, arrancándole el corazón con las manos; y así vaheando, se lo mostraba al Sol, y luego lo arrojaba al rostro del ídolo». Los cuerpos eran precipitados por las 20 gradas del teocali, y devorados por quienes los habían hecho cautivos.[2] En tales actos solían perecer cincuenta o más seres humanos, cuyos restos comían luego ciertas personas como un manjar sagrado, pues todo ello no era sino un rito religioso, materialista y atroz.

Cuando llegaron los españoles, la vida mejicana ofrecía una mezcla 25 extraña de exquisita civilización y de tremendo retraso, explicable por el aislamiento en que se hallaba América respecto de Europa. Para un romano de la antigüedad la sorpresa habría sido escasa, por estar habituado a los horrendos espectáculos del Coliseo, en donde las fieras devoraban víctimas humanas; y la gente se divirtió con tal barbarie 30 durante siglos.

Regía entonces (1502–1520) a Méjico el emperador Moctezuma, perteneciente a la raza azteca, dominadora del país desde el siglo XIV, y que había vencido a los antiquísimos toltecas, mucho más civilizados que

---

[2] Alfonso Toro ha estudiado el canibalismo en su artículo, *La antropofagia de los antiguos mexicanos*, publicado en «El reproductor campechano», Campeche, 1944, pp. 244–255. La conclusión del autor es que se practicaba la antropofagia antes de la conquista española; las causas de ello eran: «las creencias religiosas, y principalmente lo defectuoso de la alimentación entre pueblos que, propiamente, carecían de animales domésticos que pudieran proveer abundantemente a sus necesidades».

Señores aztecas armados para la guerra. Las faldillas están tejidas con plumas; las rodelas son de mosaico, forrado de plumas amarillas y azules; los collares, de turquesas; las espadas, de madera con filos de obsidiana. La figura (arriba, a la izquierda) lleva a la espalda un monstruo en forma de pájaro, con ojos y garras de oro y un penacho de plumas; la figura (abajo, a la derecha) está vestida con la piel de un coyote. Dibujos de la *Historia de las cosas de Nueva España* de Fray Bernardino de Sahagún.

37

ellos. La capital tolteca fue Tollán (hoy Tula, en el estado de Hidalgo); ruinas toltecas son los templos piramidales parecidos a los de los mayas, que hoy se contemplan en San Juan Teotihuacán, Cholula, Tula y otras partes. Adoraban al sol y a Quetzalcóatl, uno de sus jefes o emperadores, que fue luego divinizado en conexión con el culto de la estrella Venus; la 5 leyenda lo presenta como un benefactor de la humanidad, que había traído a la tierra el conocimiento de los instrumentos y de artes útiles al hombre. El culto de Quetzalcóatl enlaza con el de los Dioscuros, Cástor y Pólux, hijos de Júpiter, y ahora dos estrellas bien conocidas; los Dioscuros también habían enseñado al hombre el uso del arado, la 10 medicina, las artes de la guerra, etc. De Quetzalcóatl se dice que su cuerpo fue consumido por fuego del cielo dentro del volcán de Orizaba. El nombre de esta divinidad significa serpiente con plumas.

La antigua civilización tolteca parece haber influido sobre los mayas, aunque en todo ello hay más conjeturas que certidumbre. Como quiera 15 que fuese, los toltecas y quizá otros pueblos más antiguos fueron sometidos por los aztecas, gentes más guerreras, pero inferiores a los mayas y a los toltecas; los aztecas eran incapaces de construir monumentos tan espléndidos como los de Teotihuacán, con sus pirámides del Sol y de la Luna, y cuanto hay en torno a ellas. Guardando las debidas distancias, 20 diríamos que los aztecas eran respecto de los toltecas y los mayas, lo que los romanos respecto de los egipcios y babilonios de la antigüedad. La fuerza imperial de los aztecas se refleja en la extensión adquirida por su lengua, el náhuatl, usada como lengua general en gran parte de Méjico, lo mismo que acontecía en el Perú con el quichua. Para nuestro propósito, 25 basta con estas someras informaciones sobre el estado de América a la llegada de españoles y portugueses a fines del siglo XV y comienzo del XVI. La impresión que todo ello produce es extraña. De una parte había regiones de gran salvajismo, algunas de las cuales (en el Brasil, en Colombia, en el Perú, etc.) no han sido aún enteramente ganadas para la 30 civilización; otras, en cambio, revelan un progreso extraordinario —Perú, América Central, Méjico— que recuerda algo las formas de vida del Egipto antiguo (treinta siglos antes de Cristo): grandes templos, fusión de mitos religiosos con sistemas políticos, desarrollo de la técnica con fines religiosos y ornamentales; sensibilidad exquisita para el arte, 35 reflejada en pinturas, tejidos y trabajos manuales muy sutiles; extensos imperios con unidad de lenguaje, sometidos a un señor absoluto, todo ello combinado con inhumanidad en las costumbres. La ausencia de

San Juan Teotihuacán, al nordeste de la ciudad de Méjico. Vista parcial de las ruinas de este importante monumento tolteca. Los aztecas, un pueblo guerrero, hace unos seis siglos conquistaron la tierra de los toltecas, constructores de grandiosos monumentos. De Teotihuacán, una ciudad sagrada, quedan las pirámides llamadas del Sol y de la Luna y otros restos de lo que fue un santuario. Eran animales sagrados las serpientes. Recuérdese que Quetzalcóatl (un dios) significa «serpiente con plumas».

escritura propiamente dicha no permite saber, con exactitud, cómo fuera la historia remota de todos esos pueblos. Poseyeron técnicas, pero no tuvieron filosofía, ciencia teórica ni, en general, nada de lo que hoy llamamos cultura secularizada.

Desconocían estos indios el hierro; su civilización era de tipo 5 neolítico, aunque los mayas de Centroamérica conocían la escritura jeroglífica, las matemáticas y la astronomía, según revela el admirable sistema de su calendario. Carecían de los animales domésticos de Europa y Asia (caballo, asno, toro, oveja, cabra), y de plantas tales como trigo, cebada, vid, olivo, café, manzanos, perales, naranjos, etc. En cambio 10 poseían otras que se convirtieron en verdaderos tesoros para el resto del mundo: patata, cacao, maíz, tabaco, coca, quina.

Es evidente que las civilizaciones mejicana y peruana marcaron el rumbo a la futura civilización española en América. Las grandes ciudades españolas, llenas de monumentos maravillosos en Méjico y en el Perú, 15 fueron como un eco de la grandiosidad que los españoles encontraron al conquistar aquellos imperios. Los conquistadores también pertenecían a un pueblo dotado de extraordinaria sensibilidad para el arte y para lo majestuoso; por ese motivo aspiraron a reemplazar con edificios cristianos y señoriales aquellos templos erigidos para practicar los sacrificios de una 20 religión inhumana. Para nuestro punto de vista de hombres modernos, habría sido mejor que los españoles no derribaran los monumentos de Méjico y del Perú, y que hubieran construido sus poblaciones en otro lugar. Mas pensar así es una utopía; los conquistadores no eran arqueólogos, sino hombres animados por el sentimiento religioso, por sueños de 25 gloria y por un arte propio. Si hubieran tenido la sensibilidad de los historiadores del arte y de los turistas modernos, habrían admirado y conservado aquellos monumentos, pero no habrían fundado un imperio español desde California hasta el Sur de América.

De todos modos, la grandeza de los imperios azteca e incaico 30 sobrevivió indirectamente en el esplendor de los virreinatos de Méjico y del Perú, cuyo florecimiento no es sólo atribuible a la abundancia del oro y de la plata. Si estos metales se hubieran encontrado en regiones bárbaras, el resultado habría sido diferente. Del Brasil sacaron los portugueses cantidades enormes de oro y de piedras preciosas; no 35 obstante, su riqueza monumental en el siglo XVIII es bien modesta comparada con la de Méjico en la misma época. Y es que en el Brasil no había sino indios dotados de escasa civilización.

III

La conquista de Hispanoamérica

(SIGLOS XV Y XVI)

COLÓN Y SUS DESCUBRIMIENTOS

El pequeño reino de Portugal inició las exploraciones geográficas en el siglo XV, mucho antes que España. La situación de Portugal, —el sentir a su espalda la barrera infranqueable de Castilla,— incitaba a buscar compensaciones territoriales más allá del océano. El príncipe
5 Enrique el Navegante, hijo del rey Juan I de Portugal, hizo explorar la costa atlántica de Africa en la primera mitad del siglo XV; además, en 1431, fueron descubiertas las islas Azores, que señalaban el camino de América. Pero el descubrimiento de las Indias Occidentales, del Nuevo Mundo o América, en 1492, se debe al genovés Cristóbal Colón, que
10 pudo llevarlo a cabo gracias a los medios que los Reyes Católicos de España, Fernando e Isabel, pusieron a su alcance.

Colón nació en Génova en 1451, de familia humilde; algunos piensan que era de ascendencia judía, y que sus antepasados habían salido de España a fines del siglo XIV. Millares de judíos españoles se habían
15 convertido al catolicismo durante el siglo XV, y ellos y sus descendientes ocuparon puestos importantes en la Iglesia y en la administración pública. Algunos de aquellos conversos se encontraban en la corte de los Reyes Católicos, y ayudaron a Colón a realizar sus proyectos. Nunca sabremos con certeza, si Colón —que era un buen católico— tuvo o no antepasados
20 hebreos; su espíritu profético y visionario pudiera ser un rasgo judío y, en todo caso, ese espíritu mantuvo viva su esperanza en medio de las enormes resistencias que encontraron sus planes.

Colón fue en su juventud tejedor de paños de lana; más tarde se dedicó al comercio y a la navegación. Un naufragio le hizo arribar a
25 Lisboa, en donde prosiguió sus negocios. Realizó distintas navegaciones

Reproducción de la carabela Santa María, capitana de la flotilla de Cristóbal Colón, en su primer viaje a la futura América. La Santa María desplazaba unas 200 toneladas. En 1892, con motivo del cuarto centenario del descubrimiento de América, fue reconstruida aquella nave, y regalada a los Estados Unidos. Las carabelas estuvieron en uso entre los siglos XIV y XVII; con ellas doblaron los portugueses el Cabo de Buena Esperanza, y Colón llegó a lo que había de ser América.

y concibió la idea de que, navegando hacia el occidente, se podía llegar a la India y obtener fabulosas ganancias en el comercio de las especias. Ofreció su proyecto al rey Juan II de Portugal, conociendo el interés de aquel país por las expediciones ultramarinas. El Rey mandó a gentes
5 suyas que navegaran en la dirección propuesta por Colón; mas sufrieron grandes tormentas, y volvieron maldiciendo al genovés y afirmando que no había tierras al occidente. Cristóbal Colón se dirigió entonces a los reyes de España (1486).

Hubo grandes vacilaciones en la corte española, y ya Colón pensaba
10 ponerse al servicio de otros soberanos, cuando la reina Isabel prestó al audaz navegante todo su apoyo. Colón era un buen marino, pero sabía poco de ciencia; creía que la tierra era más pequeña de lo que en verdad es, y ese feliz error le hizo juzgar fácil llegar a la India o al Japón, navegando hacia el occidente; el gusto por lo maravilloso y lo profético
15 reforzaba su gran espíritu mercantil. El descubrimiento de América se debió menos a la ilusión del oro, que al deseo de encontrar especias, de cuya importancia no nos damos hoy bastante cuenta, y que entonces llegaban desde Asia a Europa por largos y peligrosos caminos. Piénsese que en la Edad Media no se conocían ni el café ni el té, ni el tabaco, ni
20 otros estimulantes. Las especias eran lo único que daba agradable sabor a las comidas y a las bebidas; Colón fue a buscarlas, y halló así un mundo nuevo; pero murió sin saber que había descubierto un continente distinto del asiático.

Los Reyes Católicos compartieron la fe y el entusiasmo de Colón,
25 porque España comenzaba a realizar grandes hechos y soñaba con grandes empresas en aquellos mismos años. En 1492 fue conquistado el reino moro de Granada, y terminó así la tarea de expulsar a una raza que, durante ocho siglos, había estado compartiendo con los cristianos la soberanía de la Península Ibérica. El rey Fernando el Católico se preparaba a
30 intervenir en los asuntos de Europa, con lo cual España iba a pasar súbitamente de ser una nación aislada y oscura, a desempeñar un papel internacional de primer orden. Colón venía a ofrecer sus proyectos de descubrimientos marítimos en un momento muy oportuno, y a gentes que podían entenderlo.
35 Una flotilla de tres pequeñas carabelas, cada una de 140 a 180 toneladas, zarpó del puerto de Palos de Moguer, el 3 de agosto de 1492. La tripulación de las tres embarcaciones se componía de unos ciento veinte hombres. Llegaron a las islas Canarias; volvieron a partir el 6 de setiembre,

y al cabo de seis semanas un marinero llamado Triana divisó por primera vez la tierra de América. El 12 de octubre se encontró la pequeña flota en la isla de San Salvador, o Guanahani, una de las Bahamas. En este primer viaje también fueron descubiertas Cuba y Haití (isla llamada entonces La Española). Colón regresó a España en 1493. Posteriormente 5 hizo tres viajes más, en 1493, 1498 y 1502, en los que fueron descubiertas las costas de Venezuela, y también Panamá, Jamaica, Puerto Rico, y otras islas de menos importancia.

El centro de la primitiva vida colonial fue lo que hoy es Santo Domingo o República Dominicana, la isla Española de Colón. No se encontraron 10 allá las riquezas esperadas; los indios fueron sometidos a duros trabajos y en gran parte aniquilados. Pero aquí comenzaron ya, a principios del siglo XVI, las discusiones acerca de la libertad de los indígenas. En Santo Domingo tomó el hábito religioso el célebre Fray Bartolomé de las Casas, autor de la *Brevísima relación de la destruición de las Indias*, 15 publicada en 1542, que se tradujo a siete idiomas, y que, cosa curiosa, popularizó en el extranjero la leyenda de la crueldad de los españoles para con los indios. Las Casas exageró, sin duda, sus críticas; pero hay que decir desde ahora: a) que la política de los conquistadores en las Antillas durante los primeros años de la colonización no fue seguida luego en el 20 continente (Méjico, Perú, etc.) según prueban los millones de indios y mestizos que aun subsisten; b) que la campaña de Las Casas y de otros religiosos tan humanitarios como él dio origen a leyes protectoras de los indios, y a un sentimiento de libertad, que un día culminaría en la independencia de la América Española; c) que en otras zonas de América, 25 colonizadas por ingleses, franceses y holandeses, ocurrió lo mismo que en las Antillas, es decir, que desaparecieron los indígenas. Pero según dice el historiador norteamericano Bourne, «como no hubo allí ningún Las Casas, la desaparición de los indios se consideró un hecho providencial». 30

Colón murió en 1506. Los países explorados en esos catorce primeros años no justificaron las esperanzas de los Reyes ni de sus pueblos. El oro hallado era escaso, y las otras riquezas no compensaban su falta. Quienes iban a las nuevas regiones confiaban en que la realidad correspondiera a un cuento de hadas. Es verdad, sin embargo, que no llevaban el mismo 35 ánimo los religiosos y las personas de gran cultura que fueron a América desde el principio, y cuyo propósito era convertir a los indios y establecer un régimen de gobierno justo. Algunos humanistas comenzaron en

seguida a estudiar la vida y la naturaleza de los nuevos países. Debe recordarse, por ejemplo, a Gonzalo Fernández de Oviedo, autor de la *Historia general y natural de las Indias*, publicada en 1535, en la cual se describen las nuevas tierras, las costumbres de los indios, los animales,
5 las plantas, los metales, junto con episodios fascinantes de la conquista, de muchos de los cuales fue Oviedo testigo presencial. Los españoles se trasladaban a América con todas sus virtudes, y también con sus pasiones y defectos. De ese modo se desarrollaron simultáneamente la religión, la cultura, el heroísmo, la magnificencia de los grandes monumentos, la
10 minería, el comercio, y también la codicia y la crueldad, como ocurrió en la historia siempre que un pueblo débil fue dominado por otro más fuerte.

Nota Fernández de Oviedo que entre los españoles las gentes del pueblo, al hacer guerra, mostraban tanta iniciativa y espíritu de mando
15 como los nobles y caballeros, cosa que no acontecía en otras naciones: «por esta causa, aunque pocos en número, siempre han hecho los conquistadores españoles en estos países lo que no pudieran haber hecho ni acabado muchos de otras naciones. Y por ser tan valerosa gente, aunque, como he dicho, poca en número, se acabó la conquista en favor
20 de nuestra fe».

Es verdad lo que escribe Oviedo. Pero al mismo tiempo acontecía que cada persona aislada se sentía tan importante, que con facilidad olvidaba los lazos de la disciplina. Sin esas iniciativas individuales, sin la increíble capacidad de esfuerzo en cada uno, los españoles se hubieran quedado sin
25 pasar más allá de las Antillas. Pero otro resultado fue también que la conquista y colonización de América estuvieron acompañadas de rebeldías, de insubordinación y hasta de guerras civiles. Apenas había descubierto Colón las primeras islas, cuando uno de sus capitanes, Martín Alonso Pinzón, se insubordinó y se fue en la carabela Pinta a buscar tierras por
30 su cuenta. Se reconciliaron luego Colón y Martín Alonso, pero la autoridad del descubridor quedó muy quebrantada, hasta el punto de que en el año de 1500, aquél fue llevado preso a España, con grillos en los pies. Los Reyes arreglaron tan complicado asunto, pero lo cierto es que Colón, al morir en 1506, gozaba de estima y autoridad escasas. Ni siquiera
35 se dio su nombre al país descubierto, que se llama América a causa de un aventurero italiano, Américo Vespucio, cuyas relaciones de viaje fueron conocidas en Europa por estar escritas en latín, en tanto que los relatos de Colón lo estaban en español.

Volviendo a las discordias entre los españoles, hay que tener en cuenta, para comprenderlas, que los conquistadores —religiosos y seglares— se entendían directamente con el rey, única autoridad que respetaban; en realidad, el hecho de ser súbditos del rey era el único lazo fuerte que ligaba a los españoles unos con otros en América. Pero el rey estaba lejos 5 para componer las frecuentes querellas que surgían entre eclesiásticos y autoridades civiles, y aun entre los mismos conquistadores.

Estando en una ocasión en Santo Domingo, Colón (que tenía carácter violento) mandó azotar y ahorcar a unos españoles sublevados contra su autoridad. Los frailes de la isla, sobre todo Fray Bernardo Boil, reprendieron 10 al Almirante; Boil decía que, como representante del Papa, tenía mayor autoridad, y como prueba de ello, prohibía los oficios divinos —la misa y la administración de los sacramentos— lo que era muy grave para los españoles, que consideraban la práctica de su religión cosa esencial. Pero si el Padre Boil administraba los alimentos espirituales, Colón disponía 15 de los alimentos del cuerpo, y dejaba sin comer a Boil y a sus frailes, con lo cual la vida en la naciente colonia se convertía en un infierno. El resultado fue que, unos y otros, tuvieron que ir a España para que el Rey resolviera sus diferencias.

En la corte española el entusiasmo por los nuevos países no era muy 20 grande. Ni las Antillas, ni lo que se conocía de las costas de Venezuela y de lo que hoy es Panamá, satisfacían el deseo de riqueza y maravilla que animaba a los epañoles que no eran frailes. Mas no habían de tardar muchos años en ver satisfechos aquellos anhelos. El 2 5 de setiembre de 1 5 1 3, Vasco Núñez de Balboa, después de cruzar el Istmo de Panamá, 25 descubría con infinita emoción el Océano Pacífico. Cuenta Fernández de Oviedo que Núñez de Balboa llevaba en alto la bandera real; con la espada desnuda «entró en el agua de la mar salada, hasta que le dio a las rodillas, y comenzóse a pasear diciendo:—¡Vivan los muy altos y muy poderosos reyes don Fernando y doña Juana»![1] Así tomó posesión 30 de aquellas aguas. Balboa y sus veinte y seis españoles, los primeros europeos que tocaron las aguas del llamado mar del Sur, «con sus manos todos ellos probaron el agua, y la metieron en sus bocas, como cosa nueva, por ver si era salada como la de este otro mar del Norte».

En 1 5 1 2, el gobernador de Puerto Rico, don Juan Ponce de León, 35 salió a buscar la fuente prodigiosa que, según una fábula difundida entre

---

[1] Isabel la Católica había muerto en 1 5 0 4; en 1 5 1 3 reinaba su hija Juana la Loca en Castilla, y su padre Fernando, en Aragón.

los indios, «hacía rejuvenecer y tornar mancebos a los hombres viejos».
Fue ésta una de las muchas leyendas que se propagaron entre los
conquistadores, gracias a las cuales inmensas regiones fueron reconocidas
y luego civilizadas; la expedición de Ponce de León tuvo como resultado
5 el descubrimiento de la Florida, llamada así por haber sido descubierta
en la Pascua Florida; años más tarde Hernando de Soto había de reconocer
esta tierra (1539) y descubrir el río Misisipí (1541).

En tanto que se realizaban tales proezas en la parte norte del continente,
Juan Díaz de Solís descubría el Río de la Plata en 1516, hazaña que le
10 costó morir devorado por los indios. Mas todo eso, y muchas otras cosas
que no cabe mencionar, quedó eclipsado por el descubrimiento y
conquista de Méjico. La dominación de aquellas magníficas tierras va
relacionada con ciertos actos de indisciplina, cuyo conocimiento sirve
para comprender el carácter iberoamericano de antes y de ahora.

MÉJICO Y HERNÁN CORTÉS

15 El punto de partida para la exploración de Méjico fue la isla de Cuba.
Su gobernador, en 1517, era Diego Velázquez de Cuéllar. Varios españoles,
que no habían conseguido «encomiendas», o sea, un grupo de indios
que trabajaran para ellos, decidieron ponerse a las órdenes de Francisco
Fernández de Córdoba a fin de «buscar y descubrir tierras nuevas para
20 en ellas emplear nuestras personas». El gobernador Velázquez les prestó
un barco, a condición de que se lo pagaran trayéndole esclavos de otras
islas. He aquí lo que sobre esto dice Bernal Díaz del Castillo, el admirable
historiador de la conquista de Méjico: «Desde que vimos los soldados
que aquello que pedía el Diego Velázquez no era justo, le respondimos
25 que *ni Dios ni el rey mandaban que hiciésemos esclavos a hombres libres*».

Velázquez tuvo que aceptar unas ideas morales y políticas, que tan
importantes habrían de ser en la historia de Iberoamérica. Resultado de
aquella desobediencia y de haber tomado otro rumbo los exploradores,
fue el descubrimiento del Yucatán en 1517, empresa en la cual pereció
30 la mitad de la expedición; el mismo Fernández de Córdoba fue tan
malherido que falleció al volver a Cuba.

Al año siguiente (1518) Juan de Grijalba partió de Cuba, descubrió la isla
de Cozumel, recorrió la costa del golfo de Méjico, y trajo noticias precisas
sobre la riqueza e importancia de aquel imperio. Entonces el gobernador,
35 Diego Velázquez, preparó una importante flota y nombró jefe de ella a

47

Hernán Cortés, natural de Medellín (Extremadura), de edad de treinta y cuatro años, y de familia hidalga aunque sin fortuna. Mientras Cortés preparaba sus barcos y sus hombres, Velázquez comenzó a sospechar de su subordinado; pensaba que no iba a serle fiel, intentó impedir la salida de la flota, y dio orden de prender a Cortés. Pero Velázquez se hallaba 5 en Santiago de Cuba y Cortés en la Habana, rodeado de gentes adictas a él y entusiasmadas con las perspectivas de aquella empresa. Así pues, el primer acto de la conquista de Méjico fue ya una rebelión militar, un «pronunciamiento».

La rebeldía, sin embargo, quedó más tarde justificada por una serie 10 de acciones audaces y de rara inteligencia política, que habían de compensar la escasez de hombres y la poca técnica de los ejércitos de entonces. Cortés partió hacia el interior de Méjico desde la ciudad de Veracruz, fundada por él. Le acompañaba un intérprete español, Jerónimo de Aguilar, cautivo entre los mayas, y que había aprendido la 15 lengua de éstos; fue liberado por los españoles al mismo tiempo que una india azteca, más tarde llamada doña Marina, y que también sabía el maya. Gracias a este feliz azar y a la íntima relación que se estableció entre la hermosa india y el conquistador español, pudo Cortés tener en ella un fiel intérprete, cuya ayuda contribuyó en gran medida a la conquista 20 del imperio mejicano. Sin el auxilio de esos dos intérpretes, la conquista quizá no hubiera sido posible, porque el jefe de tan escasa fuerza no habría podido conocer y desbaratar las intrigas y emboscadas de los indios. Cortés y su amiga doña Marina anuncian ya, por otra parte, lo que habrían de ser las uniones de españoles y mujeres indígenas, es decir, el mestizaje 25 actual de Hispanoamérica.

Hernán Cortés llevaba consigo unos cuatrocientos hombres, muy pocos para someter la numerosa población indígena, si no hubiera obtenido, hábil y enérgicamente, la ayuda de algunos pueblos descontentos. Los caballos, nunca antes vistos en América, fueron un auxilio precioso, 30 pues muchos pensaban que los invasores eran seres sobrenaturales. Lo mismo acontecía con las armas de fuego. De todas maneras, tales recursos habrían sido inútiles, si Cortés no hubiera utilizado las divisiones internas del imperio de Moctezuma; éste tiranizaba muchos grupos indígenas, y practicaba, con los cautivos que él cogía, los sacrificios a sus dioses que 35 ya conocemos.

Muy pronto se unieron a Cortés las gentes de Cempoalla, próximas a Veracruz. Su ejército había aumentado, pero al mismo tiempo se

tonallan.

Una escena de las luchas entre españoles e indios mejicanos, representada por indios del siglo XVI ya cristianizados. Los indígenas que
combaten con los españoles tienen abiertos sus ojos a la fe católica;
los de los otros, aun están vendados por sus falsas creencias. La
palabra *tonallan* significa «verano» en náhuatl.

encontró el general con la dificultad de la división interior de los españoles, entre quienes había partidarios de Velázquez, el gobernador de Cuba. Para impedir defecciones entre su gente, Cortés inutilizó los navíos de su flota. De ese modo los españoles no tuvieron sino la alternativa de vencer o morir. Ante la heroica decisión de su jefe, los con- 5 quistadores prosiguieron su marcha hacia la capital. Un obstáculo grave fue la resistencia de los tlascaltecas, pueblo belicoso, siempre en guerra contra los aztecas de Moctezuma. Cortés consiguió vencerlos, e hizo de ellos sus mejores aliados. Otro momento difícil de la campaña fue el paso por Cholula, la ciudad santa, llena de templos para los sacrificios, ciudad 10 que Cortés sometió después de haberla castigado cruelmente.

Moctezuma, el emperador, veía con espanto la proximidad de los invasores, cuya llegada relacionaba él con ciertas profecías acerca de unos hombres que habían de venir a destruir su imperio. Por otra parte, los sacerdotes consultaron mediante sacrificios al dios de la guerra 15 Huitzilopochtli (nombre simplificado por los españoles en Huicholobos), y la respuesta de la siniestra divinidad fue que dejaran entrar a los españoles, y luego podrían matarlos a mansalva.

Al mensaje de Cortés respondió Moctezuma con ricos presentes de oro y tejidos preciosos. Cerca ya de la laguna que rodeaba la ciudad de 20 Méjico, emisarios del emperador vinieron a recibir a los hombres blancos. Por fin iban a penetrar por la calzada de Iztapalapa, que atravesaba la laguna. Mas dejemos la palabra al cronista Bernal Díaz.

> Desde que vimos tantas ciudades y villas pobladas en el agua, y en tierra firme otras grandes poblaciones, y aquella calzada tan derecha, por nivel, 25 como iba a Méjico, nos quedamos admirados; y decíamos que parecía a las cosas de encantamento que cuentan en el libro de Amadís,[2] por las grandes torres y edificios que tenían dentro en el agua, y todas de cal y canto. Y aun algunos de nuestros soldados decían que si aquello que veían era entre sueños. 30

Por lo anterior se ve que el deseo de guerra y aventura se combinaba en los soldados con la exaltación caballeresca y artística. Hay que tenerlo bien presente para comprender el sentido de la conquista, que no se inspiró sólo en afán de adquirir riquezas para vivir felices y en holganza, sino que además ofrecía ocasiones de realizar grandes hazañas, en las cuales se 35 confundían las ilusiones y las realidades. A los conquistadores les

---

[2] Libro de caballerías, el más célebre de ellos, que refiere aventuras prodigiosas. Cervantes hará más tarde que Don Quijote pierda la razón leyendo libros como ése, que eran popularísimos.

importaba sobre todo el sentirse ellos vivir intensamente, tanto o más que el resultado práctico de las cosas que hacían.

Un ejemplo aclarará lo anterior, que es importante para comprender luego la manera de ser de Iberoamérica. El historiador Fernández de Oviedo, mencionado antes, interrumpe su relato de la conquista de Méjico para discutir una afirmación de Hernán Cortés acerca de la belleza de la ciudad de Cholula. Había escrito el gran conquistador, que Cholula «es la ciudad más hermosa, vista desde fuera, que hay en España, porque es muy torreada y llana». Nótese ante todo que según Cortés, Méjico era ya España; no una colonia, sino una parte de la tierra española; además, Cholula, vista desde fuera de la ciudad, parecía más hermosa que ninguna otra de la España europea, por hallarse en una llanura, y tener altas torres que se divisaban desde lejos. Fernández de Oviedo no acepta ese juicio acerca de la belleza de las ciudades; porque

> . . . la ciudad que ha de parecer bien desde fuera, no ha de ser llana, sino encumbrada y asentada en ladera, así como Granada, Toledo, Cuenca y otras. De día parecen muy bien desde lejos, y de noche igualmente, porque como las casas están más altas unas que otras, vense muchas luces al comenzar la noche, y es muy hermosa la vista de tales poblaciones. Las ciudades que están en llano se han de mirar, no desde fuera de ellas, como Cortés dice, sino desde alguna torre alta, para que parezcan bien, así como Gante en Flandes, Milán en Lombardía y Sevilla en España.

Para aquellos hombres de acción y de lucha, la estética de las ciudades era una cuestión primaria, y el expresar lo que sentían en su alma era tan esencial para ellos como la guerra y la administración pública. La necesidad de dar forma valiosa y permanente al sentimiento personal explica la abundancia de monumentos bellísimos en los países iberoamericanos, aun en lugares desiertos, donde sólo podían contemplarlos indios bastante incultos. Todavía hoy puede admirarse en San Antonio de Tejas la «misión» de San José, edificada en medio del campo, en el siglo XVIII, y llena de primores de arte.

Pero hemos de volver atrás, para reunirnos con los soldados de Cortés, dispuestos a penetrar en Méjico. Moctezuma en persona salió a recibirles. Bajó de sus andas y caminó hacia Cortés, sostenido debajo de los brazos por cuatro dignatarios de su corte, autorizados a contemplar su rostro. Otros indios que lo rodeaban no levantaban los ojos hasta él. Gentes serviles iban barriendo el suelo y extendiendo alfombras para que en ellas posara los pies Moctezuma, que calzaba sandalias con suela de oro. El jefe blanco y el gran emperador convinieron en que los españoles entraran pacíficamente en la ciudad. Así lo hizo Cortés —aun sabiendo que sus vidas corrían gran peligro— el 8 de noviembre de 1519.

Todos fueron alojados suntuosamente. Muy pronto vio Cortés que sólo un gran rasgo de audacia podía salvarlos, y decidió prender en su 5 propia ciudad el Emperador, conservándole su autoridad, pero manteniendo junto a él una guardia española. A los pocos meses, se sublevaron los mejicanos, mataron a Moctezuma, y los invasores tuvieron que huir en la noche del 1 de julio de 1520, dejando numerosos muertos y prisioneros. En la historia de Méjico, esa noche se llama «la Noche 10 triste».

En tales condiciones Cortés ganó la batalla de Otumba, y poco después comenzó el sitio de Méjico, con refuerzos que le habían ido llegando de Cuba y de otras partes. El 21 de mayo de 1521 comenzó el sitio de aquella gran ciudad, regida ahora por el nuevo emperador 15 Cuauhtémoc, el último soberano azteca. Ochenta y cinco días después penetró Hernán Cortés en Méjico, que ingresó así dentro de la cultura cristiana y occidental. Pero Cuauhtémoc fue bárbaramente torturado para que revelara dónde tenía escondidos sus tesoros.

El país fue explorado en todos sentidos. Surgieron grandes ciudades, se 20 explotaron las minas de oro y de plata. Cortés emprendió varias expediciones poco afortunadas, y aunque fue ennoblecido y recompensado por Carlos V, no conservó el mando de la ciudad de Méjico, que fue confiado a don Antonio de Mendoza, primer virrey de la Nueva España. Cortés volvió a España, y como Colón, conoció la ingratitud de la corte. 25 Una empresa como la conquista de Méjico llevaba consigo violencias y errores que le reprochaban aquellos mismos a quienes había engrandecido con su genio militar y político. Todavía tuvo energía Cortés para acompañar a Carlos V en el desgraciado intento de conquistar Argel, y poco más tarde (1547) murió en el aislamiento de un pueblecito sevillano. 30 Recordemos que lo propio de España ha sido vivir en contradicción consigo misma.

DESCUBRIMIENTO Y CONQUISTA DEL PERÚ

La conquista del imperio peruano se realizó entre 1524 y 1533. Como en el caso de Méjico, los móviles de los conquistadores fueron el deseo de expansión territorial y de conseguir riquezas; el éxito se debió al 35

heroísmo y a la tenacidad de unos cuantos hombres extraordinarios. Entre ellos no hubo, sin embargo, una figura de la altura de Hernán Cortés, cuyas grandes hazañas sirvieron de modelo al jefe más importante de la expedición al Perú, Francisco Pizarro, natural de Trujillo. Era
5 extremeño, como Cortés y tantos otros héroes de la conquista de América.

Al ser descubierto el Océano Pacífico, pensaron los españoles que debían navegar hacia el Sur. La empresa era difícil por falta de barcos, hombres y dinero. En 1522 comenzaron a llegar noticias sobre ciertas
10 tierras en el Sur, tan ricas como las de Méjico. Francisco Pizarro y Diego de Almagro formaron una sociedad con fondos suministrados por un hombre de negocios, y se dispusieron a emprender la tremenda aventura de reconocer y atacar, con un puñado de hombres, un imperio remoto y enemigo. Los comienzos de la empresa fueron duros. Llegaron
15 a la isla del Gallo, sin recursos y agotados físicamente. Almagro decidió volver a Panamá a fin de solicitar auxilio, y Pizarro permaneció en aquella isla aguardando socorros. El gobernador de Panamá, informado de que nada cabía hacer fuera de salvar a los expedicionarios, envió gentes para que los recogieran. Pizarro se negó a obedecer. Trazó una
20 línea en la arena de la playa, y dijo a sus hombres: «Por aquí, hacia el Sur, se va al Perú a ser ricos; por aquí, hacia el Norte, se va a Panamá a ser pobres. Escoja cada uno lo que prefiera». Sólo trece hombres permanecieron con Pizarro. Durante siete horribles meses vivieron en la isla de Gorgona, hambrientos, enfermos y sin perspectiva de salvación.
25 Por fin llegaron refuerzos de Panamá, y Pizarro prosiguió su marcha hacia el Perú. La primera ciudad descubierta fue Túmbez, en donde se enteraron de la existencia del imperio de los incas y de sus riquezas incalculables. Después de recoger oro y otras cosas valiosas, y de haber cautivado algunos indios, regresaron a Panamá en 1527. Pizarro fue
30 entonces a España a ofrecer su plan de conquista al emperador Carlos V, el cual le nombró gobernador del Perú; pudo así reunir una flota y soldados entusiastas. Las distinciones concedidas a Pizarro por Carlos V provocaron los celos de Almagro; más tarde esa rivalidad daría origen a las guerras civiles del Perú.
35 Hernán Cortés, a quien Pizarro vio en España en 1528, le había dado buenos consejos, basados en su experiencia de Méjico. A principios de 1531 Pizarro, sus hermanos y unos doscientos hombres salieron de Panamá. Llegaron a Túmbez y se internaron por el Perú, siguiendo la

53

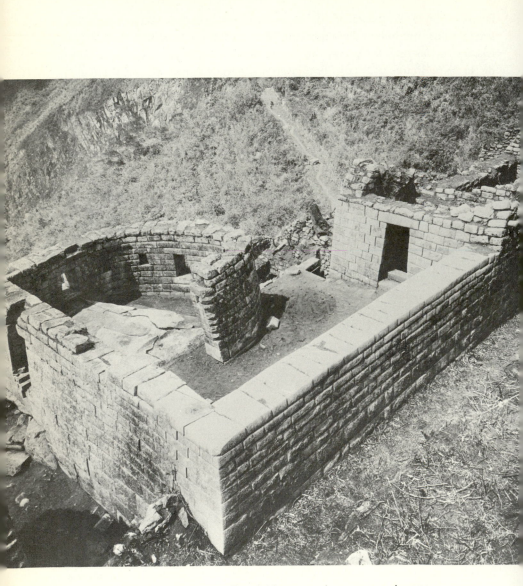

Perú. Machu Picchu, la Torre Mayor y el muro que la cerca, con piedras unidas directamente, sin cemento o argamasa. La torre semi-circular, en lo que fue cuna del imperio incaico, contiene un trozo de roca sagrada parcialmente destruido por el fuego.

ruta del Cuzco. El país estaba entonces regido por Atahualpa, que había arrojado del trono a su hermano Huáscar, después de grandes luchas. Los españoles llegaron a Cajamarca, ciudad del interior, el 15 de noviembre de 1532. Vivían allí unos dos mil vecinos, es decir unas dos mil familias.
5 Había fortalezas de piedra, «que entre indios no se han visto tales», dice el cronista Jerez; y en el centro del pueblo, una plaza con dos puertas, «mayor que ninguna de España». Dos puentes cruzaban los dos ríos que pasan por Cajamarca. En suma, este lugar hubiera sido facilísimo de defender. Según el cronista Zárate, Atahualpa se encontraba con muchos
10 millares de indios en las afueras de la ciudad; había desestimado el poder de los invasores por saber que eran muy pocos, «y tan torpes —decía— que no sabían andar a pie sin cansarse; por eso andaban en unas ovejas grandes, que ellos llamaban caballos».

Los indios estaban armados de hondas, porras y hachas, y protegidos
15 por recios chalecos, forrados de algodón. Pizarro llegó hasta el centro del pueblo. Atahualpa, creyendo que los vencería sin dificultad, vino a su encuentro. «En una litera, sobre hombros de señores, y delante de él trescientos indios vestidos de un mismo color, quitando todas las piedras y embarazos del camino, hasta las pajas. Todos los otros caciques
20 y señores venían tras él en andas y hamacas, teniendo en tan poco a los cristianos, que los pensaban tomar con las manos». Pizarro envió a fray Vicente de Valverde a hablar con Atahualpa, por medio de un intérprete. Lo que entonces aconteció es apenas creíble. El fraile español llegó hasta el Inca armado de su Biblia, le explicó en pocas palabras la fe cristiana, y
25 añadió que esperaba que, convencido de la verdad de todo ello, viniera a ver al gobernador Pizarro. El Inca tomó la Biblia, y sin asombrarse del papel ni de las letras, como habían hecho otros indios, la arrojó desdeñosamente. Entonces Pizarro, con sólo cuatro españoles, se acercó a Atahualpa, lo cogió del brazo, y gritó «¡Santiago!» voz de guerra para
30 los españoles. Sonaron trompetas, dispararon los pequeños y escasos cañones de los conquistadores, y empezó la batalla entre unos cuantos cristianos y muchos millares de indios, aterrados al oír los disparos y ver el avance de los caballos, «que el día antes no se podían mover de resfriados, y que entonces anduvieron con tanta furia como si nada les
35 pasara». La carnicería de indios fue espantosa. Atahualpa quedó preso, y su imperio condenado a sufrir la misma suerte que el de Moctezuma.

Pizarro y los suyos recogieron un tesoro de leyenda: cantidades immensas de oro y plata. Unos 708,588 pesos de oro, según Jerez.

Quedaba abierto el camino de la capital, el Cuzco, «ciudad de grandes calles, salvo que eran estrechas, con casas hechas de piedra pura, con piedras grandes muy bien asentadas». —Debió de ser fundada por gentes de gran calidad —dice Zárate—; allí se encontraba el templo del Sol y residían los incas.

Pero la conquista y la ocupación subsiguiente del país fueron acompañadas de luchas crueles. Atahualpa, desde su prisión, mandó asesinar a su hermano Huáscar, a quien había destronado. Pizarro, bajo pretexto de castigar tal crimen, mandó ahorcar a Atahualpa, que tuvo que dejarse bautizar para no ser quemado vivo. Más tarde surgieron luchas entre Pizarro y Almagro; y muertos éstos, entre sus herederos. El rey de España tardó largos años en pacificar el Perú, lo que consiguió Pedro de La Gasca en 1548. Una de las causas de los disturbios fue que el rey de España había prohibido esclavizar a los indios, de acuerdo con las ideas humanas y generosas de los teólogos.

Pero sin indios que trabajaran forzadamente no se podían explotar las minas, y la estancia de los españoles en América carecía entonces de sentido. Ese es el conflicto que quedó sin resolver durante toda la dominación española. Aquellos hombres fuertes y ambiciosos, que hacían el peligroso y largo viaje al Perú para adquirir gloria, riqueza, y aumentar a la vez el prestigio de la religión y de la monarquía, no sabían amoldarse a una vida metódica y prosaica, como si fueran comerciantes o industriales, sometidos a principios de orden y de razón. De haber sido así, ni el Perú habría sido descubierto ni conquistado. Sobre todo, habrían tenido que destruir, o dejar morir, a la población indígena (según hicieron holandeses, ingleses y franceses), y traer esclavos negros, que los españoles introdujeron en las Antillas y costas del mar Caribe. Durante el siglo XVI, únicamente los españoles y los portugueses fueron capaces de enfrentarse con los pueblos indígenas en forma eficaz. Más tarde, aleccionados con su experiencia, ingleses, holandeses y franceses comenzaron a establecerse en algunas regiones de América, que parecen pequeñas si se las compara con lo explorado y conquistado por españoles y portugueses entre 1492 y 1540. La colonización hispanoportuguesa de América tuvo que ser como fue, o no haber sido. Sin el ímpetu y la capacidad de ilusión de los pueblos ibéricos, América hubiera tardado Dios sabe cuánto tiempo en ser conocida, dominada y poblada por gentes europeas.

OTRAS EXPLORACIONES Y CONQUISTAS

Chile fue explorado por Diego de Almagro en 1535. La expedición resultó desastrosa. Aquel conquistador del Perú había prestado dinero a sus soldados para la empresa de Chile. Al volver deshechos y empobrecidos, Almagro entregó a sus soldados los recibos de sus deudas, diciéndoles
5 que a él el dinero le servía para repartirlo entre sus servidores y amigos. Más tarde repitió el intento de conquista Pedro de Valdivia; después de luchas difíciles fundó Santiago, capital del actual Chile, en 1541. El centro y el Sur del país estaban poblados por los belicosos araucanos. Estos, al fin, vencieron a Valdivia en 1554, y lo mataron de modo
10 cruelísimo. En 1557 vino a Chile don García Hurtado de Mendoza, hijo del virrey del Perú, y logró vencer a los araucanos y asentar la dominación española, aunque las luchas para reducir a los indios duraron todavía casi dos siglos, y por eso hoy se ven menos indios en Chile que en el Perú y en Bolivia. Con Hurtado de Mendoza llegó a Chile un poeta
15 español, don Alonso de Ercilla, magnífico caballero y gran soldado.
Ercilla comenzó en Chile su poema *La Araucana*, en que se describe la guerra contra los indios araucanos, de la que fue actor y testigo. Lo más notable del poema es que en él se narran las experiencias personales del poeta; en el siglo XVI, los poemas épicos de otras literaturas tienen por
20 asunto acontecimientos imaginarios (*Orlando Furioso*, del italiano Ariosto), o hechos históricos que no forman parte de la vida del autor (*Los Lusíadas*, del portugués Camões). Pero *La Araucana* es una crónica poética de sucesos en los que el autor tomó parte directa. Hemos dicho anteriormente que la conquista de América estuvo impulsada por la
25 ambición de oro, y también por la exaltación y la fantasía poéticas; pues bien, el poema de Ercilla es una confirmación de ello. El autor era a la vez un soñador y un hombre de acción, que conoció las terribles penalidades de la guerra en el Sur de Chile, en medio de bosques y pantanos impenetrables. Si Ercilla no hubiera poseído el don de componer
30 versos y de crear metáforas, habría escrito una crónica en prosa, como tantos otros hicieron; la razón de ello era que quienes contemplaron en América, de cerca o de lejos, los acontecimientos de la conquista, se sintieron tan impresionados, que no pudieron resistir al deseo de escribir.
Aquel caballero vascongado compuso *La Araucana* (publicada en 1569)
35 principalmente para exaltar el valor de los indios araucanos, contra los cuales combatían los españoles, y el mismo Ercilla. Su poema fue un

homenaje al heroísmo de los indígenas, y guarda relación en ese punto con los escritos de Bartolomé de las Casas. Así se produjo un conflicto, sólo posible en España, entre los intereses de los conquistadores y los derechos de sus enemigos. Ercilla convierte en figura digna y grandiosa a Caupolicán, el héroe araucano, que tanto daño había causado a los 5 conquistadores, y que finalmente fue vencido a costa de mucha sangre. Condenado a un suplicio atroz, Caupolicán subió al cadalso con la grandeza y serenidad de un héroe perfecto:

> Llegóse él mismo al palo, donde había
> de ser la atroz sentencia ejecutada,   10
> con un semblante tal, que parecía
> tener aquel terrible trance en nada,
> diciendo: «pues el hado y suerte mía
> me tienen esta muerte aparejada,
> venga, que yo la pido, yo la quiero,   15
> que ningún mal hay grande, si es postrero».

Ercilla no presenció el suplicio de Caupolicán, por andar guerreando en el Sur de Chile; pero tal indignación le produjo la sentencia, que escribe:

> si yo, a la sazón, allí estuviera,   20
> la cruda ejecución se suspendiera.

Por otra parte, los españoles hicieron con Caupolicán más o menos lo que los araucanos habían hecho con el jefe español Pedro de Valdivia. Pero lo interesante no es comparar horrores, sino destacar el valor poético y original de la actitud de Ercilla, que fundió su alma con la del 25 pueblo indígena, sencillamente porque se sintió conquistado por su valor indomable. De esta manera el imperio español en América iba a basarse en motivos heroicos, sentimentales y religiosos, todo lo cual era incompatible con el otro tipo de cultura que los ingleses trajeron a este continente. No es concebible que un puritano cantara en millares de versos, durante el 30 siglo XVII, la grandeza estética y moral de un cabecilla indio enemigo feroz de los cristianos.

El mismo don García de Mendoza que venció a los araucanos chilenos, hizo fundar la ciudad de Mendoza en la falda oriental de los Andes, en lo que después sería la República Argentina, cuyas más antiguas ciudades 35 deben su origen a españoles procedentes de Chile, el Perú y el Paraguay: Salta, Jujuy, Tucumán, Córdoba. Juan de Garay salió del Perú en 1549,

vino a Asunción del Paraguay en 1569, y fundó Santa Fe en 1573. Buenos
Aires fue fundada en 1536 por don Pedro de Mendoza con pobladores
venidos directamente de España; aquella primitiva aldea fue destruida por
los indios en 1541, y reconstruida de nuevo por don Juan de Garay en
5 1580. Los caballos y yeguas dejados por los primeros pobladores se
habían multiplicado considerablemente, gracias a los buenos pastos y a la
templanza del clima; dice un contemporáneo que en los alrededores de
Buenos Aires había unas ochenta mil cabezas de ganado caballar. El
ganado vacuno fue traído a Buenos Aires desde el Paraguay, después de
10 1580, y acabó por ser muy abundante. Ganadería y productos agrícolas
siguen siendo todavía hoy la fuente principal de riqueza para los países
del Río de la Plata, llamado así porque los conquistadores creyeron que
sus arenas contenían aquel precioso metal.

La conquista y colonización de la Argentina y del Uruguay no fueron
15 tan dramáticas como las de los países anteriormente citados; el único
gran desastre fue el aniquilamiento de la pequeña guarnición de Buenos
Aires en 1541. Las ciudades rioplatenses eran pobres y muy pequeñas
antes del siglo XIX, cuando nada anunciaba la futura importancia de la
Argentina y del Uruguay. Cerca del Río de la Plata no había ni oro ni
20 plata; el comercio era muy reducido antes de 1778, fecha en que el
puerto de Buenos Aires fue abierto al comercio con España, y cesó el
contrabando que venía practicándose desde el siglo XVII. Hasta entonces
—por extraño que parezca— el tráfico legal de Buenos Aires con
España se hacía a través del istmo de Panamá y del Perú, países mucho
25 más importantes para la corona española que la región rioplatense, sólo
valiosa por su ganadería. El interés de España al ocupar la desembocadura
del Río de la Plata fue estratégico: impedir que los portugueses se
extendieran hacia el Sur. La única ciudad argentina con alguna significación
antes del siglo XVIII fue Córdoba, con una universidad del siglo XVII y
30 monumentos artísticos interesantes. En cambio, en el siglo XIX, Buenos
Aires habrá de ocupar mucho más nuestra atención.

Mencionemos el Paraguay, al Norte de la Argentina, cuya capital,
Asunción, fue fundada entre 1537 y 1540 por gentes que vinieron con
don Pedro de Mendoza, primer fundador de Buenos Aires: Juan de
35 Ayolas y Domingo Martínez de Irala. Este país, importante en sus
comienzos, quedó luego aislado tanto de Europa como del resto de
América. Desde 1608 estuvo dominado por los jesuitas, que establecieron
allá un curioso sistema de misiones, en las que los indios eran tratados de

manera a la vez autoritaria y paternal. Hasta la época moderna, el Paraguay ha tenido escasa importancia dentro de la civilización de Hispanoamérica.

Vamos a trasladarnos ahora a la región Norte del continente suramericano, a lo que hoy es Ecuador, Norte del Brasil, Colombia y 5 Venezuela. Ya hemos dicho que en ninguna de esas regiones existían pueblos organizados políticamente como en Méjico y en el Perú. Sin embargo, los conquistadores siguieron buscando nuevos centros de riqueza, que en parte fueron hallados en Colombia. Pero la mayor ilusión, el descubrimiento de El Dorado, ésa nunca se realizó; al buscarla, 10 los españoles encontraron, sin embargo, inmensas extensiones de tierra y realizaron viajes prodigiosos.

Uno de los conquistadores del Perú, Sebastián de Belalcázar, fundó la ciudad de Quito, capital del actual Ecuador. Un indio venido del Norte le contó cierta fábula, que Belalcázar creyó ser verdad, acerca de un rey 15 extraordinariamente rico. Solía aquél andar desnudo; tenía el cuerpo untado de trementina, y extendido sobre ella oro molido, que le cubría desde la planta de los pies hasta la frente, «como rayo del sol resplandeciente». El rey, en esa forma, cruzaba un lago en una balsa, para ir a hacer ofrendas de joyas de oro y esmeraldas a sus dioses. Alegres 20 y contentos, los soldados de Belalcázar llamaron «El Dorado» a aquel rey fabuloso; para encontrarlo, subieron por el Sur de Colombia, y llegaron hasta cerca de lo que hoy es Bogotá.

Belalcázar se encontró allá con las gentes de Gonzalo Jiménez de Quesada, que acababan de fundar la ciudad de Bogotá; habían remontado 25 el curso del río Magdalena, venciendo inmensos trabajos y peligros. El Dorado no aparecía, pero fue poblándose la nueva tierra, que llamaron Nueva Granada, por ser granadino Jiménez de Quesada. A mediados del siglo XVI ya existían la mayor parte de las ciudades que forman la moderna Colombia, entre otras, Popayán, Tunja, Antioquia, además de los 30 grandes puertos de Cartagena y Santa Marta. Aunque el rey Dorado no apareció, hubo en Nueva Granada bastantes piedras y metales preciosos para hacer de aquel virreinato uno de los dominios más prósperos, y también más cultos, de la corona de España.

En 1540 salieron de Quito, para explorar hacia el Este, Gonzalo 35 Pizarro (hermano del conquistador del Perú) y Francisco de Orellana. Este último, con unos cuantos hombres, descubrió el río Amazonas, y lo navegó en toda su extensión. Fue llamado así por creer que en sus

márgenes había mujeres guerreras, como las amazonas de la mitología antigua. El viaje, difícil y peligroso, obligó a Orellana a construir un bergantín en cincuenta días; con él llegaron a las bocas del Amazonas, sin mapas, sin pilotos, habiendo tenido que luchar con millares de indios
5 feroces, que en infinidad de canoas rodeaban y amenazaban la frágil embarcación. La ribera del río estaba muy poblada. Los indios encendían luminarias que, de noche, alumbraban la tierra. Hombres y mujeres andaban completamente desnudos; usaban, como armas, macanas y flechas, y tenían escudos de piel de cocodrilo. Orellana salió por fin al
10 mar, bordeó la costa de Venezuela, y llegó a la isla Margarita, en donde ya encontró españoles.

Aquella isla, y mucha parte de la costa norte de Venezuela, empezó a ser poblada desde la isla de Santo Domingo. Venezuela quiere decir «pequeña Venecia»; los primeros exploradores encontraron un lugar
15 lleno de canales, que se parecían a los de Venecia, en Italia. Algunos de los que venían a descubrir tierras americanas habían estado guerreando con los ejércitos de Carlos V, y conocían muchas ciudades europeas por propia experiencia.

Los trabajos de exploración de los españoles no se limitaron a esto.
20 Causa asombro que tan pequeño número de hombres pudiese recorrer en tan pocos años miles y miles de millas, por aguas y tierras desconocidas, luchando contra gentes salvajes, a veces muy feroces, y contra una naturaleza llena de peligros: climas malsanos, insectos nocivos, fieras, alimentos escasos. No se explica tan gran esfuerzo diciendo únicamente
25 que los españoles esperaban encontrar oro; hay que atribuir la colonización de América en el siglo XVI a un especial estado de entusiasmo colectivo, a una rara combinación de energía física y de ideal moral y religioso.

La codicia de oro no habría bastado para crear los pueblos hispanos de
30 América. Otras naciones deseaban igualmente el oro, aunque lo único que supieron hacer fue apoderarse de los navíos españoles que lo transportaban a Europa; si no despojaron a España de sus dominios americanos, es porque no pudieron hacerlo, aunque hicieron lo posible para conseguirlo; muchos puertos importantes fueron atacados, saqueados o
35 temporalmente ocupados. Piratas ingleses y franceses atacaron a menudo las posesiones españolas. En 1671, por ejemplo, Sir Henry Morgan asaltó e incendió la ciudad de Panamá, llena de magníficos edificios y de obras de arte; los vecinos de la ciudad fueron torturados para que declarasen

dónde tenían ocultos sus tesoros. Los piratas ingleses recogieron inmenso botín y arrasaron la ciudad, que fue luego reedificada en un lugar próximo. Mas cuando terminó la dominación española en América, en 1824, sólo regiones de escasa importancia se hallaban en poder de quienes no hablaban español: Guayanas, Jamaica, Honduras inglesa y algunas Antillas 5 menores.

Lo curioso es que también los ingleses creyeron a veces en el mito de El Dorado. Sir Walter Raleigh, a fines del siglo XVI, trató de encontrar la región maravillosa y su pretendida capital Manoa. Remontó el río Orinoco, organizó expediciones desastrosas, que no tuvieron 10 particular importancia. Una de aquéllas se realizó cuando España e Inglaterra se hallaban en paz, lo cual hizo que el rey Jacobo I mandara ejecutar —más bien asesinar— a Sir Walter en 1618.

En 1806 Inglaterra hizo cuanto pudo por apoderarse de Buenos Aires, sin conseguirlo. Esa es la prueba de que en la América Hispanoportuguesa 15 se habían creado países con personalidad propia, y no sólo una agrupación de explotadores y explotados, ni meras factorías comerciales que, por sí solas, las flotas española y portuguesa habrían sido incapaces de proteger.

CABEZA DE VACA Y CORONADO

Gil González Dávila exploró Nicaragua en 1522: otros conquistadores (Hernández de Córdoba, Cristóbal de Olid) prosiguieron reconociendo la 20 América Central. Guatemala fue conquistada por Pedro de Alvarado, sostenido por Hernán Cortés desde Méjico.

Años más tarde, Hernando de Soto, saliendo de la Florida, llegó con heroísmo y esfuerzo gigantescos hasta el río Misisipí, a cuyas aguas fue arrojado su cadáver para que no lo profanaran los indios. Una hazaña, aun 25 más heroica y novelesca, fue la de Alvar Núñez Cabeza de Vaca. Naufragó éste en las costas de la Florida; acompañado de otros dos españoles y de un esclavillo, fue el primer europeo que osara cruzar el Sur de los futuros Estados Unidos. Cabeza de Vaca se hizo pasar por curandero, logró así la ayuda de las tribus indias, y atravesó a pie la Luisiana, Tejas y Arizona, hasta 30 que encontró un grupo de españoles en la costa del Pacífico. Se quedaron asombrados de «la mucha autoridad y dominio que por todas aquellas tierras habíamos traído, y las maravillas que habíamos hecho, y los enfermos que habíamos curado, y otras muchas cosas» —escribe el mismo Cabeza de Vaca. Tardó nueve años en llevar a cabo su fantástica 35 proeza; entró en la ciudad de Méjico el 24 de julio de 1537. El Virrey y Hernán Cortés «nos dieron de vestir; el día de Santiago, 25 de julio, hubo fiestas y toros», en honor de aquellos hombres extraordinarios.

Recordemos, por último, la expedición de Francisco Vázquez de
5 Coronado en 1540, que saliendo de Méjico, llegó hasta el Gran Cañón del Colorado, reconoció el valle del río Grande, con lo que más tarde fue posible la fundación de Santa Fe de Nuevo Méjico (1605). Vázquez de Coronado emprendió su audaz expedición por haber dado crédito a lo que había referido fray Marcos de Niza, quien sinceramente creyó,
10 deslumbrado por una esplendorosa puesta de sol, que unos humildes poblados de indios eran mansiones recubiertas de rica pedrería. Tal fue la leyenda de las Siete Ciudades, que hay que relacionar con los mitos de El Dorado, de la Fuente de Juventud y tantos otros. Como era de esperar, Vázquez de Coronado sólo encontró pueblos humildes, cuyos habitantes no
15 poseían ni riquezas, ni un nivel estimable de cultura. Pero como en los casos precedentes, la desilusión de los conquistadores produjo efectivas realidades. Quedaban descubiertas porciones extensísimas del Suroeste americano, y señaladas las rutas hacia California. Estaba abierta la vía para la superior civilización de Europa.

Vista del amplio puerto de Río Janeiro. Al fondo se eleva imponente el «Pão de Açúcar». A lo largo de la bahía se extienden los barrios residenciales de Botafogo y Copacabana. A quien viene por mar, la vista de la ciudad ofrece un grandioso espectáculo —como si del fondo de ella fueran surgiendo nuevas y fantásticas decoraciones.

IV

El Brasil

EL DESCUBRIMIENTO Y EL NOMBRE

El Brasil fue descubierto casualmente en el año de 1500 por el portugués Pedro Alvarez Cabral, mientras navegaba hacia el Cabo de Buena Esperanza con rumbo a las Indias Orientales. El Brasil ofrece en su historia rasgos que lo separan de la América Española. Por ese motivo vamos a salirnos del
5 plan general de este libro, y a tratar de la historia brasileña, desde sus orígenes hasta hoy, en un capítulo independiente.

Conviene recordar, llegado este momento, cómo el pequeño reino de Portugal llegó a convertirse en un imperio de vastas dimensiones, del cual formaba parte el Brasil. En el siglo XII la región al sur de Galicia (al
10 noroeste de la Península Ibérica) se separó de los reinos de León y Castilla, y reconquistó por su propia cuenta las tierras musulmanas de la zona occidental de la Península. Portugal fue primero un condado concedido por el rey Alfonso VI, como feudo, al conde Enrique de Borgoña; el hijo de éste, Alfonso Henríquez, acabó por hacerse independiente en
15 el siglo XII. Los portugueses, apretados entre el mar y el poderoso reino de Castilla, comenzaron a tratar de extenderse marítimamente desde el siglo XIV. En el siglo XV llegaban a las Azores y a otras islas del Atlántico; establecidos en ciertos lugares de Africa, doblaron el Cabo de Buena Esperanza, remontaron la costa oriental de Africa, y establecieron colonias
20 y factorías en la India, e incluso el Malaca y China. El comercio de

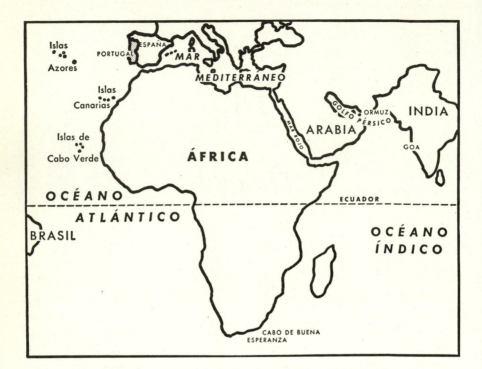

especias (pimienta, canela) enriqueció el tesoro de los reyes portugueses.
En estas gigantescas empresas se destacaron en primera línea las figuras
del príncipe Enrique el Navegante (1394–1460), que fundó la escuela de
navegantes en Sagres; Bartolomé Díaz, que dobló el Cabo de Buena
Esperanza; Vasco de Gama, el primer europeo que llegó por mar a la 5
India; Fernando de Magallanes, que descubrió el estrecho que lleva su
nombre, y que habría dado la vuelta al globo si no hubiera muerto en las
islas Filipinas; Alfonso de Albuquerque, conquistador de Ormuz (1507),
en el golfo Pérsico, Goa (1510) y Malaca (1511); y muchos otros, algunos
de los cuales llegaron hasta las tierras polares del norte. 10
    Pasaron años después del descubrimiento del Brasil sin que el rey de
Portugal se ocupara de las nuevas tierras, visitadas por naves españolas y
francesas para recoger allá la madera llamada «palo brasil», una materia
tintórea que entonces poseía bastante valor. Antes de descubrirse América,

llamaban en España «color de brasil», a un afeite de color encarnado, como una brasa, usado por las mujeres para pintarse los labios. Los navegantes iban a las Indias «por el brasil», es decir, a recoger aquella madera, y por eso se llamó «el Brasil» aquella región.

5 Era Portugal un pequeño reino con menos de dos millones de habitantes, muy ocupados ya en sus lejanas y extensas posesiones de Africa y Asia. No obstante, el temor de que los españoles se hicieran dueños de toda la costa sur de América, movió al rey portugués don Juan III a enviar al Brasil al almirante Martín de Souza en 1530, el cual colocó «padrones», o 10 sea pilares con inscripciones, a lo largo de la costa entre Bahía y Río Janeiro, en señal del dominio portugués; lo mismo habían hecho antes en la costa de Africa. Esto no podía ocurrírsele sino a un pueblo hispánico, para quien la voluntad y la conciencia del derecho propio valen tanto como los hechos realizados; a los ingleses no se les habría ocurrido marcar con 15 mojones la costa norte de América, como si fuera una finca particular.

La colonización del Brasil en nada se parece a la de las regiones exploradas y ocupadas por España. Portugal carecía del impulso épico de Castilla; sus colonias fueron factorías agrícolas más bien que sedes imperiales, aunque es asombroso lo que la exigua población de Portugal 20 llevó a cabo en Africa, Asia y América.

Durante largo tiempo la colonia brasileña estuvo reducida a algunos puntos de la costa: Olinda, Pernambuco, Bahía, Río Janeiro, San Vicente (Santos). El interés de aquellas modestas poblaciones era agrícola y comercial, y en eso los orígenes del Brasil semejan más a los de 25 Buenos Aires y de los Estados Unidos que a los de Méjico y el Perú. La tierra se dividió en «capitanías», otorgadas a personas afectas a la corte, con derecho a transmitirlas por herencia. No surgió un sistema igual al de las «encomiendas» españolas, con «encomenderos» a quienes se entregaban una extensión de tierra y un grupo numeroso de indios. Los 30 tupí-guaraníes, al contrario de los indígenas de Méjico, huían, eran rebeldes, se negaban al trabajo regular y había que ir a cazarlos en el interior, no obstante las protestas de los jesuitas. Los negros fueron inhumanamente importados desde muy temprano, en lo cual también se parece la colonización brasileña más al régimen de las Antillas que 35 al de la tierra firme española. El oro y las piedras preciosas no aparecieron en realidad hasta el siglo XVIII. El sistema de las capitanías fracasó, y en 1549 el rey hizo de Bahía la capital de la colonia, y asentó en ella un gobernador.

67

INVASIÓN EXTRANJERA

La pequeñez de Portugal y la necesidad de atender a inmensos territorios en Africa, Asia y hasta en el más remoto Oriente (Macao, Timor, etc.), expuso a la naciente América portuguesa a ataques de países más fuertes —los franceses y los holandeses. Calvinistas franceses se establecieron en Río de Janeiro, y hubieran permanecido en lo que, en el siglo XVI, 5 llamaban los franceses la Francia Antártica, sin el valor y la energía del gobernador Mem de Sá y del jesuita padre Nóbrega. Las luchas europeas entre el cristianismo reformado y la contrarreforma católica tuvieron así su repercusión en la América del Sur. Mas el espíritu de la Península Ibérica poseía entonces una fuerza en desproporción con el número de 10 sus habitantes.

Más grave fue la ocupación holandesa entre 1614 y 1654, que llegó a extenderse por casi toda la costa norte del Brasil. Fueron al fin expulsados los holandeses, gracias, esta vez, más a los colonos que a la ayuda de la corona, ya muy empobrecida y debilitada. El Brasil comenzaba a sentirse con personalidad propia, aunque siempre muy dentro del marco espiritual de la monarquía portuguesa.

PROBLEMAS RACIALES

Conviene ahora observar atentamente uno de los más graves y
5 característicos problemas de la civilización brasileña: la mezcla de razas. Según dijimos, el indio brasileño no era como el mejicano o el peruano, sobre todo por no haber conocido nunca un régimen de autoridad y disciplina como el de los incas o los emperadores aztecas. A los indios había que cazarlos materialmente, porque no estaban estable-
10 cidos en poblaciones. Al principio trabajaban forzados en los ingenios o molinos de azúcar, en la corta de maderas, en los cultivos, pero eran flojos, se escapaban, o morían con facilidad. Comenzó entonces ese gran crimen de los pueblos cristianos y civilizados de Europa: el comercio de esclavos, arrancados a sus tierras y a sus hogares africanos para ser tratados
15 como bestias. Los negros venían de las posesiones portuguesas de Africa, en la Guinea, apretados como sardinas en barcos inmundos, y casi la mitad de ellos perecía durante el atroz viaje. El negro era más inteligente que el indio brasileño, más fuerte, soportaba sin dificultad las temperaturas ecuatoriales, y el sol resbalaba sobre su piel sin afectarlo. Entre esos
20 negros los había de muy vario nivel de civilización. Muchos eran musulmanes, y algunos hasta sabían escribir en árabe; era frecuente que poseyesen sentido artístico, y a su hora, mostraban ser buenos humoristas. La sonrisa y hasta la emoción delicada no les eran extrañas. El estado de esclavitud los hizo degenerar, y creó en ellos los complejos propios de
25 toda raza perseguida y maltratada.

Surgió así uno de los problemas más difíciles de la vida brasileña, que un día habría de repercutir también en el Sur de los Estados Unidos. Claro está que el modo como fue tratado tan grave asunto en el Brasil es inconcebible entre anglosajones. En el Brasil la raza blanca
30 se mezcló con la negra en mayor grado aún que con la india. Esto es propio, como hemos visto, del tipo de vida ibérica, porque también se mezclaron los españoles con los indios, en donde éstos poseían gran nivel de civilización —no en las Antillas, poco en la Argentina. El negro en el Brasil vino a ocupar el lugar del indio en Méjico y en el Perú,
35 por el hecho de su convivencia dentro de la vida familiar, y por su

69

intervención en el trabajo de las plantaciones. La situación fue algo parecida a la del Sur de los Estados Unidos, hasta el fin de la esclavitud, con la gran diferencia de que los mulatos fueron aquí menos frecuentes. El anglosajón conservó siempre un fuerte prejuicio antirracial, prejuicio que los portugueses no han tenido ni siquiera en Portugal, entre otras 5 razones porque su población era minúscula comparada con la de las colonias. En el Brasil las uniones entre blancos y negras fueron frecuentes (mulatos), mucho más que entre blancos e indias (mestizos). Historiadores autorizados (Calógeras, por ejemplo) dicen que «es sencillamente justo reconocer que, desde el punto de vista material y económico, los negros fueron el 10 factor principal en la historia del Brasil». Entre 1530 y 1850 fueron importados unos 3,300,000 de esclavos negros.

La esclavitud duró en el Brasil hasta 1888; después de 1890 el censo de población no registra la circunstancia del «color», con lo cual no se puede saber hoy exactamente cuántos negros y mulatos hay en el Brasil. 15 El número de negros puros, sin embargo, decrece continuamente, y se supone que la raza mezclada irá cada vez «aclarándose» más. En 1888 el 60% de la población era mulata o mestiza. No se crea, sin embargo, que el Brasil mira como una desdicha la presencia de esa raza mezclada —al contrario.[1] El mismo valor que en muchos pueblos de Hispanoamérica se 20 concede al indio y a sus descendientes, se da hoy en el Brasil al mulato. El espíritu nacional ha creado una actitud realista, no utópica. El Brasil está decidido a convertirse en una gran nación, sin renunciar a nada de su pasado. Existe una literatura «negrófila», interesada en las civilizaciones africanas, que analiza la influencia negra en la economía nacional, en el arte 25 y en el lenguaje. La cantidad de palabras negras en el portugués del Brasil es considerable. Gilberto Freyre, un gran sociólogo brasileño, no vacila en escribir que «en la formación de su patria, los negros fueron la mano derecha, y los portugueses y los indios, la izquierda». Desde la época colonial son muchas las gentes de color cuyos nombres figuran 30 en la historia brasileña: escritores, militares, marinos, obispos, aristócratas, etc. Este es un hecho consubstancial con los mismos orígenes de la vida brasileña, y que hay que interpretar justamente si queremos comprender cómo es un pueblo que posee ya más de noventa millones de habitantes, y es más extenso que los Estados Unidos. 35

---

[1] La influencia de ideas europeas y norteamericanas en el Brasil se nota en el incremento que van tomando prejuicios raciales que antes eran muy raros.

São João del Rei (Minas Gerais, Brasil). Iglesia de San Francisco de Asís que supera en riqueza decorativa a la del mismo nombre y estilo en Ouro Preto. Cerca de São João continúan siendo explotadas, como en el siglo XVIII, las minas de oro y de diamantes. Modernamente se han descubierto yacimientos de uranio.

EL PRESTIGIO DE LA MONARQUÍA

Volviendo ahora a la producción económica del Brasil, digamos que aquélla estuvo limitada hasta fines del siglo XVII al azúcar, al tabaco, a otras formas de cultivo agrícola y a la ganadería. Se buscaban el oro y las piedras preciosas, pero no aparecían. La exploración se hizo más intensa (y el hecho está lleno de sentido), cuando el rey Alfonso VI, a fines del 5 siglo XVII, escribió una carta personal a un gran señor de São Paulo, Fernando Dias; éste gastó su fortuna y realizó enormes sacrificios para encontrar yacimientos de piedras preciosas, cosa que al fin consiguió. En 1694, apareció oro en Minas Gerais. Durante treinta años salieron del Brasil inmensas riquezas, con las que prosperaron los reyes de 10 Portugal tanto como su colonia. Río de Janeiro reemplazó a Bahía como capital del Brasil en 1762, a causa de la importancia de su puerto.

Aparte del interés económico del hallazgo de las piedras y metales preciosos, hay que subrayar el valor histórico de la acción personal de los reyes en los asuntos de la colonia. La continua intervención de la corona 15 habría de ser decisiva para los destinos de la América portuguesa. El rey ejercía un influjo místico sobre sus lejanas tierras, que sin duda se hubieran disgregado, si no las hubiera unido la sombra protectora del entusiasmo monárquico. Es muy significativo que, en 1689, el primer poeta épico brasileño, Diogo Grassón, haya descrito la busca de 20 esmeraldas por Fernando Dias, incitado por la carta que el Rey le dirigió:

> Léela Fernando, y vio que el rey mandaba
> darle ayuda y favor para esta empresa.
> Parte al fin a las sierras,
> por lugares no usados ni sabidos, 25
> cortando bosques y arrasando montes...

El que una carta real incitase a tanto esfuerzo, e incluso inspirara a un poeta, pone de manifiesto el gran prestigio de la monarquía portuguesa, para la cual el Brasil no era ya una colonia, sino una extensión de la patria. 30

LOS JESUITAS

Un factor importante en la historia económica y social fueron los jesuitas que organizaron a los indígenas en «misiones», para convertirlos al cristianismo y utilizar su trabajo. Pero es justo decir que esa explotación

72

fue la menos inhumana de las sufridas por el indio en América. Además, los jesuitas —entre quienes ocupa lugar eminente el español José Anchieta— escribieron gramáticas de las lenguas indígenas, desarrollaron cultivos agrícolas —azúcar, algodón, cacao, yerba mate; organizaron
5 los servicios sociales, y crearon, en suma, un sistema de orden y de continuidad, que influyó beneficiosamente en el Brasil. Los jesuitas fueron expulsados en España y Portugal, y el Papa disolvió en 1773 su orden (la Compañía de Jesús); su expulsión fue un episodio de la lucha entre dos tipos de vida, entre la religión y el estado, lucha secular tanto en la
10 Península Ibérica como en Iberoamérica, y que todavía hoy no ha encontrado allá una solución armónica. La tradición religiosa en los Estados Unidos no ha dividido radicalmente la sociedad; en los países ibéricos es una fuente de guerras y conflictos políticos.

BELLAS ARTES

Con la fabulosa riqueza creada por el oro y los diamantes durante el
15 siglo XVIII, coincidió el que empezaran a construirse templos y edificios de gran valor artístico. Ejemplo de ello son la catedral de Bahía o los numerosos templos en Ouro Preto y Minas Gerais, de ornamentación complicada, en la que los elementos del arte barroco fueron interpretados originalmente por arquitectos y escultores, entre quienes destaca
20 Francisco Antonio Lisboa. Quiere esto decir, que expresar la sensibilidad y exteriorizar la fantasía era más importante para los brasileños inteligentes, que aplicar su razón a la ciencia y a descubrimientos técnicos. Surgieron así numerosos pintores en Bahía y en Río de Janeiro, durante el siglo XVIII, casi todos ellos de carácter religioso.

LITERATURA COLONIAL

25 La literatura de la época colonial no es escasa en volumen. Hay descripciones geográficas e históricas en que se valoran las riquezas de la tierra y sus bellezas. Un anónimo escribía ya en 1618: «El Brasil es más rico y da más provecho a la hacienda de Su Majestad que toda la India».[2] Fray Vicente del Salvador (1564–1636) refiere que «hay muchas fuentes
30 y ríos caudalosos con que muelen los ingenios de azúcar, además de buenas

---

[2] *Diálogos de las grandezas del Brasil*, 1618.

barras y puertos para los navíos»; resume así su juicio sobre el Brasil: «Digna es de todas las alabanzas la tierra del Brasil, sobre todo porque puede sustentarse a sí misma con sus puertos cerrados, sin auxilio de otras tierras».[3] Ya en el siglo XVII comienzan las protestas contra los portugueses que venían allá a hacer fortuna. El Padre Antonio Vieira (1608–1697) dice irónicamente en uno de sus sermones, que las nubes se cargan de agua en el Brasil, pero se van a llover a Portugal, «en vez de fertilizar nuestra tierra con el agua que era nuestra, abren sus alas y se marchan a llover a Lisboa o a Madrid». Pero el mismo tono humorístico —tan propio de la manera de ser lusitana— en que habla de los explotadores, lo usa también para reprender a los explotados: «En Bahía —escribe en 1654— amanece el sol muy claro, prometiendo un hermoso día, y al cabo de una hora se entolda el cielo con nubes, y comienza a llover como en pleno invierno. Aconteciole esto al general español don Fadrique de Toledo, cuando vino a proteger a Bahía contra los holandeses en 1625. Y teniendo a todos sus soldados desplegados para pasarles revista, admirado de la inconstancia del tiempo, dijo que 'en el Brasil, hasta los cielos mienten'.»

Entre los libros más importantes en que se describe aquella región, hay que citar *Cultura y opulencia del Brasil*, impreso en 1711, y que fue retirado de la circulación para que los extranjeros no se enteraran de las prodigiosas riquezas de las tierras brasileñas.

Hay numerosas obras poéticas en los siglos XVII y XVIII que reflejan las tendencias dominantes entonces en España y Portugal. Uno de los autores más prolíficos fue Gregorio de Matos Guerra (1633–1692), poeta satírico, imitador de los españoles Góngora y Quevedo, que pone en sus versos malignas intenciones. Citaré un breve ejemplo que no tiene dificultades de lenguaje, ni atrevimientos de expresión. El poema se llama *Pequeñas verdades*:

> Primero fue pollo el gallo,
> la fuente es un plato hondo,
> es redondo todo el mundo,
> los guantes no hacen callos;
> cuatro pies tiene el caballo,
> morcón es chorizo grande,
> no sabe leer la mona,
> la joroba es como giba,
> y antes de junio, está mayo.

---

[3] *Historia del Brasil*, capítulo IX.

En nuestra traducción desaparecen las rimas del original portugués, pero se puede apreciar la movilidad del vocabulario, y el escepticismo acerca de la realidad de las cosas, muy propio de la época barroca, cuando todo se vaciaba de sustancia y de sentido.

5 Mencionemos dentro de la época colonial el primer poema de asunto propiamente brasileño, *Caramurú*, de Fray José de Santa Rita Durão (1722–1784), imitación de *Los Lusíadas* del gran épico portugués del siglo XVI, Camões. Este poetizó las empresas de los portugueses en la India, y Durão comentó en versos parecidos a los de Camões el
10 descubrimiento de Bahía, la expulsión de los holandeses, todo ello completado con una visión fantástica que le dio motivo para describir aspectos de la vida brasileña. Más personalidad artística revela José Basilio de Gama (1740–1795) en su poema *Uraguai*, descripción de la guerra sostenida por españoles y portugueses contra las misiones jesuíticas
15 del Paraguay. El pasaje más estimado de este poema es el de la muerte de Lindoia, hermosa muchacha que, llena de melancolía, se reclina junto a un ciprés, en la más remota

parte de un bosque espeso y negro.
Este lugar delicioso y triste,
20 cansada de vivir, había escogido
para morir la mísera Lindoia.

Una serpiente se enrosca entonces sobre aquel bello cuerpo; sobreviene su hermano Caitutú, dispara una flecha a la cabeza del reptil, que sólo entonces vierte su veneno sobre el pecho de la muchacha. El hermano
25 se la lleva, —dejaré el texto en portugués—, con

Os olhos em que amor reinava, um dia,
cheios de morte.

(Llenos de muerte los ojos en que, un día, reinaba el amor.)

Se escribieron bastantes más obras literarias, aunque menos interesantes.
30 Desde luego, nada en la literatura brasileña de la época colonial posee gran valor artístico; mas aún así, el hecho de que en aquellos dos siglos se escribiera cuanto se escribió, revela que la vida del espíritu había alcanzado alto nivel; muchos trataron de elevarse sobre las preocupaciones puramente materiales, fueron a estudiar a Coimbra (la Universidad de
35 Portugal), y aspiraron a dirigir hacia arriba su vida individual y la del país.

75

INDEPENDENCIA DEL BRASIL

El comercio brasileño carecía de libertad, pues no podía negociarse sino a través de ciertas compañías portuguesas. A fines del siglo XVIII, el ejemplo de la revolución norteamericana incitaba a seguir su camino. En 1785 unos cuantos jóvenes pidieron ayuda a Jefferson, la cual no pudo serles concedida. En 1789 ocurrió el intento revolucionario de José da 5 Silva Xavier (apodado «Tiradentes», el sacamuelas), que fracasó.

Pero las circunstancias de Europa, a comienzos del siglo XIX, iban a dar a la historia del Brasil una dirección distinta a la de todos los otros pueblos de América. Napoleón, emperador de los franceses, invadió España y Portugal en 1807. Inglaterra, en guerra con Napoleón, aconsejó 10 a la familia real portuguesa que huyera al Brasil. El 29 de noviembre de 1807 zarpó de Lisboa una escuadra, a bordo de la cual iban el rey Juan VI, toda su familia y 15,000 personas más. La corte se instaló en Río de Janeiro. Las consecuencias para el comercio y la riqueza de la nación fueron enormes. En 1807 habían entrado en Río de Janeiro 90 barcos; en 15 1808, la cifra se elevó a 420. Y lo mismo ocurrió en los demás puertos.

Don Juan VI permaneció en el Brasil hasta 1821. Portugal había pasado de la monarquía absoluta al régimen constitucional, pero el pequeño reino estaba empobrecido. Los portugueses hubieran deseado volver a monopolizar el comercio del Brasil; pero éste había crecido y 20 prosperado más que la metrópoli. No era ya posible volver al pasado. La solución del difícil problema se halló gracias al príncipe heredero: don Pedro de Alcántara, joven de 23 años fue nombrado regente, y don Juan VI regresó a Portugal. El 7 de setiembre de 1822, don Pedro fue proclamado emperador del Brasil, y quedaron así rotas para siempre las 25 relaciones políticas entre ambos países.

Gracias a una serie de favorables coincidencias y al carácter audaz y rebelde del príncipe don Pedro, el Brasil pudo resolver en forma única la inmensa dificultad de pasar de la vida colonial al régimen de independencia. En otro caso, la ex-colonia habría conocido los trastornos 30 de las nacientes repúblicas hispanoamericanas. Dada la confusión de las ideas sobre libertad y democracia importadas de la Francia revolucionaria; existiendo tendencias disgregadoras en varias provincias, sobre todo en Bahía; siendo entonces el Brasil un país poseído por los dueños de los esclavos negros que formaban la base de la explotación de las haciendas; 35 con una mayoría escasamente instruida, que no habría podido seguir los

idealismos de quienes pretendían aplicar a la vida diaria lo que habían aprendido en los libros, con todo eso, el Brasil estaba preparado para ingresar en un período de espantosa y larga anarquía. Aquel inmenso territorio se habría dividido en diferentes estados independientes:
5 Bahía, São Paulo, Río de Janeiro, y, quizá también, Río Grande do Sul. Todas esas catástrofes fueron evitadas con la monarquía, con el régimen imperial fundado por don Pedro, que dio a aquella tierra el único principio de autoridad que era capaz de sentir y de obedecer. Ahora se comprende por qué hemos llamado la atención varias veces sobre la importancia que
10 en el Brasil colonial tuvo lo que denominamos «influencia mística» del sentimiento monárquico. Ahora se comprenderá también lo que dijimos al principio de este libro sobre el carácter iberoamericano, y sobre la dificultad de entenderse unos iberoamericanos con otros dentro del marco de la vida diaria y prosaica. Sólo permanecen bien unidos mientras
15 existe algún mito o creencia hacia los cuales dirigen todos su fe y su interés.

Con todo esto, los años que siguieron a la independencia no fueron tranquilos. Hubo luchas y revoluciones que obligaron a don Pedro I a abdicar en 1831. Le sucedió su hijo, don Pedro II de Braganza, a la edad
20 de cinco años. Un consejo de regencia gobernó el Brasil hasta la mayor edad del monarca. Mas a pesar de numerosos obstáculos, el principio de la forma de gobierno se había salvado, y el Brasil conservó su unidad política, sin la cual no sería hoy lo que es.

Don Pedro II reinó hasta el 16 de noviembre de 1889. Durante su
25 largo reinado el Brasil adquirió los rasgos esenciales de su personalidad actual. El comercio, las comunicaciones, la inmigración europea (sobre todo alemana e italiana), las exploraciones del interior, la enseñanza, la cultura general, las industrias, todo fue prosperando dentro de las posibilidades de un país con clima duro en el norte y en el centro, con
30 regiones difíciles de penetrar, y con la complicación racial que hemos explicado. Dejamos a un lado episodios como el de la sangrienta guerra con el Paraguay, para fijarnos en el hecho mayor de aquel período: la libertad concedida a los esclavos en 1888. Desde 1850 no se realizaba el crimen de apresar seres humanos en Africa; en 1871 se decretó la libertad de
35 los hijos de las esclavas, explotadas hasta entonces como bestias de cría. Don Pedro fue el principal autor de tan humanitaria reforma. Le avergonzaba que habiéndose abolido la esclavitud en Norte América, ésta aun existiera en su patria. De Europa llegaban continuas protestas; pero

Brasil. Esta monumental escultura, «Dos guerreros», en Brasilia (la nueva capital de la República), es obra de Bruno Giorgi (1905-   ), considerado como el más importante escultor brasileño. Del estilo realista de sus primeras obras (por ejemplo, «Camoens»), pasó al abstracto y simplificado del cual damos aquí una muestra espléndida.

los propietarios se oponían a que se suprimieran los únicos brazos para la agricultura y el trabajo. En los Estados Unidos la cuestión afectaba sólo a los estados del Sur, pero en el Brasil el problema era nacional. La abolición en los Estados Unidos costó una guerra civil, y en el Brasil
5 iba a costar el trono a don Pedro. Triunfaron, sin embargo, los partidarios de la libertad de los negros en 1888. La vida política no cabía ya en la estrechez del imperio.

Don Pedro había tenido que gobernar de modo bastante personal, democrático sólo en apariencia. Pensaron muchos que eso cambiaría con
10 el régimen republicano. El emperador fue vencido, marchó a Europa, y la república fue proclamada en 1889. Así se inició el período actual de la vida brasileña. Justo es decir que nadie en el Brasil deja de venerar la memoria de su último emperador, un hombre humano, patriota, ingenuo y de una extremada caballerosidad. A él debe el Brasil su estructura
15 como nación.

Bajo el régimen republicano ocurrieron multitud de sublevaciones militares y políticas. A pesar de ello y de las luchas entre São Paulo y Río Janeiro, la nación ha llegado hoy al punto más alto de su historia.

POBLACIÓN, RIQUEZA Y SITUACIÓN POLÍTICA DEL BRASIL

El Brasil, el mayor país de Iberoamérica, ocupa una extensión de
20 3,287,204 millas cuadradas. Su población supera los noventa millones de habitantes. Sus más importantes ciudades están situadas a lo largo de la costa (Río de Janeiro, la capital, con 4,230,000 habitantes; Recife, 1,100,000; Porto Alegre, 919,000; Bahia, 915,000; o en el interior de la región meridional: São Paulo, 5,900,000; Belo Horizonte, 1,152,000).
25 El interior está escasamente poblado y es difícilmente habitable. Sin embargo, a partir de 1950 se construyó en él una nueva ciudad, Brasilia, con miras a hacer de ella la capital de la nación, que ya alcanza cifra de 378,000 habitantes. El gobierno militar que se hizo cargo del poder en agosto de 1969 volvió a instaurar la capital del Brasil en Río de Janeiro.
30 Manaus (204,000 habitantes) se encuentra a unas mil millas de la costa, en la margen izquierda del Río Negro, cerca de la confluencia con el Amazonas, el río más grande de América. Algunas zonas aún no han sido exploradas; hay selvas vírgenes e indios salvajes.

Se consumen en el mundo unos 40,000,000 sacos de café al año, de los
35 cuales 18,500,000 proceden del Brasil. El café exportado representa siete décimas partes de los ingresos que la hacienda pública necesita para

79

importar petróleo y otros artículos de primera necesidad (trigo y otras cosas). Cada saco pesa unas 132 libras.

El café se cultivaba en Arabia y Etiopía desde el siglo XV; en el siglo XVII se tomaba café en Inglaterra. Un clérigo portugués trajo algunas simientes al norte del Brasil a principios del siglo XVIII, que prosperaron 5 extraordinariamente. De allí se extendió el café a otras regiones americanas (las Antillas, América Central, Colombia y Venezuela).

Otro importante artículo es el caucho o goma elástica, sacado de la savia del árbol cuyo nombre botánico es *Hevea brasiliensis*. La extracción es tarea muy dura; millares de obreros perecieron en las selvas nortíferas 10 del Amazonas. A comienzos de este siglo, el Brasil, Perú y Colombia producían el 90% del caucho usado en el mundo; la exportación de esas plantas estaba prohibida, pero alguien logró sacar fraudulentamente unos millares de ellas y cultivarlas en Malaya y en las Indias Orientales. Esto, unido a la torpeza y a la inhumanidad con que se hacía la explotación, 15 redujo a poca cosa el rendimiento del árbol del caucho en el Brasil. Al ocupar los japoneses Malaya y las Indias Orientales, las Naciones Unidas dejaron de recibir caucho, y volvieron a cobrar interés las plantas brasileñas. Ya en 1927 la Compañía Ford había obtenido una concesión del estado de Pará (norte del Brasil) para plantar el árbol del caucho. 20 En 1943 se fundó la *Rubber Development Company* para sacar todo el caucho natural posible de la cuenca del Amazonas. La concesión (llamada «Fordlândia») fue comprada después de la guerra por el gobierno brasileño. Aunque el caucho natural constituya una fracción pequeña respecto de la goma sintética, es muy importante para el Brasil que se 25 haya reanudado el aprovechamiento de una de las mayores riquezas de su región septentrional.

Aun existen minas de oro en los estados de Minas Gerais y Goiaz, pero están siendo explotadas con capitales ingleses. Siguen encontrándose diamantes en abundancia, que se usan para fines industriales más que 30 como piedras preciosas. Hay mucho hierro en el estado de Minas Gerais, y se fabrica acero en gran escala con ayuda de empréstitos y técnicos norteamericanos. Se ha creado un gran centro industrial en Volta Redonda (estado de Guanabara). El porvenir dirá si el Brasil puede convertirse en una potencia industrial, o si ha de seguir dependiendo 35 sobre todo de su agricultura y de la extracción de primeras materias.

Como en casi todos los países iberoamericanos, el nivel de la vida brasileña ofrece tremendos contrastes. Junto a los rascacielos y al lujo

Belo Horizonte (Brasil), capital del estado de Minas Gerais, es un buen ejemplo de la voluntad de progreso en el pueblo brasileño. Antes de 1890 era una pobre aldea (Curral del Rey); este centro de un distrito minero y agrícola es hoy una ciudad de cerca de 1,152,000 habitantes, con soberbios edificios, buenas instituciones de enseñanza y una vida próspera y agradable.

81

Río Janeiro (Brasil). Un aspecto de la ciudad moderna. En primer término, rascacielos («aranha-ceus») de tipo americano. Los habitantes de Río (los «fluminenses») han magnificado la ciudad que en el siglo XIX estuvo muy castigada por la fiebre amarilla. Proyectada sobre el fondo de sus montañas, la hasta hace poco capital del Brasil es una de las más hermosas ciudades de América.

de las mayores ciudades, se encuentran pobreza y falta de higiene; las comunicaciones ferroviarias con el interior son deficientes, y la gente acomodada viaja en aeroplano. En la década de 1950 fomentó el gobierno un amplio desarrollo de su política y alentó la inmigración (por ejemplo,
5 la cuota para 1953 fue de unos 60,000) a fin de obtener la mano de obra exigida por un gigantesco proyecto de electrificación del país, y de mecanización de la agricultura. La inmigración europea —italianos, portugueses, españoles, polacos, etc.— ha afectado más a las ciudades que al campo, especialmente a São Paulo; a esta afluye el 60% de los
10 inmigrantes, mientras el 30% opta por Río de Janeiro. A esta enorme expansión urbana contribuye también una fuerte migración procedente del interior.

En las regiones del sur, de clima agradable, se han establecido colonias alemanas (en los estados de Río Grande do Sul y Santa Catarina); sus
15 ciudades son en realidad alemanas. Más de una cuarta parte de la población de Pôrto Alegre es de origen alemán. Durante la última guerra mundial (en la cual luchó el Brasil al lado de los Estados Unidos), el gobierno intentó imponer el uso de la lengua portuguesa en las escuelas de los alemanes. La influencia extranjera, a pesar de sus inconvenientes,
20 ha ayudado en general a los esfuerzos de los mejores brasileños para luchar contra los obstáculos de una naturaleza hostil y contra la pasividad de la mayoría de los habitantes, algo afectados por la languidez del trópico.

El presidente Getulio Vargas (1883–1954), que gobernó como dictador desde 1930 hasta 1945, fue elegido democráticamente para la presidencia
25 en 1950. Adquirió entonces gran popularidad, y fue llamado «padre de los pobres», a causa de la suavidad de su política. Se opuso tanto a los fascistas como a los comunistas, estos últimamente muy numerosos y bien organizados. Puso fin a su vida por haberse negado el Congreso a aprobar un pacto de mutua ayuda con los Estados Unidos. Lo cual dio
30 lugar a una situación de difícil equilibrio entre el partido comunista y el ejérito, el cual acabó por triunfar. En 1960 dimitió el Presidente Janio Quadros, «forzado por la reacción», como él mismo dijo; le sucedió João Goulart, muy pronto derribado por una revolución militar. En 1967 ocupó la Presidencia Arturo da Costa e Silva, quien tuvo que
35 abandonarla súbitamente en 1969 por motivos de salud. El ejército, sin respetar la constitución, nombró un triunvirato militar, que se hizo cargo del poder con la promesa de convocar unas elecciones presidenciales.

83

Un gigantesco esfuerzo, iniciado por el Presidente Juscelino Kubitschek (1960), fue la creación en el interior del país de una gran capital, Brasilia. El Brasil —cuyo horizonte hasta hace poco había sido el de su costa atlántica —ha pensado en la necesidad de conquistar las inmensas y aún no explotadas regiones de su oeste. Punto de arranque para tan 5 magna empresa va a ser Brasilia, cuya moderna y extraña arquitectura (obra del original arquitecto Oscar Niemeyer) simboliza la novedad de este gran designio. A pesar de lo cual la Junta Militar de 1969 se instaló en Brasilia sólo provisionalmente, y volvió a trasladarse a Río de Janeiro. La lucha entre el comunismo y el militarismo, tal como fue planteada 10 hace sesenta años, ha sido resuelta en favor de este último. Las medidas represivas tomadas por la Junta Militar han provocado reacciones sin precedente. Entre las más resonantes de estas han de mencionarse el secuestro, en agosto de 1969, del Embajador de los Estados Unidos, C. Burke Elbrick, y luego de otros representantes diplomáticos, sólo 15 puestos en libertad cuando el gobierno libera y deja salir del Brasil a los terroristas que están cumpliendo condena en las cárceles del país. Como factores positivos tiene el Brasil la prosperidad creciente de sus mayores ciudades, una riqueza natural incalculable y una manifiesta voluntad de grandeza. Al mismo tiempo que se muestra a veces apático y desordenado, 20 el brasileño posee fe inquebrantable en el destino de su patria y un carácter bondadoso y afectivo —quizá como ningún otro pueblo de Iberoamérica. Es justo decir que el Brasil está realizando desde 1950 el esfuerzo mayor en toda su historia para ocupar en el mundo el lugar que piensa le corresponde. 25

CULTURA BRASILEÑA

El desarrollo intelectual del Brasil ha sido muy activo en los últimos años. Las escuelas técnicas y las universidades de Río Janeiro y São Paulo han sido reorganizadas. El brasileño es gran comprador de libros. En una ciudad como Belo Horizonte, hay más de treinta librerías, lo cual compensa la deficiencia de las bibliotecas públicas. Las ciencias aplicadas 30 (medicina, ingeniería) han adelantado prodigiosamente. La filosofía y la sociología comienzan a tener cultivadores estimables. Los estudios de Gilberto Freyre (1900–   ) son muy apreciados en los Estados Unidos, —por ejemplo, *The Masters and the Slaves*, 1946. En otro lugar (Capítulo 8, página 195) mencionamos a otros ilustres brasileños. Pero, lo mismo 35

Belo Horizonte (Brasil). Puede observarse el contraste entre el estilo de hacia 1900 de la iglesia que figura en primer término, y los edificios rectilíneos y cuadriculados que le sirven de fondo, aunque las formas más modernas y audaces de la arquitectura actual se encuentran en las obras del brasileño Oscar Niemeyer en Pampulha, un barrio de Belo Horizonte.

que en los países vecinos, la literatura sigue siendo la más importante actividad cultural.

Durante el siglo XIX, la literatura del Brasil se ha caracterizado por reflejar las tendencias europeas, sobre todo francesas, y por tratar de asuntos y problemas nacionales. Los géneros más cultivados han sido la 5 poesía, la novela y el ensayo. Las obras dramáticas no son numerosas, ni ofrecen demasiado interés. En general el teatro es pobre, artísticamente, en toda América; el drama necesita que el hombre se sienta en conflicto con las ideas y creencias de su tiempo, y posea suficiente energía para expresar en arte el choque entre el individuo y el mundo en que tiene que 10 vivir. El gran dramaturgo ha de sentirse a la vez víctima y dominador de su tiempo; tal estado de ánimo es inconcebible hoy para los americanos, tanto del Norte como del Sur. El drama americano está, hoy por hoy, condenado a la mediocridad, porque ese género literario requiere ciertas condiciones sociales e históricas para conseguir valor universal y 15 permanente. En la misma Europa del siglo XIX no ha habido un teatro comparable con el de la Grecia antigua, con el de Shakespeare, o con el de España y Francia en el siglo XVIII.

Muy brevemente vamos a mencionar algunos autores brasileños. El poeta romántico más conocido es Antonio Gonçalves Dias (1823–1864), 20 en cuyos versos se refleja la naturaleza esplendorosa del trópico. Su poesía es efusiva, desbordante de sentimiento; aspira a poner en el ritmo y en el temblor de sus versos la misma emoción de que está poseído. Ese es el realismo sentimental de los románticos. Hoy nos parece bastante ingenua tal manera de poetizar, pero hay que reconocer en 25 Gonçalves Dias cualidades no vulgares de expresión. Gracias a él la literatura brasileña sustituyó los fríos lugares comunes de la época neoclásica por la expresión de los sentimientos del alma.

Pero el sentimentalismo de Gonçalves Dias responde además a las tendencias propias del alma luso-brasileña; perdura siempre en ella lo 30 que llamaríamos el tono menor de la sensibilidad portuguesa, inclinada hacia lo nostálgico, lo dulcemente triste, y también hacia la ironía y el humorismo. He aquí, por ejemplo, un fragmento de una poesía de Gonçalves Dias, titulada «Si se muere de amor», que resumimos en prosa por razones de claridad: 35

> Se ama de verdad cuando no sabemos, no tenemos valor para decir que sentimos amor en nosotros; cuando se comprenden los pensamientos de

la mujer amada sin oírla, sin atreverse a mirarla a los ojos . . . eso es amor,
y de ese amor se muere.

Una larga nota de melancolía se oye en este y otros poemas, en los que la
lengua portuguesa pone blandos y suaves ritmos.

5   El más importante novelista del siglo XIX es Joaquim María Machado
de Assis (1839–1908). Su obra más conocida es *Quincas Borba*, nombre
de su personaje central y también de su perro; los análisis psicológicos
aparecen aquí envueltos tanto en amargo pesimismo como en ironía,
más melancólica que malévola. El espíritu que anima las novelas de este
10   escritor es un humorismo algo ingenuo, muy claramente expresado en
sus poesías. Dice en su célebre soneto *Círculo vicioso*:

Un gusano de luz desearía ser una estrella; ésta quisiera ser la luna, cuya
luz alumbra el rostro de la mujer bella; pero la luna sueña con ser el sol,
el cual, a su vez, dice estar cansado de ser una divinidad tan brillante:
15   preferiría ser un sencillo gusano de luz.

Sus novelas *Dom Casmurro* y *Memorias póstumas de Braz Cubas* han sido
traducidas al inglés.

Goza hoy de gran reputación Erico Veríssimo (1905–   ). El
tema preferido de sus novelas es la vida pasada y presente en Río
20   Grande do Sul, sobre todo en Pôrto Alegre, capital de aquel estado. Su
arte, sin embargo, no tiene aire provinciano. Veríssimo está influido por
escritores extranjeros tales como Bernard Shaw, Hemingway, Dos Passos
y el francés André Gide, entre otros. Sus novelas *Caminhos Cruzados*, *O
resto é silêncio* y *Olhai os lírios do campo* han sido traducidas al inglés en los
25   Estados Unidos. En su reciente obra, *O tempo e o vento*, intenta captar en
estilo poético dos siglos de historia en Rio Grande do Sul, patria del autor.

José Lins do Rego (1901–   ) ha descrito en sus novelas la vida en
las plantaciones de caña después de suprimida la esclavitud en 1889. Sus
tipos sociales están bien caracterizados; el personaje central en *Fogo
30   Morto* es una especie de Quijote, de quien todos se burlan en
circunstancias normales, y que todos respetan cuando algo grave acontece.

El tema en las novelas de Jorge Amado (1912–   ) es el cultivo del
cacao; en la más célebre de ellas, *Terras do Sem Fim* (*The Violent Land*, en
la traducción inglesa), dos grupos rivales luchan violentamente por la
35   posesión de una plantación de cacao.

Aunque Gilberto Freyre (1900–   ) no sea un creador literario sino un sociólogo, su obra *Casa Grande e Senzala* (la casa de los señores y los alojamientos de los esclavos) es ya clásica para los brasileños. Ha sido traducida como *The Master and the Slaves*, y en ella se traza un cuadro lleno de vida de las costumbres en la época de la esclavitud, con sus aspectos pintorescos y a veces horribles. Las obras de Freyre han tenido gran 5 influencia en la literatura contemporánea, interesada en describir las circunstancias de la vida brasileña.

En conjunto, la literatura actual en el Brasil se mueve entre los polos de la exaltación de todo lo propio y de un sentimiento, a veces descorazonado, de no haber conseguido alcanzar todavía el nivel de los 10 valores más universales de la cultura literaria e intelectual.

No es posible dar en estas breves páginas una idea de la variedad de la literatura brasileña contemporánea, animada del deseo de superar las limitaciones culturales del Brasil, y preocupada al mismo tiempo por ese manifiesto estado de atraso —atraso compatible con el lujoso aspecto 15 de ciertas grandes ciudades como Río Janeiro y São Paulo. La insatisfacción reflejada por algunos escritores ha contribuido a acelerar el progreso del Brasil. Eduardo Prado (1860–1901) decía en *Ilusión americana* (1895), un libro prohibido por el gobierno: «La colonización ibérica de América fue un fracaso. Las agrupaciones humanas, fruto de todas las inferioridades, 20 no llegan a ser naciones aunque quieran fingir que son verdaderos pueblos». Parecido estado de ánimo se encuentra en Euclides da Cunha (1868–1909), considerado como un clásico en el Brasil. Dice en *Contrastes y confrontaciones* (1907): «Nos encontramos entre las demás naciones con una apariencia poco presentable, como una persona que tuviera mediana estatura, y se 25 vistiera con las ropas de un coloso». Este célebre prosista publicó en 1902 su obra más importante, *Os sertões* (las tierras incultas del interior), un libro lleno de páginas tensas y brillantes. Su asunto es la expedición militar organizada para combatir a Antonio Conselheiro, un predicador del próximo fin del mundo a quien seguían muchos fanáticos partidarios. 30 El ejército brasileño —entonces inepto y desorganizado— tardó un año en aniquilar a aquellas hordas de heroicos insensatos. En la religión de Conselheiro se combinaban extrañamente el nombre de Jesucristo y el espíritu mesiánico de los judíos. La tradición portuguesa del Brasil, llena de sentimentalismo y de aspiraciones líricas, hace comprensible aquella 35 explosión de iluminismo místico y de rebeldía política.

Monteiro Lobato (1883–1948) también ha criticado acerbamente la corrupción política y social; describe en sus obras con firmes trazos la

condición miserable de la gente del interior del Brasil, por ejemplo, en *Urupês* (los hongos). Sus libros fueron prohibidos, pero Monteiro Lobato ha sido luego rehabilitado, sus libros se publican libremente y es considerado hoy como un gran patriota. João Guimarães (1908-1967) ha
5 mantenido la tradición brasileña de usar la vida regional como tema de novela. Aunque al mismo tiempo, no se atiene a las formas habituales de expresarse en portugués; usa y abusa del hipérbaton, deforma las frases hechas con miras a renovar el lenguaje de la novela de tipo realista. *Grande sertão: Veredas* (1956), traducida hoy a varios idiomas europeos, es
10 su obra más importante; narra en ella la vida de un bandido en el estado de Minas Gerais, donde nació el novelista.

El Brasil de hoy se siente animado de una voluntad de progreso, espoleada por un agudo sentimiento nacionalista. Afrânio Peixoto, un gran animador de la cultura brasileña, escribía en *Mi tierra y mi gente*
15 (1928): «Queremos un Brasil próspero y eterno, que honre la cultura greco-latina, las tradiciones lusitanas, su propia historia, de las cuales debe sentirse orgulloso. El Brasil tiene que cultivar y propagar la lengua portuguesa, de la cual es depositario y, ya hoy, el mayor responsable. Debe ser, ante todo, un pueblo instruido y educado. Sólo hay un camino
20 para la conquista de la naturaleza, de los hombres y de uno mismo: *saber*. Y el único modo de conseguirlo es *querer*». Esas palabras encierran cuanto pudiéramos desear para la noble tierra del Brasil.

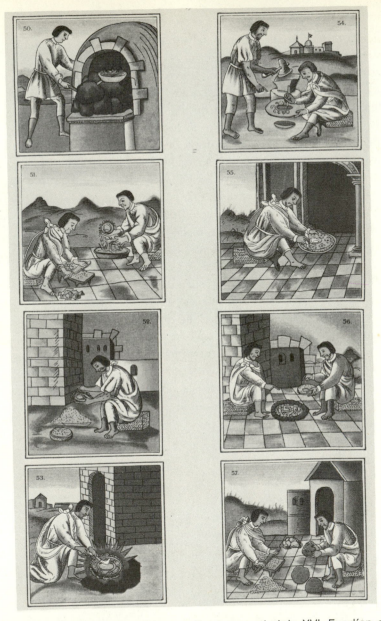

Cómo trabajaban los orfebres mejicanos en el siglo XVI. Fundían el oro (50); le daban un baño de alumbre (51); lo recubrían con una tierra especial para ponerlo más amarillo (52); lo martilleaban y lo bruñían (53, 54); lo combinaban con adornos de pluma (55, 56); y le daban forma en moldes de barro (57).

V

El régimen colonial en Hispanoamérica

Los dominios españoles en América (las Indias) estaban divididos en virreinatos y capitanías generales. El virreinato de Nueva España incluía la actual república de Méjico y la región situada entre Tejas y California; el del Perú comprendía, además, a Ecuador y Bolivia; el de
5 Nueva Granada abarcaba los modernos Colombia y Panamá; el del Río de la Plata estaba integrado por la Argentina, el Uruguay y el Paraguay. Guatemala, Venezuela, Cuba y Chile fueron capitanías generales. Virreyes y capitanes generales dependían del Consejo de Indias, organismo central situado en Madrid, y en última instancia, del rey.

COMERCIO

10 El comercio con las Indias se hacía a través de la Casa de Contratación de Sevilla. Dos veces al año salía la flota de las Indias, protegida por navíos de guerra; los piratas franceses, ingleses y holandeses se apoderaban a veces de sus ricos cargamentos. El tráfico no pudo hacerse directamente sino con Méjico; mientras que con el Perú, Chile e incluso con la
15 Argentina corría a través del istmo de Panamá. No habiendo oro ni plata en la región del Río de la Plata, no era remunerador mandar allá otra flota. Así pues, para proteger la economía de las colonias del mar Caribe, y para abaratar el comercio con el Perú, el mayor tráfico se hizo hacia y a través del istmo de Panamá.
20 Más tarde, en el siglo XVIII, el comercio con Chile y el Perú se realizaba por el estrecho de Magallanes, y el sistema de las flotas fue sustituido por barcos sueltos.
Si se enfoca la dominación española desde este punto de vista comercial e industrial, había que decir que fue muy defectuosa. Pero es que

España no se propuso triunfar con su comercio y con su industria; hizo en
América lo mismo que hacía en España: fomentar la religión, el arte, las
letras, el sentido de la dignidad humana, la grandiosidad monumental, la
jerarquía social, las ilusiones, en suma, todo lo que contribuía a que los
españoles se sintieran elevados sobre la tierra que pisaban. El reverso de 5
todo ello fue la picardía, la incompetencia y la ineficacia práctica.
España era incapaz de administrar su Imperio de modo razonable y útil.
Si no se toma este punto de vista, no entenderemos ni el pasado ni el
presente de Hispanoamérica. Es innegable que el resultado a veces fue
muy malo, y por eso hoy los Estados Unidos son ricos y fuertes, y España, 10
Portugal e Iberoamérica pobres y débiles políticamente.

Reduciendo el problema a sus rasgos últimos y esenciales, diremos con
insistencia que el Imperio español se mantuvo unido hasta comienzos del
siglo XIX, gracias al prestigio místico de la monarquía. Las regiones del
inmenso Imperio —desde la Alta California hasta Chile y Argentina— no 15
estaban ligadas por intereses económicos o secularmente culturales.
Hubo alguna cultura en todas partes, pero la cuestión primordial era la
relación entre los blancos que mandaban y los indígenas que tenían que
obedecer. Por otra parte, los contactos con la metrópoli (España) no eran
como los existentes entre las colonias británicas e Inglaterra. La riqueza 20
lograda en las Indias no dignificaba por sí sola; todavía hoy en el norte de
España llaman *indianos*, con matiz despectivo, a quienes regresan a su
país después de enriquecerse en la América española. La gente no sabe
ya que esa reacción de desestima es un eco remoto del antiguo prejuicio
de ser poco digno enriquecerse mediantes actividades comerciales o 25
industriales. El ideal de quienes iban a las Indias en los siglos XVI y XVII
era adquirir honra, hacerse hidalgos, aparecer socialmente como
«cristiano viejo», limpio de toda ascendencia judía o mora. Los judíos
españoles fueron expulsados por los Reyes Fernando e Isabel en 1492, pero
muchos millares permanecieron en España después de bautizarse. 30

Téngase además en cuenta que la sociedad en las Indias españolas estaba
integrada por blancos (españoles, o descendientes de ellos) y por una
gran mayoría de indios y mestizos. Este hecho establece otra fundamental
separación entre la América española y la anglosajona. Es una engañosa
abstracción situar en un mismo plano, después de la total independencia 35
en 1824, las repúblicas de Méjico, de Colombia, Perú, etc. Los americanos
que se hicieron independientes en 1776 formaban un conjunto racialmente
homogéneo, y estaban de acuerdo sobre ciertos principios fundamentales

Iglesia de San Agustín Acolman, que puede y debe visitarse al ir de la ciudad de Méjico a San Juan Teotihuacán. Fue construida entre 1539 y 1560, comenzada en el reinado de Carlos V y terminada en el de Felipe II, según dice una inscripción. La portada es de estilo renacentista y plateresco, de exquisita elegancia. Nótense las almenas en la parte superior del templo; éste era también una fortaleza para defenderse contra los ataques de los indios. El monasterio poseía una rica biblioteca, y fue un centro de estudio en los siglos XVI, XVII y XVIII. Este y otros monumentos, que honrarían la historia de cualquier país, hacen ver que la acción de los frailes no consistió únicamente en explotar el trabajo y las tierras de los indígenas.

que permitían al americano de Massachusetts sentirse ligado con el de New Jersey. Al contrario de eso, no había ningún nombre común con el cual pudieran aunarse los mejicanos con los peruanos y los chilenos. Es decir, que la misma naturaleza de la población en las futuras repúblicas hispanoamericanas hizo imposible superar su localismo; las fronteras 5 trazadas por la población indígena impidieron crear un Estado político en el cual se realizara secularmente la unidad mística del Imperio de la monarquía hispano-ultramarina. Las repúblicas nacidas entre 1810 y 1824 surgieron condenadas al localismo que todavía las divide; carecían de dimensión y perspectivas superlocales, y así se entiende el aparente 10 absurdo histórico de que Argentina, Paraguay y Uruguay sean tres naciones distintas; y lo mismo vale de Chile, Bolivia, Perú, Ecuador y Colombia, o de las repúblicas de la América Central. Atribuir la disgregación de Hispanoamérica a manejos políticos de los norteamericanos significa desconocer en absoluto la vida e historia íntimas 15 de los países hispanohablantes.

La fragmentación de Hispanoamérica fue consecuencia de haberse conservado la población indígena en la Tierra Firme dominada por España, y de la especial forma de la civilización española. Los puritanos ingleses, calculada y despiadamente, o exterminaron los indios (por 20 considerarlos obra de Satanás), o los acorralaron en *reservations* en las cuales todavía permanecen. Con lo cual se demuestra, una vez más, que lo decisivo en la historia de los pueblos se explica por motivos *humanos*, y no sólo por estadísticas y circunstancias económicas.

LOS INDIOS

Ningún pueblo europeo fue menos inhumano con los indios que los 25 españoles. La esclavitud negra no penetró en el continente, sino en escasa medida, y sólo para el servicio doméstico de las clases más ricas. Los indios fueron cristianizados, lo más posible, y muchos de ellos aprendieron el español. De las uniones de los españoles con las indias surgió la raza mestiza; de los blancos y los negros salieron los mulatos; la mezcla de 30 indios y negros produjo los zambos. Religiosos como el padre Las Casas influyeron en la redacción de leyes favorables a los indígenas, las cuales fueron tan letra muerta como lo es hoy la constitución americana respecto de los indios y los negros. A pesar de ellas los indios trabajaban como esclavos en las minas, aunque siempre hubo quien protestara contra tal 35

abuso. La propaganda religiosa en los lugares alejados de las poblaciones, aún no civilizados, tuvo momentos heroicos; multitud de frailes misioneros perdieron sus vidas, y como resultado de su esfuerzo, en toda la América española surgieron las «misiones», en las cuales los indios trabajaban
5 humanamente y se civilizaban. En el siglo XVI, un obispo de Méjico, don Vasco de Quiroga, creía que los indios representaban el estado primitivo de la perfección del hombre, perfección que había desaparecido entre los hombres blancos. Compró tierras, estableció en ellas a los indios con un sistema de trabajo cooperativo, y los dejó administrarse a sí mismos.
10 Durante bastantes años la institución fundada por el obispo Quiroga vivió prósperamente, y los indios aun mencionan su nombre con respeto. Al lado de la ambición de riqueza existía también el más alto idealismo, el cual fue atenuándose en los siglos XVII y XVIII. Con ambas cosas se hizo Hispanoamérica.

CIUDADES MEJICANAS

15 Nacieron las grandes ciudades, con calles rectas y edificios suntuosos. El ejemplo más alto se halla en la ciudad de Méjico, que durante tres siglos fue embelleciéndose con una catedral espléndida, con iglesias e instituciones de enseñanza que eran verdaderos palacios; con casas particulares llenas de arte y suntuosidad. Los más de esos edificios están
20 todavía en pie, y siguen siendo el mayor atractivo de la capital de aquella república. En el palacio de los virreyes vive el presidente de la república; en el colegio de los jesuitas está la universidad; en el convento de los agustinos se halla la Biblioteca Nacional; los palacios de los aristócratas son hoy bancos, etc. En 1800 no había en todo el Nuevo Mundo ciudad
25 más importante, ni más bella ni más refinada que Méjico, a pesar de sus indios y sus contrastes de riqueza y miseria. La mezcla de dos razas, dotadas de fino sentido artístico, produjo tales maravillas.

Pero la ciudad de Méjico no es la única. En el mismo virreinato de Nueva España se encuentra Puebla, con iglesias y palacios de un arte
30 original, y con una biblioteca que, en el siglo XVIII, llegó a contener los libros más importantes de la cultura universal. Vienen luego San Luis, Monterrey, Saltillo, Taxco, Cuernavaca, Guadalajara, Morelia, y muchas más, en las cuales puede seguirse la evolución de la arquitectura europea desde el siglo XVI al XVIII. Esto ya, por sí solo, significa mucho
35 para la historia de la civilización.

95

Tepozotlán (Méjico). Iglesia de San Francisco Javier, construida por los Jesuitas entre 1670 y 1682, en un estilo de suprema elegancia. La ornamentación de la fachada está animada de un impulso ascendente, sin la regularidad y la proporción de una iglesia gótica. El interior de este templo fue embellecido en el siglo XVIII con altares y retablos de un decorado esplendoroso.

LITERATURA DE LA NUEVA ESPAÑA

Pero en Méjico se hizo algo más que ser humanitarios e ilusionistas con los indígenas y construir ciudades espléndidas. Se escribieron también libros. Religiosos como Bernardino de Sahagún aprendieron las lenguas indígenas en el siglo XVI, y recogieron las tradiciones orales de
5 los indios, con lo cual conocemos hoy la historia mejicana anterior al descubrimiento, que de otro modo se habría perdido. Desde el siglo XVI hubo imprenta en Méjico. Los libros que se imprimieron fueron en su mayor parte religiosos, porque la vida española estaba unida inseparablemente a la religión, sin la cual nada en Iberoamérica hubiera
10 sido como fue. Pero también se publicaron en Méjico libros profanos, de carácter histórico, literario o técnico. A fines del siglo XVIII se construyó la Escuela de Minería, hermoso edificio, sin igual entonces en el Nuevo Mundo, en donde se estudiaba y aplicaba la ciencia de su tiempo.

Dos figuras literarias sobresalen durante la época colonial en Méjico.
15 Don Juan Ruiz de Alarcón (¿1581?–1639) fue un notable escritor dramático, nacido en Méjico. La forma de su arte pertenece a la literatura española de siglo XVIII, pues como antes dijimos, la literatura hispano-americana ni aun hoy ha producido creaciones teatrales de gran importancia. Mas Alarcón, por ciertos rasgos de estilo y carácter, es un
20 producto del Méjico colonial. Su obra más conocida, *La verdad sospechosa*, trata de las graves consecuencias de la mentira en la vida de un joven, inventor de ingeniosas falsedades para evitar un casamiento que su padre quiere imponerle. Don García, el hijo mentiroso, tiene al fin que casarse con la mujer que no ama, como castigo a sus mentiras. Alarcón
25 llevó a su teatro ideas de orden y moderación. Aquel hombre habituado al ambiente mejicano, a las jerarquías del virreinato y a la cautela nativa, se siente algo trastornado dentro de la confusión de la corte, en donde además se burlaban de él por ser jorobado; por eso, quizá, su teatro pide a la vida un poco más de discreción y de sentido moral. Alarcón es
30 doblemente célebre, porque el dramaturgo francés Corneille (1606–1684) imitó y tradujo en *Le Menteur* la comedia de Alarcón, *La verdad sospechosa*. De ese modo, un escritor mejicano de la época colonial vino a desempeñar un papel importante en la literatura de Europa.

Gran figura literaria es también Sor Juana Inés de la Cruz (1648–1695),
35 poetisa, que prefirió entrar en un convento a vivir en el ambiente de la corte virreinal. Sor Juana poseía una gran biblioteca, y es el caso más notable de mujer culta e inteligente en la época de la colonia; su saber

y su espíritu independiente fueron excepción en su época. No obstante ser una religiosa, muchos de sus escritos son de tema profano. Tan importante como su obra es su personalidad misma; Sor Juana estaba llena de curiosidad, incluso científica, según se ve por este pasaje de una de sus cartas, que voy a citar como muestra de su buen estilo, que 5 ya se libertaba del enredo de la prosa barroca, y anuncia la expresión clara y directa de Feijoo:

> Paseábame algunas veces en el dormitorio nuestro, que es muy capaz, y estaba observando que, siendo las líneas de sus dos lados paralelas y su techo a nivel, la vista fingía que sus líneas se inclinaban una a otra, y que su techo 10 estaba más bajo en lo distante que en lo próximo; de donde infería que las líneas visuales corren rectas, pero no paralelas. Y discurría si sería ésta la razón que obligó a los antiguos a dudar si el mundo era esférico, o no. Porque, aunque lo parece, podía ser engaño de la vista, mostrando concavidades donde pudiera no haberlas. 15

Sor Juana es un ejemplo encantador de mujer inteligente que intentó pensar con libertad, en un momento en que semejante tarea era rara y difícil. Por eso no fue feliz, como ella misma declara en los siguientes versos:

> Finjamos que soy feliz, 20
> triste pensamiento, un rato;
> quizás podréis persuadirme,
> pero yo sé lo contrario.

LA ENSEÑANZA EN LA NUEVA ESPAÑA

A tales refinamientos de sensibilidad se había llegado en Méjico en el siglo XVII. No es extraño, porque desde el siglo XVI se prestó atención 25 al fomento de las letras y las artes. Apenas pacificada la capital, después de la conquista, fue nombrado obispo Fray Juan de Zumárraga (1527), que escribió libros para instruir a los indios, y estuvo en íntima relación con el idealista don Vasco de Quiroga, antes mencionado. Junto a ellos se encontraba Fray Pedro de Gante, cuya memoria todos veneran hoy en 30 Méjico, por haber fundado la primera escuela de artes en el convento de San Francisco de Méjico, en donde los indios durante largos años aprendieron artes, oficios, música, latín, pintura y muchas cosas más; un millar de niños asistían a tan buena escuela. Estos esfuerzos se interrumpieron, por causas difíciles de explicar aquí. Es decir, que 35

Tepozotlán. Esta fotografía, como las del interior de otros templos barrocos, no permite contemplar el esplendoroso dorado que recubre la construcción arquitectónica. Sus formas y figuras ofrecen un trazado tan irregular como intranquilo. Los arquitectos y escultores de estas obras sentían y soñaban, y no pensaban en imitar formas dotadas de verosimilitud. Como acontece en ciertas obras del arte de nuestro tiempo, los artistas hispano-barrocos desdeñaban las soluciones racionales y generalmente admitidas; expresaban lo que sentían agitarse en su fantasía, y acentuaron el movimiento enérgico de las líneas más bien que el ideal geométrico de las formas. Los edificios norteamericanos del siglo XVIII se inspiraron, por el contrario, en la tradición greco-romana, es decir, en líneas rectas y en figuras regularmente geométricas. Estos contrastes artísticos corresponden a tipos divergentes de civilización.

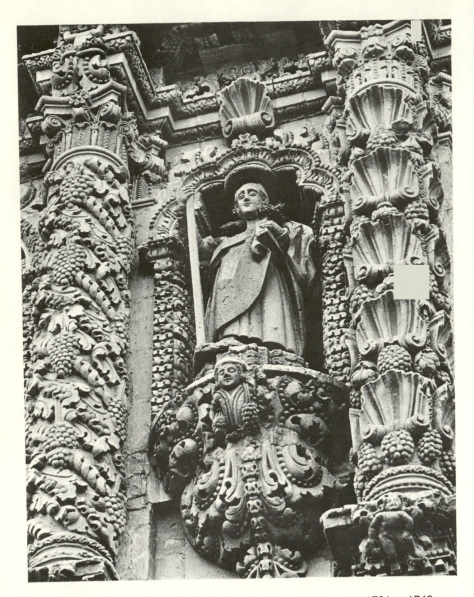

Detalle de la Catedral de Zacatecas, construida entre 1731 y 1748. Las columnas que encuadran la imagen central son diferentes. Llega aquí al máximo la profusión ornamental del estilo barroco en Méjico; el fruto de la vida alterna con la concha del mar, y el observador se siente perdido y asombrado ante esta confusión laberíntica.

aunque de manera discontinua y no muy metódica, la cultura se extendió por muchas regiones. Así se explica que obreros y artistas mejicanos pudieran construir tantas ciudades y tantos monumentos de bellísima arquitectura. Los pintores y escultores venidos de España no fueron
5 escasos, y algunas de sus obras poseen gran valor. Acerca de la obra educativa en los siglos XVII y XVIII, recordemos únicamente «Las Vizcaínas», un edificio suntuoso destinado a educar muchachas, construido a principios del siglo XVIII por tres vascos, administradores del oro y de la plata extraídos de las minas. La bellísima Escuela de
10 Minería, del siglo XVIII, sigue sirviendo hoy de Escuela de Ingeniería.

COLOMBIA Y EL PERÚ

La cultura en los países de Sur América se concentró en ciertas ciudades, importantes por su riqueza minera, o por ser puertos de interés comercial (Bogotá, Cartagena, Panamá, etc.). Los conventos o monasterios eran también instituciones de enseñanza para los indígenas;
15 la predicación religiosa difundió, más que nada, el conocimiento de la lengua española, muy uniformemente extendida por toda Hispanoamérica. Un detalle curioso es que en el español americano se usan menos blasfemias y palabras obscenas que en el español de la gente menos educada en España, lo cual tal vez se deba a haber sido religiosos quienes difundieron
20 la lengua y la cultura.

La obra más importante escrita en Colombia durante la época colonial es el poema histórico *Elegías de varones ilustres de Indias*, de Juan de Castellanos (1522–1607), cura de Tunja (Colombia); sus versos (150,000) carecen de valor poético, pero contienen informaciones valiosas, por
25 haber presenciado el autor muchos de los sucesos que narra.

Espléndidos en más de un sentido son los *Comentarios reales* del hispano-peruano Garcilaso de la Vega (1539–1616), llamado el Inca, porque su madre pertenecía a la familia real del Perú; su padre fue uno de los conquistadores que vinieron con Pizarro. Garcilaso marchó a
30 España siendo joven. En la obra de aquel mestizo se funden la buena cultura del Renacimiento y el sutil y extraño espíritu de un indio peruano, que casi había contemplado la ruina del imperio de sus mayores. El Inca Garcilaso es el escritor americano más antiguo, y su bella obra es digna de memoria perenne; su tema es el drama insoluble de una vida, española
35 por la cultura e india por la sensibilidad. Sin la educación europea no

hubiera sabido expresar el valor de lo destruido por los conquistadores; pero sin su espíritu entristecido, la literatura española no poseería esta originalísima historia, que es a la vez una autobiografía. Los *Comentarios reales*, publicados en 1609, contienen informaciones preciosas sobre la vida peruana. Los indios eran de gran mansedumbre: entre ellos 5 y «unos corderos mansos no había diferencia». Si los conquistadores «no hubieran hecho más de traernos tijeras, espejos y peines, les hubiéramos dado cuanto oro y plata teníamos en nuestra tierra». No había en el Perú vagabundos ni holgazanes; los jueces aplicaban las leyes ciegamente, sin permitirse interpretarlas. Los indios se trasquilaban 10 la cabeza con pedernales; llevaban las orejas horadadas, y los de cada provincia se distinguían por la forma del agujero. Fue lástima, dice Garcilaso, que los peruanos no supieran poner por escrito la historia de sus hazañas: «así perecieron ellas, y ellos juntamente con su república».

Durante la época colonial, Lima rivalizó con Méjico en riqueza y 15 refinamiento. El virrey y los señores de su corte proyectaban su esplendor sobre la ciudad, en donde abundaban las fiestas y las pomposas ceremonias. La Universidad de San Marcos, la más antigua de América (1551), cultivaba el saber que interesaba a los españoles: teología, filosofía escolástica y ciencia jurídica. Profesó en ella el jesuita José de Acosta 20 (1539–1600), autor de la *Historia natural y moral de las Indias*, que encierra datos de gran valor sobre la naturaleza americana.

La gran riqueza del Perú procedía de sus minas de oro y plata; las de Potosí fueron en su tiempo las más ricas del mundo. Hay que recordar también la industria de tejidos, las fábricas de armas y los astilleros en 25 donde se construían los barcos que llenaban los activos puertos del Callao y Guayaquil.

La acción del virreinato del Perú llegaba a Chile y, a través de los Andes, a la Argentina, en donde, como ya vimos, se fundaron en el siglo XVI Jujuy, Salta, Mendoza, Córdoba y Santa Fe. A principios del 30 siglo XVIII fue fundado Montevideo, en la desembocadura del Río de la Plata.

OJEADA AL PERÍODO COLONIAL

Los tres siglos de dominación española poseyeron los valores y las deficiencias que son de esperar dada la manera de ser de los españoles y de los indígenas. Aquellos tres siglos no podían desarrollar entre los 35

El primer libro científico impreso en América. Tratado de física, en latín (Méjico, 1557), por Fray Alonso de la Vera Cruz, fraile de la orden de San Agustín. En la ilustración aparece este santo, rodeado de sus frailes; en la mano derecha tiene una casa, símbolo de la «Ciudad de Dios», título de la célebre obra de San Agustín, y en la izquierda, un libro que dice «lo primero de todo es amar a Dios». La obra de Fray Alonso contiene un tratado de física según las ideas de entonces (principalmente aristotélicas) y un estudio de la esfera celeste.

hispanoamericanos un tipo de civilización semejante al de los anglosajones, que piensan, sienten y obran de modo muy diferente. Ambas formas de vida pueden estimarse o desestimarse, y son muchos hoy los que hacen lo uno o lo otro; lo que no cabe es pretender que los hispanoamericanos o los angloamericanos sean distintos de como son. En un libro sobre 5 Iberoamérica, interesante y bien enfocado respecto a su formación y reciente situación económica, hallamos este significativo pasaje:

> La mayor parte de los pobladores europeos de Iberoamérica, [es decir los españoles y los portugueses,] vinieron como conquistadores y para aprovecharse de las riquezas naturales y del trabajo de los indígenas, en 10 beneficio propio y el de su patria; no vinieron a fundar una nueva civilización a costa de su propio esfuerzo. Los indios han seguido siendo una clase sometida y trabajadora, en lugar de ser echados continuamente hacia atrás y reducidos a áreas cada vez más pequeñas, para convertirlos en una parte mínima de la población según ha pasado en Norteamérica. Es significativo 15 que la mezcla racial ocurriera en tan gran escala.[1]

Los autores de este libro se sorprenden de que los indios en Hispanoamérica no hubieran sido expulsados de sus tierras y reducidos a un número mínimo, es decir, exterminados en gran parte; pero al mismo tiempo censuran duramente a los españoles por haber saqueado las riquezas 20 naturales y diezmado y maltratado a los indios, y por no haber creado un tipo de vida nuevo, en beneficio de los colonizadores y prescindiendo en absoluto de los indígenas. Según estos distinguidos economistas, Hispanoamérica tendría que haber sido como Norteamérica; para ellos las ciudades maravillosas, la fuerte personalidad de sus regiones y de muchos 25 de sus hombres no constituyen una nueva civilización, fundada con gran esfuerzo. Lo único que se ve es lo negativo, lo que no coincide con el tipo de vida angloamericano. Pero tomando este punto de vista, nunca entenderemos a Iberoamérica. Me parece más acertado el juicio de otro distinguido norteamericano: 30

> No creo que todos los norteamericanos se interesen sólo por los bienes materiales, o que todos los iberoamericanos gusten únicamente de las puestas de sol . . . Pero sería correcta la idea de que la vida norteamericana se caracteriza por la importancia concedida al éxito material, y por estar

---

[1] G. Soule, D. Efron and N. T. Ness, *Latin America in the Future World*, 1945, p. 60.

dispuesta a sacrificar otras cosas para conseguir ese éxito; característica de Iberoamérica sería, en cambio, la vida contemplativa y su resistencia a correr de una a otra cita de negocios.[2]

Si aplicamos las ideas de nuestro tiempo, materializado y socializado, a
5 los tres siglos de dominación española en América, el resultado de nuestro juicio será muy desfavorable. La religión constituía el centro de la vida; para impedir la entrada de creencias juzgadas heréticas, España e Hispanoamérica vivieron aisladas, y padecieron los rigores del tribunal de la Inquisición. Hasta el siglo XVIII no comenzó a cambiar aquel estado
10 de cosas. Las mismas dificultades de tal modo de vivir desarrollaron la expresión artística y el sentido de la personalidad; los más grandes hombres de la independencia hispanoamericana (San Martín, Bolívar, Mariano Moreno, Francisco de Miranda, Andrés Bello y tantos otros) hicieron lo que hicieron y pasaron a la posteridad, justamente por los
15 rasgos hispánicos de su carácter. Antes y ahora aquella manera de ser fue distinta de la anglosajona; por eso andan indios por las calles de Méjico y no por las de Chicago, y por eso carece de uniformidad la vida ibero-americana. El iberoamericano aspira a distinguirse de la masa popular por el refinamiento de su persona, por su dinero, por su inteligencia, o
20 por lo que sea; vive contemplando la vida y contemplándose a sí mismo, porque sigue viviendo dentro de la manera de ser hispánica. Es cierto que las repúblicas del Sur pagan un alto precio por ser así. Pero todo en este mundo, incluso las mayores prosperidades, se consigue a costa de grandes renuncias y sacrificios.
25 Quienes deseen conocer en detalle la civilización hispanoamericana durante la época colonial, pueden ver el excelente libro de Mariano Picón-Salas, *De la conquista a la independencia*, Méjico, 1944. (Versión norteamericana: *A cultural history of Spanish America. From conquest to independence.* Berkeley, 1962.)

---

[2] Samuel G. Inman, en *Modern Hispanic America*, 1933, p. 234.

Estatua de Simón Bolívar en un parque de Caracas (Venezuela). Simón Bolívar (1783-1830), el Libertador, nació en Venezuela, pero los colombianos lo consideran como suyo. Para que no se olvide que Bolívar es caraqueño, las radios en Caracas se identifican a cada momento con la frase: «Caracas, Venezuela, patria del Libertador».

VI

La fragmentación del imperio español

La fragmentación del imperio español determinó la independencia de Hispanoamérica y el nacimiento de las naciones en que hoy está dividida. La causa principal de tan importante hecho fue la debilitación progresiva de la monarquía española y, como consecuencia de ello, la ruptura de
5 la línea de su tradición histórica; así aconteció que muchos españoles cultos e inteligentes apoyaron en España la intervención francesa en 1808 y ayudaron al rey intruso José Bonaparte, hermano de Napoleón. Las minorías más cultas de Hispanoamérica se sentían atraídas por los países más progresivos de Europa, e incluso por los Estados Unidos;
10 pensaban que separándose de España, gozarían de una vida más libre y más próspera. A comienzos del siglo XIX la España europea y la americana comenzaban a estar hartas de sí mismas. La acción de la monarquía siempre había sido muy débil en la Argentina; la independencia fue proclamada en Buenos Aires el 25 de mayo de 1810, y la autoridad
15 española no volvió a intervenir más en la ciudad. En donde la fuerza y el prestigio de la monarquía tenían más arraigo —en Méjico y en el Perú— el movimiento revolucionario tropezó con gran resistencia, tuvo muchas alternativas, y no triunfó sino más tarde.

ANTECEDENTES

Motivos ocasionales para la fragmentación de las provincias españolas
20 en América fueron en primer lugar el ejemplo de la independencia norteamericana, que ilusionó tanto a los europeos como a los demás americanos; además, las ideas progresivas y democráticas del siglo XVIII, que consideraban tiránico cualquier régimen tradicional. Todo ello vino a combinarse con circunstancias interiores y muy antiguas dentro
25 de la misma Hispanoamérica.

La fuerza de la monarquía española había ido debilitándose. Las causas de la decadencia política iban unidas a la misma inmensidad del imperio, que comenzaba en Flandes e Italia, llegaba hasta las Islas Filipinas, y se hallaba en conflicto con la cultura de tipo racionalista que iba extendiéndose por Europa. Aislada y exhausta, la España imperial aparecía como buena presa para las ambiciones extranjeras, sobre todo para Inglaterra. A principios del siglo XVIII perdió España sus dominios europeos. Un siglo 5 más tarde iba a desaparecer el régimen español en Hispanoamérica, con la excepción de Cuba y Puerto Rico.

Por lo demás, la desunión entre España e Hispanoamérica empezó casi con la conquista misma, en el siglo XVI, sobre todo entre la población india. Vimos antes que muy pronto surgieron las críticas acerca 10 de si era o no justa la ocupación de las nuevas tierras. En libros impresos en España por el Padre Las Casas, Ercilla, Garcilaso de la Vega el Inca, y otros muchos, se había manifestado casi más simpatía por los indios que por los españoles. La no destrucción de los indios creó el conflicto entre las dos razas, oposición agravada por la existencia de muchos mestizos, 15 que miraban con igual antipatía a indios y a blancos. Todos, mejor o peor, se mantuvieron unidos mientras se conservó el respeto a la monarquía y el temor a la fuerza de sus armas. Recordemos que aún en 1741, España era bastante poderosa para hacer fracasar el ataque de una formidable escuadra inglesa, frente a Cartagena (Nueva Granada o 20 Colombia). El almirante inglés Vernon apareció con 51 barcos de guerra, 135 transportes y 28,000 hombres. Cartagena estaba defendida por el virrey don Sebastián de Eslava y por el almirante don Blas de Lezo, a quien faltaban la pierna izquierda y el brazo derecho, perdidos en combates anteriores. A pesar de todo, la escuadra inglesa sufrió una 25 espantosa derrota y perdió 18,000 hombres.

Pero llegó un momento en que España no podía ya realizar tales proezas. En 1805 la flota española fue hecha pedazos por el inglés Nelson frente al cabo de Trafalgar. En 1807 España fue invadida por Napoleón, emperador de los franceses. Reinaba en ella el más indigno de sus 30 monarcas, Fernando VII (1808-1833), el cual se entregó a Napoleón, y renunció vergonzosamente al trono. Desaparecía así la única fuerza ideal que había mantenido compacto aquel vacilante imperio. En el acto salieron a luz y con gran violencia ideas y deseos de independencia, hasta entonces comprimidos. Desde el siglo XVI venía siendo grande la 35 rivalidad entre los *criollos* (hijos de españoles nacidos en América) y los españoles nacidos en España; estos últimos eran casi siempre preferidos para ocupar cargos de autoridad y administrativos.

La difusión de la ciencia y la filosofía racionalista tanto norteamericanas como francesas avivó las ilusiones y los rencores. La Revolución Francesa (1789-1799) ofrecía un ejemplo de cómo podía destruirse la autoridad tradicional de las clases dirigentes. En la segunda mitad del siglo XVIII
5 la ciencia moderna y las ideas políticas de Francia e Inglaterra comenzaron a penetrar, a través de los mismos españoles o de libros extranjeros. Cuatro sabios españoles vinieron a América a realizar estudios geográficos, físicos y de ciencias naturales: Jorge Juan (1712-1773), Antonio de Ulloa (1716-1795), José Celestino Mutis (1732-1808) y Félix de Azara
10 (1746-1811). La juventud más inteligente se agrupó en torno a algunos de estos hombres extraordinarios, que estudiaron las plantas, los animales, los principios de la física moderna, y difundieron al mismo tiempo nuevas ideas morales y políticas. Ulloa y Jorge Juan fueron a Quito a colaborar en la medición exacta de la superficie de la tierra; Azara
15 estudió la naturaleza de Sur América en forma admirable, y Mutis, un gran naturalista, pasó el resto de sus días en Bogotá (Colombia), en donde fue grande su influencia sobre algunos de los promotores de la independencia de aquel país. Con el espíritu crítico y científico se rompía la unidad monárquica de más de tres siglos. Circularon las obras
20 del Padre Feijoo (1676-1764), crítico de los errores y de las supersticiones populares, expositor de métodos científicos modernos y de ideas originales; muchos despertaron así del letargo intelectual en que España y sus dominios estaban sumidos. No menos importante fue Jovellanos (1744-1811), renovador de los métodos educativos, de la
25 agricultura y de la enseñanza técnica. Con los libros de estos escritores preclaros vinieron a América los de los enciclopedistas franceses, y muchos se familiarizaron con la idea de los «derechos del hombre», base de la Revolución Francesa.

Otro motivo que contribuyó a intensificar la oposición contra la
30 monarquía española fue la expulsión de los jesuitas de España y de la América española (1767). Desde Inglaterra y otros lugares, los jesuitas expulsados fomentaron con sus escritos las ideas de independencia, como reacción contra el país que los había suprimido. Los jesuitas habían fundado en el Paraguay una verdadera república de indios —las célebres
35 Misiones del Paraguay— disueltas al marcharse aquellos religiosos de los dominios de España. Su resentimiento fue profundo, como era de esperar. Resultado de todo lo anterior fue la idea utópica de que podía crearse una Hispanoamérica independiente, unida y de acuerdo con los sueños

democráticos del siglo XVIII. El más célebre de aquellos utopistas fue el venezolano Francisco de Miranda (1752–1812), magnífico aventurero que soñó en crear un Estado continental, desde el Misisipí hasta la Patagonia, regido por un inca emperador, que fuese tronco de una dinastía hereditaria. Con gran sentido histórico, Miranda quería alzar 5 la gran cúpula de un mito hispano-indio sobre la inmensidad inconexa de los dominios americanos. Los racionalistas del siglo XVIII caían en los mismos sueños utópicos del siglo XVI (recuérdese a Vasco de Quiroga en Méjico); creyeron que suprimiendo el régimen colonial —sin duda injusto e imperfecto— surgirían mágicamente naciones o imperios libres 10 y felices; ignoraban que no son las revoluciones, sino la conducta de la mayoría de la gente y la capacidad de sus líderes lo que determina la situación de un pueblo.

Miranda solicitó la ayuda de Inglaterra y de los Estados Unidos, muy interesados en la ruina del vacilante Imperio español; intentó desembarcar 15 en Venezuela, en 1806, y no lo consiguió. También en 1806 atacaron los ingleses la ciudad de Buenos Aires; permanecieron en ella unos sesenta días, y a la postre fueron deshechos por los hispano-argentinos. Aunque débil, Hispanoamérica tenía fuerza para no dejarse conquistar. La independencia, en último término, fue obra de criollos y de españoles ya 20 americanizados; fue una lucha civil, y además un conflicto entre ideas venidas de fuera y la tradición española. Aquella lucha comenzó en España al mismo tiempo que en América, y todavía no ha terminado en el momento presente. La conclusión a que quiero llegar es que la inevitable independencia de Hispanoamérica no se debió a que ésta 25 fuese de una manera y España de otra, o a que en Hispanoamérica se hubiese creado una atmósfera de libertad y democracia opuesta a la tiranía de la metrópoli. Ambas eran esencialmente una misma cosa, y se separaron una de otra por los mismos motivos que las diferentes regiones de Hispanoamérica formaron luego naciones distintas y desunidas. Más 30 que de independencia, se trata de un proceso de fragmentación, latente aún en España y en Hispanoamérica. Se comete un sofisma al equiparar la independencia de los Estados Unidos con la de las repúblicas desunidas de Hispanoamérica.

LUCHAS POR LA INDEPENDENCIA

Fuera de Buenos Aires, la revolución tuvo bastantes alternativas. 35 Las tropas fieles al rey —que había recuperado el trono en 1814— fueron

unas veces vencedoras y otras vencidas, y la guerra se hubiera prolongado mucho sin la intervención de dos hombres extraordinarios. El primero, Simón Bolívar, nacido en Caracas (Venezuela) en 1783. Bolívar se había educado en España, y conocía bien la vida europea. La nota dominante
5 de su carácter fue la impetuosidad, la larga y profunda visión política. En el fondo, sin embargo, su sueño de una América hispana, unida y disciplinada, fue una utopía que la realidad se encargó de desvanecer. El momento decisivo en su campaña fue el paso de los Andes entre Venezuela y Colombia en 1819, y la victoria de Boyacá, cerca de Tunja.
10 Nació entonces la República de la Gran Colombia, que debía comprender a Venezuela, Colombia y Ecuador. Bolívar marchó al Perú, en donde la guerra se decidió con las batallas de Junín (6 de agosto) y Ayacucho (9 de diciembre de 1824). La bandera española continuó izada en el puerto mejicano de San Juan de Ulúa (una isla próxima a Veracruz) hasta el 18
15 de noviembre de 1825, y en la fortaleza del Callao (Perú) hasta el 22 de enero de 1826.

La victoria de Bolívar fue facilitada por haber cesado la resistencia de los realistas en Chile y la Argentina, gracias al talento militar de la otra gran figura de la revolución: el general argentino José de San Martín
20 (1778–1850). Luchó primero en España contra los invasores franceses, y después fue a unirse al ejército revolucionario de la Argentina. El hecho más saliente de sus campañas fue el paso de los Andes, entre Argentina y Chile; en 1817 ganó la batalla de Chacabuco, y en 1818 la de Maipú, con lo cual terminó la dominación española en Chile. San Martín marchó
25 luego al Perú, y Lima fue ocupada por las tropas revolucionarias en 1821. San Martín y Bolívar celebraron una conferencia, que no dio resultado alguno; Bolívar aspiraba al mando supremo, y era más ambicioso que el general argentino. Este, amargado por las disensiones entre militares y políticos, renunció a seguir la guerra, regresó a la Argentina y
30 de allí marchó a Francia en donde acabó su vida. Bolívar poseía más ímpetu, era más gran caudillo que San Martín; pero éste conocía mejor el carácter del pueblo hispano-indio. San Martín hubiera querido traer a un rey de Europa para que gobernara el Perú, e impidiera la anarquía que ya asomaba en el horizonte, solución que pareció absurda al utopista
35 Bolívar, que pagó caro su noble ilusionismo. Aquellos mismos a quienes había dado la independencia, estuvieron a punto de asesinarle en Bogotá. Más tarde le acusaron de querer gobernar dictatorialmente, incluso de aspirar a coronarse rey; tuvo, en fin, que abandonar la presidencia de

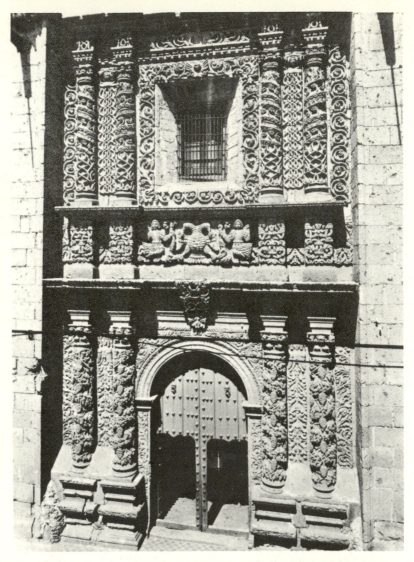

Fachada de la iglesia de Santa Mónica en Guadalajara (Méjico). Fue terminada en 1730, y ofrece una curiosa combinación de trazado regular y geométrico, y de estilo barroco. La disposición paralela de las parejas de columnas, pilastras y entablamentos responde a un esquema racional y simétrico; pero la forma salomónica de las columnas y la exuberancia ornamental son barrocas, con fuerte mezcla de elementos indígenas. En conjunto esta fachada es una obra original y bellísima. Nada igual a esto había en España.

aquella Gran Colombia que habían fundado su ilusión y su heroísmo, y que en seguida se fragmentó en tres naciones: Ecuador, Colombia y Venezuela. Bolívar, enfermo y moralmente exhausto, murió el 17 de diciembre de 1830. No había querido combatir contra quienes lo habían arrojado del gobierno, porque, dice en una de sus últimas cartas, «no espero salud para la patria».

El lugarteniente de Bolívar, Sucre, el general que ganó la batalla de Ayacucho, fue asesinado el 4 de junio de 1830 cuando se dirigía a Quito, con ánimo de retirarse de la vida pública. Más perspicaz que ellos, el general San Martín, marchando a tiempo al extranjero, tal vez evitó un destino que no hubiera sido más venturoso que el de Bolívar y Sucre. Hispanoamérica juzgó reaccionaria y arcaica la forma de gobierno monárquica, aunque muchos desearon (San Martín, Belgrano, Iturbide, etc.) un régimen monárquico, independiente de España, lo cual habría impedido la atomización política de Hispanoamérica. Lo grave de la situación fue que los reyes españoles habían perdido su antiguo prestigio, y que las repúblicas en que fueron convertidas las colonias al hacerse independientes, carecían de una estructura democrática. Consecuencia fatal de todo ello fue un período de anarquía, que las naciones han tardado largos años en sustituir por sistemas de gobierno estables y eficaces.

Una palabra final sobre Méjico. El movimiento subversivo comenzó en la ciudad de Dolores, el 16 de setiembre de 1810, en forma más popular y más hispánica que en Buenos Aires; el cura Miguel Hidalgo se lanzó a la calle, blandiendo un lienzo con la imagen de la Virgen de Guadalupe, patrona de Méjico, y gritando: «¡Viva por siempre la Santísima Madre de Guadalupe! ¡Viva el rey! ¡Viva por siempre América, y mueran los malos gobernantes»! La revolución se extendió con gran violencia, porque Hidalgo, entre otras cosas, prometía devolver a los indios las tierras en poder de la clase acaudalada y de la Iglesia. Después de varios triunfos iniciales, Hidalgo fue derrotado y fusilado en 1811. José María Morelos, otro sacerdote, tomó entonces el mando de las fuerzas revolucionarias; consiguió apoderarse de varias ciudades, pero fue vencido por el jefe realista Calleja y ejecutado en 1815.[1] Los caudillos revolucionarios y la causa popular perdieron fuerza, y el movimiento a

---

[1] Para formarse idea del número y de la condición social de los sublevados contra el rey en Méjico, en el más importante virreinato español, puede consultarse el monumental *Diccionario de Insurgentes* por José María Miguel y Vergés, Editorial Porrúa, Méjico, 1969. Muchos españoles combatieron o intervinieron en algún modo a favor de la independencia.

favor de la independencia fue dirigido en adelante por ricos propietarios y por eclesiásticos, aunque en realidad las tropas reales nunca fueron derrotadas en Méjico como en Chile o en el Perú; no lucharon con las rebeldes figuras comparables a San Martín, Bolívar o Sucre. No obstante, el ejemplo de Sur América decidió tanto a mejicanos como a españoles a 5 proclamar la independencia en 1821, y a ofrecer el reino de Méjico a un miembro de la familia real española. El inepto rey de España, Fernando VII, no contestó a esa petición, y fue entonces proclamado emperador Agustín de Iturbide, coronel de los ejércitos reales, con el nombre de Agustín I. Su imperio fue fugaz; el general Santa Anna lo destronó y 10 proclamó la república (1823). Iturbide fue fusilado en 1824. Así comenzó la nada venturosa historia de Méjico durante el siglo XIX.

La guerra de la independencia había sido una terrible lucha civil, y España y sus antiguos dominios quedaron empobrecidos y sin rumbo claro. El siglo XIX, en Hispanoamérica y en España, fue época de guerras civiles 15 y pronunciamientos militares. Los últimos restos del antiguo imperio, Cuba y Puerto Rico, dejaron de pertenecer a España después de la guerra con los Estados Unidos en 1898. Cuba formó una república independiente, y Puerto Rico pasó a ser un territorio norteamericano.

VII

Las naciones hispanoamericanas

Después de haber logrado su independencia, cada nueva república tuvo que organizar la política y la economía de la nación. El régimen adoptado fue el constitucional, tomando como modelo la constitución norteamericana y su sistema presidencialista. Muy pronto comenzaron a
5 afluir extranjeros, deseosos de explotar los recursos de la tierra y de comerciar con mercancías manufacturadas en Europa. Los grandes terratenientes tuvieron desde luego decisiva influencia en los asuntos públicos; su papel ha sido análogo al de los aristócratas y los eclesiásticos de la época colonial. Entre 1830 y 1920 fueron concedidas a familias
10 aristocráticas, a militares y a compañías extranjeras más tierras de dominio público o pertenecientes a los indios, que durante los tres siglos de dominación española.[1] Los indios y las clases menesterosas continuaron trabajando para la minoría privilegiada y poseedora de la tierra; por no haber mucho ambiente para el espíritu industrial y de gran
15 empresa, escasean los hombres de tipo norteamericano, es decir, que han pasado de la pobreza a ser figuras decisivas en la economía nacional. Los iberoamericanos ricos se avergüenzan de confesar que comenzaron su vida siendo pobres, y gustan del lujo y la ostentación. Los criollos acaudalados acostumbraban a ir a París o a Londres a derrochar su fortuna,
20 y lo mismo hicieron en el siglo XIX los aristócratas españoles. Por ese motivo, Hispanoamérica y España se han aprovechado escasamente de sus propias riquezas, y tuvieron que venir los extranjeros a construirles los ferrocarriles y a desarrollar la industria.

Las naciones hispanoamericanas deben su prosperidad, cuando la tienen,
25 a la yuxtaposición o amontonamiento de la riqueza de los particulares,

---

[1] G. Soule, D. Efron, and N. J. Ness, *Latin America in the Future World*, 1945, p. 66. Puede verse también James F. Rippy, *Latin America. A modern history*. Revised edition. Ann Arbor, 1968.

y no a la colaboración de todos en empresas de tipo colectivo o nacional. Inglaterra se ha aprovechado de esa manera de ser, y —para citar un ejemplo— construyó los incómodos ferrocarriles de la Argentina para provecho de los capitalistas ingleses y no del pueblo argentino; las carreteras en la Argentina son escasas y se construyen lentamente, 5 a fin de que el transporte en autobuses y camiones no compita con los ferrocarriles; claro está que los ingleses impusieron sus contratos con la complicidad de políticos argentinos, según aconteció en otros países de Iberoamérica.

A pesar de todos esos y otros obstáculos, la vitalidad de Hispanoamérica 10 ha hecho posibles sus magníficas ciudades del siglo XX: Buenos Aires, La Habana, Méjico, y muchas más, verdaderos emporios de riqueza y alta cultura. Sigue en cambio un ritmo más lento la organización jurídica y social del Estado, con miras a servir a los intereses del pueblo, y no a los de ciertos particulares. 15

Durante el siglo XIX (y en parte, todavía hoy) los gobiernos se han basado más en la fuerza que en la voluntad de la mayoría. Toda Hispanoamérica quiso aplicar el sistema democrático y presidencialista de los Estados Unidos a pueblos con otra estructura y otros hábitos. Durante el siglo XIX las dictaduras han alternado con guerras civiles y sublevaciones 20 militares. El eje de la vida política han sido los «caudillos», es decir, individuos con fuerza bastante para imponer su voluntad a la nación. En muchos casos esto no fue un mal, pues algunas naciones han vivido en paz durante largo tiempo gracias a dictaduras inteligentes; otras veces, las dictaduras fueron bárbaras y funestas. En general, la voluntad de los 25 mejores ciudadanos casi nunca triunfa.

La economía de Hispanoamérica ha sido pobre. Aunque algunos estados poseen inmensas riquezas naturales, éstas no han podido ser explotadas con capitales propios, y así ha surgido la influencia extranjera, con todo lo que ello significa. Los ferrocarriles fueron construidos por 30 ingleses; las minas están siendo explotadas por empresas americanas y europeas; el petróleo en Colombia y Venezuela y las frutas de Centro América se hallan en situación parecida, etc. Agotadas o muy reducidas las minas de oro y plata, las fuentes más importantes de riqueza siguen siendo la agricultura, la ganadería, los metales, el salitre (nitrato potásico), 35 el petróleo, etc. La industria se desarrolla lentamente, aunque en nuestro tiempo, el Brasil, Méjico y otras repúblicas han intensificado el trabajo industrial, con ayuda de capitales y maquinaria de Norteamérica. Si

Hispanoamérica no se hubiera fragmentado tanto, unas regiones se habrían beneficiado de los productos de otras, y las comunicaciones serían mejores, a pesar de las dificultades de la geografía: altas montañas, climas calientes, selvas, etc. No obstante tantos obstáculos humanos y
5 naturales, el progreso realizado por algunos países es incalculable; su aportación a la cultura del continente es cada día más valiosa.

El rápido ritmo de crecimiento de la población iberoamericana es uno de los más altos del mundo. En opinión de los bien informados éste va a ser uno de los más difíciles problemas con que habrá de enfrentarse
10 el continente americano en los próximos treinta años. Iberoamérica tiene ahora unos 284,000,000 de habitantes; esa cifra, según algunos técnicos, casi se habrá triplicado en el año 2,000.

El pueblo hispanoamericano es católico como resultado de la dominación española. Los intelectuales, los hombres de ciencia —que
15 forman una clase más definida que en los Estados Unidos— han solido seguir ciertos modelos europeos, y muchos son indiferentes en materia de religión. Pero en general, la Iglesia interviene en el nacimiento, el casamiento y la muerte de la gran mayoría. A veces ha habido luchas entre la Iglesia y el Estado, sobre todo por motivos económicos, cuando las
20 órdenes religiosas conservaban grandes propiedades, o cuando la intervención de la Iglesia en la política se juzgó excesiva. Esto crea un aspecto de la vida hispanoamericana que en los Estados Unidos no existe: el clericalismo y el anticlericalismo de los gobiernos. En Méjico es donde las luchas de este tipo han sido más violentas. Desde otro punto de vista, las
25 costumbres en Hispanoamérica reflejan la influencia de la religión. El divorcio no existía en un país como la Argentina antes de la dictadura del general Juan Domingo Perón (1946–1955). La ley dada por él ha sido derogada, aunque se haya mantenido su vigencia en casos excepcionales. Aunque la influencia de los Estados Unidos va penetrando
30 cada vez más, todavía las muchachas de la clase media no son tan independientes como las americanas, a causa de la influencia del catolicismo de tipo español.

En Hispanoamérica se habla español. Muchos prefieren decir que hablan castellano; en España muchos llaman también castellano a la
35 lengua española. En general ésta se conserva perfectamente en todas partes, desde Méjico hasta Chile. La lengua hablada ofrece peculiaridades, no mayores que las que separan el inglés de Inglaterra y el de los Estados Unidos. Pero la lengua escrita es igual, y la literatura hispanoamericana,

cada vez más rica, contribuye a mantener esa unidad. La principal diferencia fonética entre el español de España y el de Hispanoamérica es que en América se pronuncia la *ll* como *y*, y la *z* y la *c* como *s*, de modo que «cazar» y «casar» suenan igual. Pero tal diferencia tampoco es muy considerable, porque casi todo el Sur de España habla de la 5 misma manera, y tampoco separa la *ll* de la *y* ni la *z* de la *s*. En cuanto al vocabulario, hay bastantes palabras indias en el español hispano-americano: en Sur América las «judías» se llaman «porotos»; las «judías verdes» en Méjico son «ejotes», y así hay unos centenares más de palabras, que por otra parte no son las mismas en cada país. Pero una 10 persona que sepa bien el español aprende todo eso fácilmente, lo mismo que un inglés aprende en seguida las peculiaridades norteamericanas. En la Argentina, sin embargo, el español vulgar ha sufrido muchas influencias italianas, que no entran en la lengua escrita, pero que afean la lengua usual y a veces la hacen difícil para el recién llegado. Además en la 15 Argentina conservan un arcaismo muy vulgar del español del siglo XVI, «vos tenés» por «tú tienes» que no usan al escribir. En casi toda Hispanoamérica subsiste esa conjugación arcaica, pero sólo en la Argentina y en el Uruguay dicen las personas educadas *sentate* (siéntate), *vení* (ven), *vos sos* (tú eres), etc. Tal manera de hablar no es recomendable, 20 y los argentinos más cultos la rechazan como vulgar.

En conjunto, los rasgos comunes de Hispanoamérica son más importantes que las diferencias políticas. Eso se nota mejor al observar que ciertos fenómenos de cultura ocurren al mismo tiempo en los distintos países. Hoy, por ejemplo, existe profundo interés por la 25 filosofía en toda Hispanoamérica. Tal hecho, según el filósofo argentino Francisco Romero, «descubre una vez más la sorprendente simultaneidad en muchos aspectos de la cultura iberoamericana, lo cual es impresionante si se tiene en cuenta la parcial o casi total incomunicación entre ciertas zonas, y la débil conexión entre las demás». 30

LA ARGENTINA

Esta república tiene hoy 24,000,000 de habitantes para una extensión de 1,078,773 millas cuadradas. La capital, Buenos Aires, en el estuario del Río de la Plata, cuenta ya algo más de cuatro millones de almas. Hacia 1880 esta ciudad aún se hallaba atrasadísima. A causa de la poca importancia de la Argentina durante la época colonial, no se construyeron allí 35 monumentos como los de Méjico y Lima. No habiendo además piedra, ni hierro, ni siquiera buena madera de construcción en las cercanías de Buenos Aires, los edificios modernos se han hecho con cemento o con materiales traídos de muy lejos, a veces de Europa, en barcos de vela, por ser esto más barato que transportar la piedra del interior. El aspecto de la ciudad es espléndido, con edificios, avenidas y parques magníficos, aunque sin carácter original y sin tradición. Buenos Aires parece haber sido plantado artificialmente sobre una tierra sin relieve y sin rocas; su fuerza y su belleza son las de un país decidido a hacerse un lugar en el mundo.

La fortuna de la capital y de toda la nación procede de la exportación de cereales y carnes, y de los ingresos de la aduana. Casi toda la riqueza argentina sale y entra por el puerto de Buenos Aires. Merecen citarse, sin embargo, los puertos fluviales de Rosario y de Santa Fe, junto al río Paraná. En el interior se hallan Córdoba, Tucumán y Mendoza, esta última importante por su producción vinícola.

Cuando rompió sus lazos con España, el 25 de mayo de 1810, Buenos Aires era sólo una pobre aldea. La población de toda la Argentina no llegaría entonces a 600,000 habitantes. Los caminos eran malos, por no haber piedra para afirmar el suelo, y las comunicaciones, por tanto, muy lentas y difíciles. Ir a Mendoza, junto a los Andes, o a Jujuy, cerca de la frontera peruana, por caminos que la lluvia convertía en un mar de lodo, representaba una aventura. Por eso fue muy precaria la autoridad de la capital del virreinato sobre los pueblos del interior. Cuando el puerto de Buenos Aires fue abierto al comercio internacional, empezaron a entrar productos manufacturados del extranjero, tejidos y otros artículos, mejores y más baratos que los fabricados en las provincias del interior. El arroz del Brasil resultaba más barato que el de Tucumán, etc. Por este motivo aumentó la rivalidad y la enemistad entre la capital y sus pretendidas provincias, que se creían tan capitales como Buenos Aires.

Para comprender la historia peculiar de la Argentina hay que tener presente que allá no existía como en Méjico y en el Perú una masa de indios o mestizos, sometidos por la clase dominadora. Los blancos no habían tenido mucho contacto con los indígenas, porque éstos eran nómadas y salvajes, y además no le hacían gran falta al hombre blanco para lo que tenía que hacer en la pampa: agrupar ganado, que a millares corría libre, enlazarlo, matarlo, comer la carne y vender el cuero. De esta manera fue naciendo en los campos una población, más bien blanca que

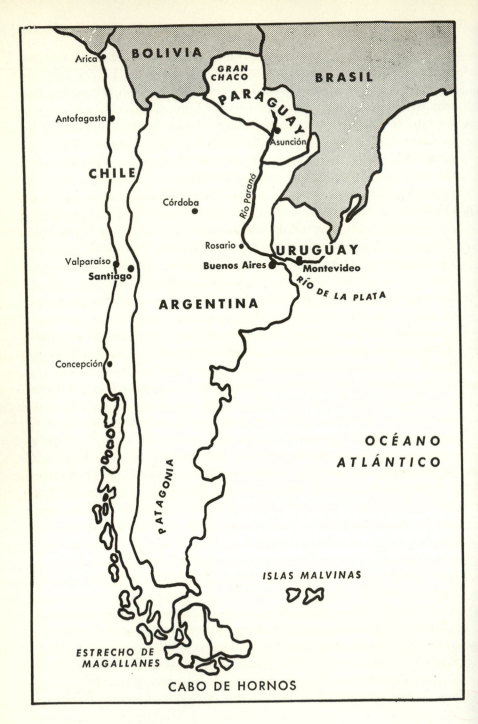

mestiza, poco numerosa, muy esparcida y que vivía suelta, sin reconocer en realidad ninguna ley. Los ranchos se encontraban a gran distancia unos de otros. El campesino o paisano de la pampa vivía a caballo; no temía a la naturaleza ni al hombre; confiaba en sí mismo y en su «pingo» (caballo), y desdeñaba la autoridad, que siempre vio personificada en jueces y policías mucho peores que él. La llanura infinita, sin relieve de montañas, casi sin árboles, moldeó su carácter enérgico y melancólico; no sabía leer ni escribir, pero conservaba perfectamente la lengua popular de España, junto con canciones que entonaba al compás de la guitarra. Estos hombre, después de la independencia (1810), llevaron a la historia argentina un elemento de violencia y anarquía, y a la vez de gran vitalidad. Esos hombres eran los *gauchos*.

La independencia argentina fue declarada solemnemente en Tucumán el 9 de julio de 1816, sin que ello quiera decir que tras de esa independencia existiera una nación unida. Muy pronto surgieron facciones rebeldes (caudillos y montoneras), formadas por quienes habían luchado contra los ingleses en 1807, contra los españoles en 1817 y 1818, y que no estaban dispuestos a someterse a la dirección política de Buenos Aires, en donde residían los políticos cultos, educados en los libros más que en la vida argentina, que aspiraban a gobernar con una constitución parecida a la norteamericana y a las europeas. Se inició así la lucha entre la abstracta teoría y la realidad de una tierra con escasa población y no muy interesada en organizar su vida colectiva.

Los gauchos ignoraban cómo fuese una ciudad regida y disciplinada democráticamente por sus propios vecinos, y Buenos Aires tampoco podía ofrecerles modelos de buen gobierno a comienzos del siglo XIX. Junto a una exigua minoría lectora de libros europeos se encontraban unos cuantos burócratas y funcionarios, clérigos, frailes, comerciantes con escasa fortuna, extranjeros interesados en su provecho y no en el del país, y los campesinos que afluían de las tierras próximas, tan llenos de barbarie como de indomable argentinidad. La capital era un conglomerado de intereses comerciales, en pugna unos con otros. Lo más auténtico en ella era el pueblo rudo, con necesidades e instintos, el mismo pueblo que aplastó a los invasores ingleses en 1807. Aquellos centauros, armados de lanza y sable, vencieron en Chacabuco y Maipú, bien dirigidos por San Martín. Junto a ellos aprendió el buen general que la Argentina no podía ser gobernada entonces por los intelectuales de Buenos Aires, y por eso pensó en la fuerza moral de la monarquía, en

121

algo que impusiese respeto, sin necesidad de explicarse con razones. San Martín, Belgrano y otros no fueron oídos; el gran general no quiso usar su prestigio para convertirse en dictador del pueblo que había libertado, y marchó al extranjero.

Don Bernardino Rivadavia (1780–1845), un alma noble y llena de las mejores intenciones, intentó gobernar la Argentina desde la presidencia de la República, con principios democráticos, ni sentidos ni entendidos por la mayoría de la gente. Frente a él se alzaron ambiciosos rivales y el pueblo indisciplinado, para el cual independencia significaba triunfo de los intereses e instintos de cada uno. Los grupos indisciplinados sólo respetaban como jefe a quien poseía en grado máximo su fuerza y sus instintos, a quien era como ellos, pero más que ellos. Así se impuso a la masa indómita Facundo Quiroga (1790–1835); su valor y su capacidad de mando fascinaron al gauchaje, y siendo él mismo un gaucho, llegó a ser general y dictador de las provincias argentinas. El «Tigre de los Llanos» —así le llamaban— derrotó el ejército de Buenos Aires, y terminó con el ensayo de república constitucional.

La Argentina estaba en peligro de fragmentarse en minúsculas republiquitas, con lo cual el Sur de América se habría parecido a la América Central. Entonces surgió de tan confuso caos el gaucho máximo, un bárbaro sanguinario y genial, don Juan Manuel de Rosas (1793–1877). Pertenecía a una familia de alguna distinción, y su nombre exacto era Juan Manuel de Rozas y Ortiz de Zárate. Al abandonar la casa paterna, violentamente y casi desnudo, suprimió el apellido de su madre (Ortiz de Zárate) y le quitó la z al de su padre, con lo cual Rozas se volvió Rosas. Viviendo en el campo adquirió las maneras de los gauchos, y domando caballos bravos se preparó a domar a sus compatriotas. De 1829 a 1852, Rosas tuvo en sus manos lo que él llamó la «suma del poder público». Hizo asesinar a su más temible competidor, Facundo Quiroga, y a cuantos caudillos pudieran hacerle sombra; bajo su tiranía Buenos Aires fue dominado por la más baja canalla y por asesinos de toda clase; se olvidaron las maneras finas y educadas, y se arraigaron formas plebeyas de hablar que duran hasta hoy («vos tenés», «vos sos», etc.). Durante veinte y un años la Argentina no supo ni leyó más que lo que Rosas quiso; el menor intento de rebeldía significaba perder la cabeza, las cuales Rosas mandaba cortar como un sultán del Oriente. Toda persona culta y liberal huyó a Chile o a Montevideo; los que quedaron en el país tuvieron que mezclarse con la plebe, y olvidar toda distinción. Nadie

Buenos Aires. Calle Florida, en el centro del barrio comercial de la ciudad. A ciertas horas se cierra al tráfico rodado, a fin de que la gente pasee y vea las vidrieras.

pensó ya en separar las provincias de Buenos Aires. Los métodos atroces del tirano impidieron que el país se fragmentara, porque él fue el único capaz de suprimir los caudillos, y de recomponer lo que la independencia había roto.

5   Un régimen así no podía durar indefinidamente; los argentinos emigrados (sobre todo Sarmiento) atacaban a Rosas desde el extranjero; sus mismos lugartenientes acabaron por sublevarse y derrotarlo en la batalla de Caseros (1852). El dictador huyó a Inglaterra, en donde vivió muy modestamente; había sido un bárbaro sanguinario, pero no un
10 bandido. La unidad nacional estaba asegurada, aunque todavía duró bastantes años la oposición entre la capital y las provincias, siempre celosas de los ingresos de la aduana de Buenos Aires. El conflicto se resolvió con la batalla de Pavón (1861), en la que ambas facciones quedaron agotadas. Desde entonces Buenos Aires fue la capital de una
15 nación unida. Costó cincuenta años conseguir aquel resultado.

123

Buenos Aires (Argentina), Plaza del Congreso. La técnica de las construcciones con cemento armado ha permitido a esta ciudad desarrollarse considerablemente en lo que va de siglo; cerca de Buenos Aires no hay piedra ni hierro, y el transporte por ferrocarril es muy costoso. Las modernas avenidas (9 de julio, Palermo, Quintana, Costanera) dan a la ciudad un aspecto magnífico.

Después de 1861, y hasta los trastornos del momento actual, ha habido pocas agitaciones de tipo político. El orden público se ha mantenido gracias a una fuerte policía, más bien que por respeto espontáneo de las leyes; el régimen democrático —sobre todo en las
5 poblaciones pequeñas— es más aparente que efectivo. Los inmigrantes extranjeros forman grupos no siempre bien integrados con los ciudadanos argentinos; muchos extranjeros conservan su nacionalidad de origen. Pero el bienestar de la gran mayoría ha contribuido por sí solo a estabilizar la vida colectiva.

10 Las dificultades creadas por los indios fueron resueltas en el siglo XIX. No habiendo minas en la pampa, ni complicada agricultura que exigiese abundante mano de obra indígena, los blancos y los indios se enfrentaron como dos razas enemigas que no tenían nada que hacer en común. La situación se parecía algo a la de los Estados Unidos. Hasta el último
15 tercio del siglo XIX los indios atacaban los lugares habitados (esos feroces ataques se llamaban «malones»). Una serie de campañas militares bien dirigidas consiguieron exterminar a los indios, o arrojarlos a las provincias del Norte y del Sur. Desde 1879 fue extendiéndose la colonización hasta la Patagonia.

20 La Argentina es la república hispanoamericana con más inmigración europea, española e italiana principalmente, aunque hay gentes de todos los países. Los negros siempre fueron muy escasos; indios apenas hay, fuera de la policía, la cual prefiere a los hombres de esa raza, inaccesibles a la propaganda subversiva de los extranjeros. Quien no
25 visite las provincias del interior saca la impresión de que no existen indios, mulatos ni mestizos, lo cual constituye un gran motivo de orgullo para los argentinos, que se juzgan superiores a los demás pueblos de Iberoamérica. No obstante la gran abundancia de inmigración extranjera, el marco de la vida argentina ha continuado siendo hispánico; se consideran aristócratas
30 quienes son ricos y tienen apellidos españoles. Los italianos, sin embargo, son tan numerosos que a fines del siglo XIX pretendieron introducir el italiano como lengua oficial; el proyecto fracasó totalmente, pero puso de manifiesto el escaso respeto de los inmigrantes por la nación argentina. Los italianos han logrado alterar bastante la lengua hablada al inyectar
35 en ella muchos centenares de dialectalismos italianos (napolitanos, sicilianos, genoveses); el lunfardo argentino, fruto de tal mescolanza, fue primero la jerga usada por los delincuentes, y no es comparable al «slang» americano, formado en su casi totalidad con palabras inglesas;

125

mucho de ese lunfardo ha invadido la lengua corriente e incluso el llamado teatro nacional, que apenas entiende quien no ha vivido años en Buenos Aires. La lengua literaria y la de las personas mejor educadas rechaza ese modo de hablar basto y feo; la juventud argentina cultiva bastante tal jerga, pensando que así se destaca más su peculiaridad nacional. 5 La lengua rústica hablada por los gauchos del siglo pasado, y por la gente inculta de todo el mundo hispánico, es otra fuente de peculiarismo lingüístico; en esa lengua campesina se han escrito obras literarias de bastante valor, según luego veremos, y aún se usa en descripciones de la vida rural. 10

Pero ni el lunfardo ni la lengua gauchesca afectan para nada la lengua de los grandes escritores argentinos, cuyo español es excelente. La literatura, las humanidades y las ciencias están hoy muy por encima de las del siglo XIX, aunque la pugna entre la minoría culta y la masa continúe siendo un rasgo característico de la Argentina; cuesta algún 15 trabajo asimilar la población de origen extranjero, pero la situación ha mejorado considerablemente. Buenos Aires, única gran cabeza de una nación escasamente poblada, actúa cada vez en forma más ejemplar sobre el resto de los argentinos.

LA POLÍTICA Y LA ECONOMÍA ARGENTINAS

En junio de 1970 tres generales depusieron al general Juan Carlos 20 Onganía, y nombraron al brigadier Roberto Marcelo Levingston. No deben sorprender tantas ilegalidades, pues ya en las elecciones de 1937 la voluntad de la nación fue falseada; el pueblo votó por Marcelo T. de Alvear y resultó triunfante Roberto M. Ortiz, a fuerza de trampas y de amenazas a los electores en los distritos rurales. La clase dirigente temía 25 que, dada la situación del mundo, la expresión de la libre voluntad popular llevara a un caos anárquico, aunque es probable que la tiranía contribuya a fomentarlo aún más. Lo grave es que no existen hábitos de democracia. La mayoría de los cargos públicos han sido siempre distribuidos entre los amigos de los políticos. La justicia no es pública, y los 30 periódicos más importantes consideran de mal gusto sacar a luz los abusos cometidos por la gente adinerada. La estabilidad social ha descansado sobre el bienestar económico de los más en las ciudades importantes. El argentino aspira a ser rico, culto e inteligente para su propia satisfacción y para descollar en la sociedad porteña; pero no 35

Argentina. Dos viñaderos cuidan un viñedo en la provincia de Río Negro, región de buenos vinos. Apacible escena campestre en contraste con la agitación de quienes, en Buenos Aires, buscan sin éxito modos tranquilos de convivir entre la dictadura y la democracia.

segrega «plasma» social y político que aglutine a unos ciudadanos con otros. La composición racial hispano-italiana y el mismo pasado de la Argentina lo han impedido hasta ahora. La constitución argentina permite «intervenir» al gobierno central en los asuntos de las provincias, es decir, destituir a los gobernadores y poner en su lugar interventores nombrados 5 por el presidente de la república.

Mientras no hubo fascismo ni comunismo, ese régimen, aparentemente democrático, pudo subsistir gracias a la prosperidad económica; en Buenos Aires todos comen, y el clima templado permite vivir cómodamente a casi todo el mundo. Cuando las ideas totalitarias han comenzado 10 a poner en peligro la tranquilidad de la oligarquía acaudalada, no ha podido subsistir la política de los términos medios y de las simulaciones; la cuestión se ha decidido a favor de los fascistas y de los militares, por miedo a los avances del proletariado. No existe un partido liberal con fuerza suficiente, ni nada comparable a los laboristas ingleses, y lo 15 probable es que la Argentina salga de una dictadura para entrar en otra, más o menos disimulada. Es lo que acontece, por otra parte, en casi toda Iberoamérica.

Estos antecedentes hicieron posible la dictadura del coronel Juan Domingo Perón, un militar convertido en dictador absoluto de la 20 República Argentina. Su régimen (democrático en apariencia) fue una mezcla de fascismo, estilo Mussolini, y de dictadura militar a la española, con ciertos rasgos peculiarmente argentinos. La fuerza de Perón se fundó en los «descamisados», en quienes no tienen dinero para comprarse una chaqueta, y confían en que el dictador distribuya entre los pobres el 25 exceso de riqueza de los capitalistas. En un discurso pronunciado el 17 de octubre de 1946, Perón dijo a una enorme multitud congregada frente al palacio presidencial de Buenos Aires, que su programa «tiende a que en el futuro los bienes, la felicidad y la riqueza de esta hermosa tierra argentina no pertenezcan a un grupo de privilegiados, sino a los 14 millones 30 de argentinos». El discurso concluyó así: «Para terminar con este digno acontecimiento, les pido a todos que lentamente vayan dispersando la reunión. Yo he de encontrarme en la Plaza de la República para bailar con ustedes».

Aquel programa no tuvo felices consecuencias para el pueblo argentino. 35 Aunque los obreros consiguieron salarios más altos y menos horas de trabajo, las subsistencias encarecieron, el valor del peso bajó considerablemente y la importación de mercancías del extranjero se

hizo muy difícil. Perón persiguió a quienes no creían en la verdad y en la justicia de sus promesas mesiánicas. Desapareció la libertad de prensa. El gobierno se apoderó del diario *La Prensa* (tan importante como *The New York Times*) lo cual suscitó protestas internacionales. Los partidos
5 opuestos al gobierno fueron reducidos a la impotencia. Funcionarios y profesores de gran valer tuvieron que emigrar. Todo ello afectó grandemente a la cultura y al prestigio de uno de los más importantes países de Iberoamérica.

El gobierno de Perón no sintió simpatías por los Estados Unidos; la
10 Argentina aspiró a fortalecer su situación internacional oponiéndose a la influencia económica de los norteamericanos en el Paraguay, en Bolivia, e incluso en Chile. Ya en 1945 consiguió la Argentina ser admitida a la conferencia de las Naciones Unidas en San Francisco, no obstante la forma dictatorial de su gobierno. Un golpe de gran efecto fue la nacionalización
15 de los ferrocarriles argentinos en 1947, propiedad de la compañía inglesa que los había construido. Los ingleses realizaron un buen negocio al deshacerse de una red ferroviaria ya bastante estropeada, y que había rendido ganancias considerables; pero el éxito político de Perón no fue por eso menor.

20 Un rasgo saliente de la Argentina peronista fue el papel desempeñado por la esposa del dictador, Eva Duarte de Perón, hasta su fallecimiento en 1952. Muchos argentinos hicieron de ella un ídolo. La ciudad de La Plata, capital de la provincia de Buenos Aires, tomó el nombre de Eva Perón. La dictadura argentina acentuó así su carácter patriarcal y
25 mesiánico; una buena parte del dinero de la nación se distribuyó pródigamente entre los desvalidos por motivos sentimentales, en vez de hacer trabajar a los desheredados en forma productiva. La Argentina reveló en este caso su tradición hispánica; no prosperan allá las leyes impersonales, frías e iguales para todos.

30 La época de Perón fue abundante en trastornos demagógicos. En cierta ocasión estallaron unas bombas frente a la Casa Rosada (el palacio presidencial) mientras se celebraba una clamorosa manifestación para lisonjear al dictador. Perón incitó a las masas a que buscaran y castigaran a los culpables; varios edificios fueron entonces incendiados, entre ellos
35 el aristocrático Jockey Club, célebre por su biblioteca y sus tesoros de arte.

Tres años después de la muerte de Eva Perón se produjo la caída de la dictadura, como consecuencia de una catastrófica situación económica que dio lugar al aumento y a una más eficaz coordinación de las fuerzas opuestas al régimen. A éstas se sumaron muchos miembros influyentes de la Iglesia Católica, la cual, en la Argentina, se puso abiertamente frente al dictador. Perón se refugió en un buque de guerra paraguayo, que le llevó a la Asunción. Actualmente reside en España. 5

Después de Perón, la Argentina no logró ni instaurar un régimen auténticamente democrático, ni políticamente estable. Lo ha impedido que gran número de trabajadores seguían añorando los beneficios conseguidos bajo el sistema paternalista de Perón. Pero aquellos beneficios habían sido ilusorios, porque la administración peronista dio lugar a un 10 descenso vertiginoso de la moneda argentina; el dólar pasó de 240 a 350 pesos. Tamaña inflación anuló el efecto de las anteriores subidas de salarios, y de otras mejoras tan ficticias como aquélla. Los gobiernos posteriores intentaron restablecer la normalidad constitucional —pusieron en vigor la constitución liberal de 1853, convocaron elecciones libres 15 en 1958, 1960 y 1962— no obstante lo cual el ejército se rebeló contra el poder civil en varias ocasiones, últimamente en 1966. Fue depuesto el president electo, y ocupó su lugar el general Juan Carlos Onganía, en forma abiertamente dictatorial. Declaró públicamente que su estancia en el poder sería tan larga como lo creyera necesario. No se logró 20 con ello estabilizar la situación política, que sin duda alguna aún ha de fluctuar bastante tiempo entre períodos de agitación y de calma sociales.

Muy de desear es que el gran país del Sur resuelva sus graves problemas sin trastornos sangrientos, y sin perturbar la armonía del continente americano. El rumbo de la política argentina dependerá, a la postre, de 25 cómo sea el desenlace del conflicto entre las mayores potencias de la tierra; pero también influirá mucho la abundancia de la producción y de la exportación de los productos agrícolas. La carne congelada, las pieles y otros productos agropecuarios constituyen el 45% de las exportaciones argentinas; el trigo, el maíz, la cebada, la simiente de lino y otros 30 productos agrícolas, el 42%. En los mataderos argentinos se sacrifican anualmente más de 9,000,000 de cabezas de ganado, entre vacuno y ovejuno. La esquila de este último produjo 198.000 toneladas en el año 1967 y la cosecha de trigo llegó a 7,320,000 toneladas en el mismo año. Las frutas y el vino de los viñedos de Mendoza y del Río Negro son 35 excelentes.

La industria se desenvuelve con lentitud; el combustible es escaso; el petróleo de Comodoro Rivadavia (un puerto del sur) y el hierro son

Buenos Aires. La Casa Rosada, residencia del Presidente de la República, llamada así por el color de su fachada, y quizá por influencia del nombre de la Casa Blanca.

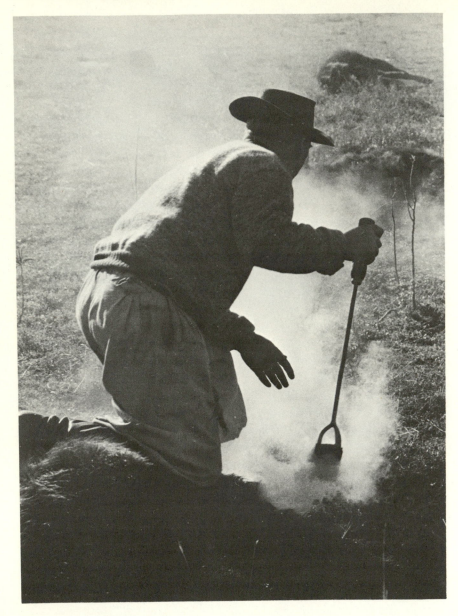

En la campaña argentina. Este paisano acaba de herrar (de marcar) con un hierro al rojo el toro que se ve a la derecha. La yerra es una operación importante en un país cuya riqueza primordial es agropecuaria. Suele celebrarse con comida y bebida abundantes.

insuficientes; el carbón viene de Inglaterra. Hay fábricas de tejidos, harina, cerveza, cigarrillos, etc. La maquinaria, lo mismo que los productos químicos, la cristalería y, en general, los objetos manufacturados, vienen del extranjero.

5   Lo anterior se refiere sobre todo a las provincias de Buenos Aires, Sante Fe y Córdoba, las más prósperas de la República. El nivel de vida es muy pobre en el Norte (región del Chaco) y en gran parte del Oeste y del Sur (Chubut y Patagonia). Hace algunos años, los presidentes argentinos Justo y Ortiz visitaron las provincias del interior, en donde
10 unos cuatro millones de campesinos arrastran una existencia miserable, y ambos políticos se dieron bien cuenta de que no toda la Argentina es como Buenos Aires. Estas son las cuestiones que la gran República del Sur ha afrontado posteriormente y aún gravitan en su política actual, apoyándose en sus inmensos recursos ecónomicos.

EL URUGUAY

15   La historia y manera de ser de las gentes hispánicas permiten entender el aparente absurdo de que el Uruguay, el Paraguay y la Argentina sean hoy tres naciones diferentes, habiendo integrado antes el virreinato del Río de la Plata.

En realidad, el Uruguay no es más que su capital, Montevideo (con
20 1,200,000 habitantes); hay luego diecinueve pequeñas ciudades que hacen subir la población total del estado a poco más de dos millones. La superficie es de 72,153 millas cuadradas. Montevideo fue fundado por Bruno de Zabala en 1724. La historia del Uruguay está determinada por las disensiones civiles después de la independencia argentina en 1810, y por
25 las ambiciones del Brasil que, lo mismo que Portugal antes, aspiró a extender su imperio hasta la orilla izquierda del Río de la Plata. José Artigas, un gaucho, acaudilló la rebelión contra España en 1815. Pero los brasileños se apoderaron de Montevideo en 1817. Diez años más tarde, uruguayos y argentinos unidos derrotaron a los brasileños en
30 Ituzaingó, con lo cual el Uruguay siguió siendo un país de lengua española.

Pero el que los uruguayos debieran su liberación del Brasil a la Argentina, no determinó la unión de ambos países. El Uruguay se constituyó como estado independiente en 1830, y en seguida comenzaron las luchas civiles entre sus escasos habitantes. Don Manuel Oribe,
35 presidente de la pequeña república, fue derrotado por don Fructuoso

133

Rivera. Oribe huyó a Buenos Aires y pidió auxilio a Rosas, quien con buen sentido pensaba anexionar aquel territorio a la Argentina, de acuerdo con su programa de restablecer la unidad del antiguo virreinato. Pero la energía de las gentes hispánicas es incalculable cuando se lanzan a combatir unas con otras. Oribe, con tropas de Rosas, tuvo 5 sitiado a Montevideo de 1843 a 1851. El sitio fue levantado al caer Rosas después de la batalla de Caseros.

Desde entonces el Uruguay ha tenido dos partidos políticos: los blancos, partidarios de Oribe, el sitiador de la capital, y los colorados que estaban con Rivera, el sitiado. Esos partidos subsisten todavía. Durante 10 el siglo XIX y hasta no hace mucho ha habido bastantes revoluciones; a pesar de ello la cultura y el bienestar se han desarrollado considerablemente. Un rasgo característico del Uruguay es el espíritu de libertad y tolerancia; en la época de Rosas numerosos liberales argentinos hallaron refugio en Montevideo, y lo hallan también hoy quienes huyen de los actuales 15 dictadores argentinos. Al Uruguay se le ha llamado la Holanda de América. Es probable que la necesidad vital de acentuar las diferencias con la Argentina haya llevado al Uruguay a ser más abierto que su gran vecina en materias sociales y religiosas, y por eso permite el divorcio, mantiene la libertad de prensa y de todas las formas de expresión. 20 Uruguayos y argentinos son en el fondo un mismo pueblo por su lengua, su composición racial, sus tradiciones y su cultura; al pronto lamenta uno que no formen una sola nación para provecho suyo y del mundo hispanoamericano. Pero tal lamentación sería utópica, mientras que es un hecho innegable que la personalidad del Uruguay ha ido acentuando 25 su carácter democrático en estos años de crisis políticas y trastornos sociales; y es muy conveniente que los argentinos no conformes con las dictaduras que opriman a su país, tengan una nación próxima e independiente en donde refugiarse. No es deseable que la agrupación de las repúblicas hispanoamericanas se realice bajo la dictadura de un 30 caudillo que las oprima a todas por igual. Los uruguayos han seguido manteniendo la misma línea de conducta que tan claramente se trazaron durante la última guerra mundial, es decir, alejamiento del totalitarismo, y buen acuerdo con la política liberal de los Estados Unidos.

Así aparecía la situación pública y cultural del Uruguay antes de 1960. 35 Con posterioridad a esta fecha se han producido considerables mutaciones: El partido colorado, predominante desde mediados del siglo XIX, ha ido inclinándose, cada vez más, hacia el socialismo, sin renunciar por

ello a la democracia. El sistema de seguros sociales y la instrucción pública
habían progresado considerablemente. No obstante lo cual se ha iniciado
en el Uruguay una grave crisis, cuyos efectos han ido haciéndose muy
visibles. La nacionalización de las grandes industrias había llevado al
5 país a la bancarrota. El peso uruguayo, que en 1950 valía 50 centavos de
dólar, en 1960 llegó a valer sólo 9 centavos. Las luchas entre los dos
partidos políticos tradicionales, blancos y colorados, se agravaron con la
crisis económica. En las elecciones de 1958 fueron derrotados los colorados
por los blancos, cosa que no había acontecido hacía muchos años. Con el
10 advenimiento de los blancos (que desde entonces se llaman Partido
Nacional) al ejercicio del poder, el Uruguay se convirtió en un país de
tendencias conservadoras. El triunfo de los «colorados», en 1966, ha dado
lugar a una inestabilidad política que pone al Uruguay en una situación
tan crítica como la de otros países iberoamericanos. Una importante
15 diferencia, sin embargo, es que el ejército no posee fuerza suficiente
para imponerse al poder civil.

La vida universitaria en Montevideo sigue progresando. Por lo demás
fuentes primordiales de riqueza de esta nación siguen siendo la agricultura
y la ganadería; exporta ganado vivo, carnes congeladas, lana y simiente de
20 lino. El capital americano invertido allá asciende a unos $75,000,000 y el
británico, a $25,000,000. Sus principales mercados son Inglaterra y los
Estados Unidos.

EL PARAGUAY

Hasta hace poco la población del Paraguay (cerca de 3,000,000 de
habitantes) era casi toda india; aproximadamente un millón de guaraníes,
25 puros o mestizos; en los últimos años ha crecido la inmigración en unos
mil inmigrantes por año (alemanes, españoles, italianos); 2,000 menonitas
del Canadá se han establecido al Norte de la capital, Asunción. Hay muy
pocos negros. Después de la guerra del Chaco, el Paraguay ocupa una
superficie de 157,047 millas cuadradas. Las ciudades más importantes
30 son: la capital, Asunción (364,000 habitantes), Villarrica (22,000) y
Villa Concepción (29,000). Todas estas cifras son aproximadas, porque
las estadísticas, según veremos luego, no están de acuerdo.

Desde 1608 a 1767 los indios vivieron formando misiones y bajo la
autoridad de los jesuitas. Disuelta la Compañía de Jesús, los indios
35 vivieron bajo la dominación de las autoridades civiles. Al declararse

independiente la Argentina, el Paraguay debiera haber seguido dependiendo del gobierno de Buenos Aires, pues su única salida al mundo exterior es el río Paraná, un afluente del Río de la Plata. Pero un paraguayo de origen francés, el Dr. José Rodríguez Francia se proclamó dictador (1819–1840), y mantuvo al país tan aislado como en tiempo de los jesuítas, aunque 5 desarrolló la instrucción pública; saber leer y escribir era ya tradicional. El Dr. Francia cerró el Paraná al tráfico exterior, persiguió a los españoles y a los eclesiásticos, y hasta pensó en fundar una religión guaraní. La formidable y anormal personalidad de este hombre es paralela a las de Rosas y Facundo Quiroga, con la agravante de ser su país casi 10 inaccesible. Le sucedió en el poder su sobrino Carlos Antonio López, primero como cónsul y luego como presidente de 1844 a 1862. Vino después su hijo Francisco Solano López, cuya torpe política desencadenó una guerra con la Argentina, el Brasil y el Uruguay (1865–1870), los cuales acabaron, naturalmente, por vencer al Paraguay, que 15 perdió buena parte de su territorio y casi toda su población masculina; en aquella guerra lucharon hasta los niños de diez años. Aun se notan las consecuencias de aquella mortandad. Para agravar tal estado de cosas, el Paraguay ha sostenido otra guerra con Bolivia (1932–1934) por la posesión del Chaco Boreal, al norte del Gran Chaco, nombre que en 20 indio significa «cazadero». La verdadera razón de esta mortífera guerra ha sido el interés de capitalistas extranjeros en las riquezas del Chaco Boreal. Los unos, desde Bolivia, deseaban explotar los yacimientos de petróleo; los otros, desde el Paraguay, estaban interesados en el quebracho, un árbol del que se saca tanino, y que abunda en aquella región 25 inhospitalaria —en donde millares de soldados perecieron de sed. El Paraguay ha resultado victorioso, pero ha vuelto a perder muchos hombres.

Desde la guerra del Chaco (1932–1934) hasta 1954, la historia del Paraguay puede resumirse en pocas palabras: dictaduras militares e 30 intervención del capital extranjero. Lo más notable de ese período ha sido la dictadura de Higinio Morínigo (1940–1948), que cultivó la política de buena vecindad con las naciones iberoamericanas y con los Estados Unidos. Morínigo recibió un doctorado *honoris causa* por recomendación del Departamento de Estado, lo cual no le impidió 35 gobernar a su país despóticamente. En 1954, tras el consabido pronunciamiento, asumió la presidencia el general Alfredo Stroessner, cuya más alta distinción ha consistido en mantenerse en el poder durante

muchos años. La opinión pública en Iberoamérica, con rara unanimidad, da como razón de la permanencia de Stroessner en el poder los 16 millones de dólares recibidos de los Estados Unidos en 1959–1960. En 1968 Stroessner ha sido confirmado como jefe del Estado en unas
5 elecciones presidenciales y legislativas, sin ninguna efectiva oposición. El Paraguay —que sólo puede comunicarse con el mundo exterior a través de la Argentina— vive gracias al extracto de quebracho (usado como curtiente por ser muy rico en tanino) y la yerba mate, con la cual se prepara una bebida estimulante parecida al té, y cuyo consumo está
10 muy difundido en toda la América del Sur. Paraguay produce y exporta, en mayor o menor proporción, algodón, tabaco, caña de azúcar, manioca, naranjas y carne.

CHILE

Chile es un país largo y angosto, apretado entre los Andes y el océano Pacífico. Su costa mide 2,500 millas, y la superficie total es de unas 286,000
15 millas cuadradas. Las principales ciudades son Santiago, la capital (2,570,000 habitantes), el puerto de Valparaíso (unos 300,000 habitantes), Concepción (175,000) y el puerto salitrero de Antofagasta (112,000). Los terremotos han solido causar grandes daños, pero aparte de eso Chile posee un clima magnífico y saludable, y sus paisajes, con los Andes
20 al fondo, son bellísimos. Casi el 25% de la población es completamente blanca; abundan los mestizos, pero domina en ellos la influencia blanca. Hay muchos descendientes de los vascos que vinieron al país durante el siglo XVIII; los vascos o vascongados se caracterizaron siempre como los más fuertes y sanos, —física y moralmente— entre los españoles.
25 Hay muchos apellidos vascos en Chile, que los jóvenes lectores tendrán bastante dificultad en pronunciar: Irarrázabal, Eyzaguirre, Errázuris, Iruretagoyena, etc.

Entre la población de origen extranjero predominan los alemanes, establecidos sobre todo en el sur (unos 60,000), cerca de Valdivia.
30 Hasta no hace mucho, la vida chilena se ha distinguido por un marcado aristocratismo, y una separación tajante entre la clase alta y los «rotos» o pueblo bajo. De ahí el carácter conservador de la historia del siglo XIX, sin nada parecido al gauchaje y caudillismo de la Argentina, del Uruguay y del Paraguay. Pero la desigual distribución de la tierra y la riqueza ha
35 hecho que sea escaso el bienestar de los más. Chile, al contrario de la

Argentina, no se destaca por su producción agrícola sino por la de sus minas. El oro y la plata no fueron tan abundantes como en el Perú y en Méjico; hay en cambio mucho cobre, ya utilizado en el siglo XVI para fabricar cañones y vasijas, y que hoy constituye el 20% de la producción mundial. Hay también mucho carbón y hierro. Gran parte de la industria 5 minera está en manos inglesas y americanas, con lo cual no recibe la nación los beneficios que serían de esperar.

La yacimientos de salitre, al norte de Chile, constituían una enorme riqueza, antes de que se fabricara el nitrato potásico sintéticamente; a consecuencia de ello la exportación de este producto ha bajado mucho; 10 para hacer frente a semejante crisis, se han desarrollado otras industrias (harina, cerveza, azúcar, curtidos, vino, etc.), utilizando la mano de obra chilena que es excelente. Así se compensará, a la larga, el que las mayores fuentes de riqueza estén dominadas por capital extranjero. Es lo que acontece con el cobre, salitre, yodo, etc. 15

Chile apenas ha conocido revoluciones, y sólo la de 1891 fue sangrienta. Hasta época reciente la opinión pública ha pesado poco sobre los gobiernos; pero la política chilena se ha caracterizado siempre por una nota de moderación. He aquí una sucinta referencia histórica. La ruptura con España aconteció después de las victorias de Chacabuco (1817) y Maipú 20 (1818), logradas bajo el mando del general argentino José de San Martín. El primer jefe del Estado fue el general Bernardo O'Higgins, dictador de 1817 a 1823. Después de varios ensayos, se redactó la constitución de 1833 que ha estado vigente hasta 1885. El más importante acontecimiento durante el siglo XIX fue la guerra con Bolivia y el Perú (1879–1883), 25 con motivo de la posesión de los terrenos salitreros del norte: Tarapacá, Tacna y Arica. Chile venció y se apoderó de aquellas ricas zonas. Queda algo en Chile del espíritu guerrero de los indios araucanos, que luchaban contra los españoles todavía en el siglo XVIII, y contra los chilenos en el XIX. Una lejana consecuencia de la guerra chileno-peruana ha sido el 30 arbitraje de los Estados Unidos acerca de las provincias de Tacna y Arica; Tacna ha sido devuelta al Perú en 1929, y Chile le ha pagado además $6,000,000.

En las últimas décadas ha habido agitaciones políticas, difíciles de explicar en breves palabras. En 1936 se formó un gobierno de «frente 35 popular», es decir, una alianza de todos los partidos de izquierda, desde los liberales hasta los comunistas. Su finalidad era mejorar la situación de los obreros y campesinos, e introducir reformas sociales que

Vista parcial de la cordillera de los Andes, que separa a Chile de la
Argentina, y que corre cerca de la costa del Océano Pacífico, como
una monstruosa columna vertebral, a lo largo de la América del Sur.
La cima nevada es del Aconcagua (22,835 pies, más de 7,000 metros),
situado en la Argentina, provincia de Mendoza. Es visible desde las
montañas del lado chileno. Los Andes, de origen volcánico, están
en relación geológica con una grieta de la corteza terrestre que va
desde Chile a California. Esta es la causa de los terremotos (o temblores de tierra) que han producido terribles catástrofes en Chile,
Ecuador, y hace poco en Perú y Colombia. Los pueblos aborígenes de
Sur América han vivido milenios contemplando estas cimas inmensas
y misteriosas. Esto los hizo fuertes y laboriosos, callados y melan-
cólicos.

terminaran con los privilegios de la minoría acaudalada. Han surgido numerosas dificultades. Los partidos de izquierda no se pusieron de acuerdo. El Sr. González Videla, apoyado en 1946 por los comunistas, los combatió luego. En 1952 el general Carlos Ibáñez estableció un intercambio económico con la Argentina, sin que ello significara caer bajo 5 la influencia de Perón. Su período presidencial terminó en 1958; le sucedió Jorge Alessandri, jefe de la coalición conservadora, quien fomentó el desarrollo de la empresa privada, estabilizó el peso al cambio de mil pesos por dólar, y frenó la marcha de la inflación. En 1960 Alessandri pidió al Congreso poderes dictatoriales para manejar libre- 10 mente la economía durante un año, lo que le fue concedido. Violentos terremotos producidos en este tiempo dificultan los progresos económicos de su gobierno. En 1964 fue llevado a la Presidencia el democristiano Eduardo Frei, que ha sabido llevar a cabo urgentes medidas de justicia social, sin destruir la obra conservadora de Alessandri. Obra de Frei han 15 sido una nueva ley agraria, reformas en la educación, grandes planes de construcción de viviendas y nacionalización de las minas de cobre.

El problema para Chile será mantener su independencia económica frente a la Argentina y a los Estados Unidos. Para ello necesita saber y poder explotar sus riquezas mineras, y elevar el nivel de la clase trabajadora, 20 víctima a menudo de la miseria y del alcoholismo.

La influencia de la cultura europea, sobre todo de la alemana, es visible en la vida chilena. Algunas instituciones de enseñanza son excelentes, ante todo el Instituto Pedagógico en donde se forma el profesorado secundario. La Universidad de Chile atrae a numerosos estudiantes de 25 las repúblicas vecinas. Entre las personas ilustres merece citarse el gramático Andrés Bello (1781–1865), que aunque venezolano de origen, dio a Chile lo mejor de su actividad; la *Gramática* de Bello ha enseñado a las gentes de lengua española a pensar sobre la sintaxis del idioma durante el siglo XIX. 30

Chile posee escritores que han definido con gran inteligencia su carácter nacional, lleno de buen sentido, enemigo de abstracciones estériles y de violencias. «Esto nos dio gobiernos sólidos, reputación de pueblo serio, disciplinado y fuerte, evitándonos la anarquía política, los caudillos y los tiranos».[2] 35

Por su tradición, por los rasgos de su carácter y por la inteligencia

---

[2] Alberto Cabero, *Chile y los chilenos*, 1926. Ernst Halperin, *Nationalism and communism in Chile*. Cambridge, Mass. 1965.

de sus hombres y de sus mujeres, por la incalculable riqueza de su suelo, Chile puede aspirar a un gran destino. Ya en sus orígenes, un gran caballero español, Ercilla, exaltó en *La Araucana* el heroísmo de los indios contra quienes peleaba, como en un vaticinio de armonía entre los de arriba
5 y los de abajo. Por otra parte, los chilenos se esfuerzan por hacerse dignos del paisaje prodigioso de su tierra—montañas inmensas, lagos y bosques, bajo un cielo y una luz de maravilla. Es de desear que las luchas sociales que hoy agitan a Chile sirvan sólo para depararle un futuro mejor, de lo cual hay ya signos muy visibles.

BOLIVIA

10 Bolivia, situada entre la Argentina y el Perú, fue una creación artificial de la guerra de la independencia. Todavía hoy no se han fijado con exactitud sus fronteras; la población, en su mayoría india o mestiza, es de 3,800,000 habitantes, para una superficie de 416,040 millas cuadradas poco más o menos. La capital es La Paz (370,000); otra importante
15 ciudad as Sucre (72,000), llamada antes Chuquisaca, con catedral y otros hermosos edificios de la época española. En la Universidad de Chuquisaca estudiaron muchos hispanoamericanos célebres, que conocieron allá las ideas europeas del siglo XVIII, y contribuyeron a preparar la independencia. Potosí es ciudad famosa por sus minas de plata; todavía
20 en español se dice que algo «vale un Potosí», para significar su gran valor material o moral.

Las ciudades dichas se encuentran en la alta meseta de los Andes, a alturas entre nueve y doce mil pies. El clima es frío y la vegetación escasa; pero el paisaje es de severa belleza, realzada por las notas oscuras de los
25 puntos más elevados. La vegetación del trópico y las selvas comienzan en la vertiente oriental de los Andes, hacia el Brasil; la población en esa zona es enteramente india. La riqueza hasta hoy accesible consiste en minerales valiosos, y a causa de ellos fueron levantadas las antiguas ciudades españolas. La producción de estaño es la segunda en importancia
30 del mundo; la mitad de ella pertenecía a una sola familia. Los indios trabajaban en las minas como esclavos, con un jornal correspondiente a 60 centavos americanos por semana y una jornada de doce horas. La realidad es que la inmensa mayoría de los habitantes vive miserablemente, y que un pequeño grupo se aprovecha de la miseria y de la opresión de
35 los más. Haría falta además que quienes intentan dirigir las masas

ignorantes ofrecieran a éstas líneas de conducta tan ejemplares como posibles de seguir.

El problema de las comunicaciones es el más apremiante; con buenas carreteras y ferrocarriles podría decuplicarse el valor de la minería y de la agricultura. Bolivia tenía acceso al mar por el puerto de Arica, en 5 poder de Chile desde 1883; ambos países han firmado un tratado que permite a los bolivianos usar dicho puerto. A pesar de ello, el aislamiento es grande y Bolivia se encuentra en situación algo parecida a la del Tibet en Asia. La necesidad de lograr una salida fluvial al Atlántico ha sido una de las causas de la guerra con el Paraguay, tan mortífera como 10 infecunda.

Bolivia se llamaba antes el Alto Perú, y estaba incluida en el imperio de los Incas; después de la guerra de la independencia formó una nación separada del Perú. Las ambiciones personales y el espíritu localista crearon artificialmente esta república, cuyo nombre le fue dado como 15 homenaje a Simón Bolívar, un homenaje algo irónico, porque el ideal del Libertador era mantener a Hispanoamérica lo más unida que fuera posible. Desde 1825 ha habido numerosas revoluciones y alzamientos

militares. La población indígena, más de un 80%, además de hacer el trabajo extenuante y malsano de las minas, cultiva las fértiles vertientes de la cordillera; pero como no hay transportes, la agricultura sirve casi solamente para el consumo doméstico. Ya no hay universidades tan
5 importantes como la de Chuquisaca en el siglo XVIII, adonde venían estudiantes de tierras lejanas. La manera de ser de los indios, apáticos y refractarios a la vida moderna, el egoísmo y la insolidaridad de la clase directora, las luchas con los países hermanos Chile y Paraguay, las condiciones geográficas, la codicia sin entrañas de los capitalistas
10 extranjeros, todas esas circunstancias han producido lamentables consecuencias. El único remedio sería la unión política con los pueblos mirados por Bolivia como rivales y enemigos. Comunicaciones, aires de fuera, mezcla con otras gentes hispanoamericanas es lo que necesita esta tierra llena de riquezas incalculables, hoy inexplotadas por falta de brazos,
15 de paz y de disciplina interior.

El Libertador Bolívar, y Sucre, el vencedor de la batalla de Ayacucho en 1824, no lograron fundir el Alto Perú con los países vecinos. Algunos bolivianos cultos e inteligentes lamentan que esto no se realizara. Uno de ellos, Alcides Arguedas, dice en su *Historia de Bolivia*, que «la falta de
20 ideas en las clases directoras, la ignorancia de la masa, la barbarie y el salvajismo de los indios, la extensión desmesurada del territorio, la carencia de vías de comunicación, la pobreza y otros obstáculos se oponían desde el comienzo a constituir una nueva nacionalidad. Así quedó Bolivia encerrada en el corazón de la América meridional, aislada
25 de las corrientes civilizadoras del mundo por montañas casi inaccesible, por bosques inexplorados y malsanos, por desiertos inclementes».

La pintura que este gran patriota hace de su país es bastante pesimista. Pero toda dificultad natural puede vencerse con esfuerzo e inteligencia; Bolivia cuenta cada vez con mayor número de personas valiosas, y ellas
30 seguramente harán que en el futuro aparezca blanco lo que hoy se ve tan negro. Nunca puede considerarse perdido un país que tiene conciencia de sus necesidades, y Bolivia la tiene. Hace miles de años existió una espléndida civilización, cuyos restos aún se ven junto al lago de Titicaca, en forma de ruinas grandiosas. Luego entre los siglos XVI y XVIII nacieron
35 ciudades con monumentos de gran valor artístico, y los hijos de las mejores familias de Buenos Aires iban a educarse al Alto Perú. Quedan, pues, en el país recuerdos gloriosos y una tradición de cultura. Bolivia se libertará algún día de las desdichas producidas por sus dificultades actuales.

143

Después de las revoluciones que ensangrentaron a Bolivia al comienzo de la década de los años cincuenta, fue elegido, en 1952, Víctor Paz Estensoro, respaldado ideológica y económicamente por la Argentina. La novedad de su gobierno estribaba en el propósito de nacionalizar las minas de estaño e impedir que siguieran siendo explotadas sin provecho 5 para el pueblo boliviano. En 1956 el partido de Paz Estensoro apoyó y logró la elección de Hernán Siles Zuazo, que se encontró desde el principio con la oposición de las organizaciones obreras dirigidas por Juan Lechín, al que se elevó a la vicepresidencia en 1960. En los años siguientes ha surgido la pugna entre los partidos reformadores y el 10 ejército. Triunfante éste, cayeron en olvido de los intentos de instaurar una política capaz de salvar el abismo existente entre los ricos ultra-poderosos y la inmensa mayoría de un pueblo sumido en honda miseria y atroz ignorancia. Esta situación atrajo el interés del castrismo cubano, y algunos imaginaron que Bolivia podría convertirse en una Sierra Maestra 15 cubana, desde la cual conquistar el continente. Pero la apatía, la ignorancia y la traición de ciertos campesinos hicieron fracasar la guerra de guerrillas organizada por Ché Guevara, —una solución, por otra parte, trágicamente ilusoria. Aquel compañero de Fidel Castro fue hecho prisionero y asesinado por fuerzas del ejérito boliviano. En agosto de 1969 una nueva 20 sublevación del ejército puso el gobierno en manos de una Junta Militar.

Con motivo de la muerte del mencionado guerrillero argentino Ché Guevara, conviene decir una palabra acerca de las guerrillas ibero-americanas y su sentido político y humano. En vista de lo acontecido en Bolivia, Colombia, Guatemala y de lo que está ocurriendo en otras 25 repúblicas iberoamericanas, se impone esta conclusión: si el movimiento guerrillero (acción violenta y fraccionada) no va acompañado de movimientos de «pacecillas» civiles, culturales y administrativas, que habitúen al pueblo a estructurarse a sí mismo de abajo arriba, las guerrillas de tipo desordenado y guiadas por caudillos desembocarán forzosamente, 30 o en desorden anárquico, o en dictaduras tiránicas, tan perniciosas a la postre como las tiranías caudillistas contra las cuales combaten los Ché Guevaras y otros como él.

Un grupo de capitalistas argentinos, en relación con el gobierno de Bolivia, ha establecido fundiciones a fin de que el mineral sea purificado 35 en Bolivia, y no exportado en bruto según acontece ahora. Se pretendía así reanimar a un pueblo tan necesitado de renovación técnica e industrial, mediante la formación de un bloque industrial suramericano, dirigido por la Argentina, con miras a emanciparse de la influencia económica de los Estados Unidos. Esto último parece poco probable.

EL PERÚ

Esta república, hasta 1825, fue el centro de un importante virreinato español en el que estaban incluidos los actuales Ecuador y Bolivia. La
5 superficie del Perú es aproximadamente de 482,258 millas cuadradas, con una población de cerca de trece millones. La mitad de los habitantes son indios; una octava parte es blanca, y los demás son mestizos. Hay unos cuantos miles de japoneses, chinos y negros que viven junto a la costa. Los blancos, descendientes de españoles, continúan dominando el
10 resto de la población, política y económicamente.

Las ciudades más importantes son la capital Lima (1,900,000), el puerto Callao (280,000), el Cuzco, la antigua capital del Imperio incaico (96,000) y Trujillo (129,500). Hay en el Perú tres regiones naturales claramente definidas: la que corre a lo largo de la costa del
15 Pacífico, con una anchura de diez a cuarenta millas, en gran parte desierta pero con vastos y fértiles oasis; la de los Andes, con cumbres de más de 20,000 pies, y una meseta cuya altitud media es de 12,500; en fin la vertiente oriental de la cordillera con selvas tórridas y escasamente habitables.
20 Construir carreteras y ferrocarriles en un país así representa desafiar enormes dificultades, que van venciendo lentamente compañías inglesas y americanas interesadas en explotar los minerales del Perú. La vía del ferrocarril a las minas de cobre de Cerro de Pasco pasa por alturas de casi 16,000 pies; otro prodigio de ingeniería es la línea que va del puerto
25 de Mollendo al Cuzco. El desarrollo de las carreteras es no menos notable; hoy se puede ir en automóvil de Lima a Iquitos, a orillas del Alto Amazonas, ciudad antes aislada del resto del Perú, pues el mejor medio de llegar a ella era cruzar el canal de Panamá, ir al Brasil y remontar el curso del Amazonas. Tales son los problemas que plantea la orografía peruana,
30 que van resolviendo la técnica y la ambición del capitalismo anglo-americano.

Las principales fuentes de riqueza del Perú son el petróleo, las minas de oro, plata, plomo, cobre, molibdeno y vanadio, este último esencial para las industrias de guerra; el Perú es el mayor productor de vanadio
35 en el mundo. Son todavía importantes los yacimientos de guano, un

Perú. Paisaje de montaña cerca del Cuzco, antigua capital del imperio incaico. Vista tomada desde las ruinas de la fortaleza quichua de Ollantaytambo, a 650 pies por encima de este valle. En tan angosto espacio se cultiva trigo y maíz (la mayoría indígena vive sobre todo de la agricultura y del pastoreo). Obsérvese en primer término como desgranan el trigo. Al fondo la tierra cultivable está dispuesta en terrazas para aprovechar al máximo un suelo con pendientes, como las aquí a la vista, áridas y desoladas. La riqueza mineral (cobre, plomo, zinc, bismuto, petróleo) beneficia por lo común a la minoría blanca y a compañías extranjeras.

abono natural muy rico en nitrógeno, formado por las deyecciones de ciertas aves en las islas de Lobos y Chinchas; su valor ha disminuido a causa de la fabricación de fertilizantes sintéticos. Con la ayuda del gobierno americano se ha montado una fundición de acero capaz de
5 producir cien mil toneladas al año. Junto a estas grandes empresas en que intervienen extranjeros, se han desarrollado industrias varias para satisfacer las necesidades locales y reducir innecesarias importaciones.

La historia política del Perú en el siglo XIX presenta escaso interés. Fuera de las frecuentes revoluciones y contrarrevoluciones, el hecho
10 más saliente fue la desdichada guerra con Chile (1879-1883), que esta nación ganó gracias a su superioridad naval; los chilenos entraron triunfalmente en Lima en 1881, y en 1883 se firmó el tratado de Ancón, por el cual el Perú cedió a Chile las ciudades de Tacna y Arica. Ya hemos dicho que Tacna ha sido devuelta al Perú posteriormente.

15 La política actual está dominada por la cuestión racial. Los indios siguen siendo explotados por la minoría blanca; sus sufrimientos y reivindicaciones han dado origen a un movimiento social y a una literatura indiófila, de la que es ejemplo significativo la novela de Ciro Alegría, *El mundo es ancho y ajeno*. En el Perú, la monumental grandeza de las
20 montañas, su silencio enigmático, hallan un eco en el alma del indio, suspendido en el vacío de su tradición perdida y en la interrogación angustiosa de su incierto destino. En la citada novela, el indio Rosendo,

. . . en el fondo de sí mismo, creía que los Andes conocían el emocionante secreto de la vida. El los contemplaba desde una de las lomas del Rumi,
25 cerro rematado por una cima de roca azul que apuntaba al cielo con voluntad de lanza. No era tan alto para coronarse de nieve, ni tan bajo que se le pudiera escalar fácilmente. Rendido por el esfuerzo ascendente de su cúspide audaz, el Rumi hacía ondular, a un lado y a otro, picos romos de más fácil acceso. «Rumi» quiere decir piedra, y sus laderas altas estaban
30 efectivamente sembradas de piedras azules, casi negras, que eran como lunares entre los amarillos pajonales silbantes. Y así como la adustez del picacho atrevido se ablandaba en las cumbres inferiores, la inclemencia mortal del pedrerío se anulaba en las faldas . . . El cerro Rumi era a la vez arisco y manso, contumaz y auspicioso, lleno de gravedad y de bondad El
35 indio Rosendo Maqui creía entender sus secretos físicos y espirituales como los suyos propios, . . . como a los de su propia mujer porque, dado el caso, debemos considerar el amor como acicate del conocimiento y la posesión.

En tan extraño ambiente, sin paralelo en Europa o en Norteamérica, se forman las corrientes ideológicas y políticas de las masas y de sus apóstoles en el Perú. El partido popular del APRA (Alianza Popular Revolucionaria Americana), dirigido por Víctor Raúl Haya de la Torre, ha regido el Perú en alianza con el gobierno moderado del presidente 5 José Luis Bustamante desde 1945 a 1948. Las reformas agrarias y sociales del APRA irritaron a los conservadores; el ejército se sublevó en Arequipa (noviembre de 1948), ocupó el poder el general Manuel A. Odría dictatorialmente, los apristas huyeron o fueron encarcelados, y el Perú ha aumentado el número de los países hispanoamericanos regidos por 10 la fuerza. El aprismo había pretendido acabar con las grandes propiedades y elevar el nivel humano del indio mediante ideas más bien místicas que violentamente revolucionarias (Haya de la Torre no es marxista.). El futuro decidirá si el conflicto racial puede resolverse a favor de los dominadores blancos, o de la mayoría india. Entre tanto será difícil para el 15 Perú (como para las otras repúblicas con mayorías indias) tener gobiernos democráticos.

El gobierno peruano mantuvo durante este tiempo buenas relaciones con los Estados Unidos, aunque el pueblo, entre tanto, mirase a los americanos como explotadores de la riqueza nacional y muchos soñasen 20 con la creación de un bloque suramericano (tal vez dirigido por la Argentina) para hacer frente al llamado imperialismo de los «yanquis»).

En el Perú, el militarismo y el aprismo han sido las dos fuerzas en pugna en los últimos años. A la derecha de estas fuerzas actúan elementos conservadores aliados con el militarismo; a la izquierda existe un 25 movimiento de guerrillas de tipo comunista. Episodio de esta lucha política ha sido la dura represión del aprismo, llevada a cabo por el presidente Odría en 1948, el cual, a consecuencia de ello, triunfó en las elecciones de 1950, en las cuales fue candidato único. En las elecciones de 1962 obtuvo Haya de la Torre más votos que Odría y Belaúnde 30 (progresista moderado), pero no los suficientes para triunfar. Las fuerzas armadas se hicieron cargo del poder hasta las elecciones de 1963, ganadas por Belaúnde —a quien echaron los militares. El cual en 1968, ha sido derribado por una sublevación militar. La dictadura instaurada por el ejército guarda alguna semejanza con el peronismo. La incautación de 35 algunas empresas americanas ha dado lugar a incidentes diplomáticos con los Estados Unidos. En 1968 fue suspendida la ayuda económica al Perú, a consecuencia de lo cual han surgido otros conflictos que, al

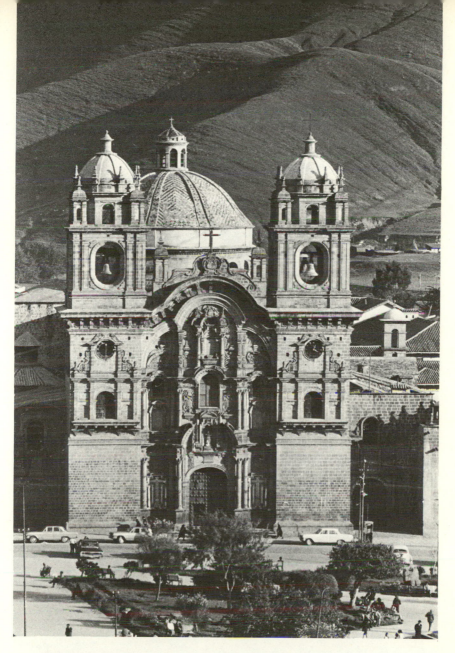

Perú. Santuario que hicieron edificar los jesuitas (la Compañía de Jesús) en la Plaza de Armas del Cuzco en 1668. Esta sencilla y bien armonizada construcción ocupa el lugar en donde se hallaba el palacio del Inca Huayna Capac. Este sitio es llamado hoy Plaza de las Serpientes.

Lima (Perú). Palacio arzobispal. La fachada ha sido construida en este siglo imitando el estilo churrigueresco del siglo XVII y el rococó del XVIII, a fin de conservar la tradición del arte colonial.

coincidir con los planteados por otras repúblicas iberoamericanas, hacen prever nuevos rumbos en las relaciones entre los Estados Unidos y sus vecinos del Sur.

5 En medio de todas estas dificultades y trastornos, la cultura del Perú ha ido ganando en importancia. Lima, la ciudad sin lluvia, ha progresado considerablemente; nuevos edificios se alzan junto a los muy bellos de la época colonial, y así se combina la distinción moderna con el prestigio, siempre vivo, de los siglos del virreinato.

10 La contribución científica y literaria del Perú comienza a ser importante. La antigua Universidad de San Marcos, en Lima, fundada en 1551, goza de merecido renombre; profesores peruanos son llamados frecuentemente por otras universidades de Sur América. El movimiento intelectual en Lima es cada día más intenso. Cobra creciente importancia el turismo, atraído por los monumentos de las antiguas civilizaciones que hacen del 15 Perú un museo vivo y originalísimo. Junto a los restos del remoto pasado se encuentran ciudades pintorescas como el Cuzco y Cajamarca, Trujillo y Arequipa, con aspectos que recuerdan a la vieja España. Todavía hoy hay mujeres que se cubren el rostro con un manto, como en el Madrid del siglo XVII. La calidad artística de la tierra peruana es 20 uno de sus grandes encantos; la tradición de belleza es un tesoro tan importante como el de las riquezas materiales. Ese viejo sentido artístico sigue viviendo en los maravillosos tejidos y en la cerámica, arte en que siempre ha sobresalido la raza india.

EL ECUADOR

El Ecuador, limitado al norte por Colombia y al sur por el Perú, 25 ocupa parte de la cordillera andina y de la vertiente que da al Pacífico. Ha adquirido algunas zonas fronterizas después de largas disputas con el Perú y con Colombia; el área aproximada es de unas 200,000 millas cuadradas, con una población de 5,508,000 habitantes, de los cuales 1,427,000 son blancos; 1,221,000 indios; 1,924,000 mestizos; 30 618,000 negros. Hasta 1740 el Ecuador formaba parte del virreinato del Perú; luego fue incorporado al virreinato de Nueva Granada, hoy Colombia, y más tarde, a la Gran Colombia creada por Bolívar. A la caída del Libertador, el caudillo Juan José Flores declaró independiente al Ecuador, en 1830, para mal de Colombia, del Perú y del Ecuador. 35 La capital, Quito, a 9,350 pies de altura y cerca del ecuador, posee un pasado sumamente interesante. Su alejamiento del mar y la dificultad para llegar a ella desde el Perú o desde Colombia hubieran debido producir un estado de ignorancia y de atraso. Pero en la civilización de España y de Hispanoamérica ocurren cosas inesperadas. Cuando a principios del siglo XVIII llegó a Quito el francés La Condamine, con 5 otros sabios españoles, a fin de estudiar la redondez de la tierra, se quedó maravillado al encontrar bibliotecas particulares con millares de volúmenes de literatura y ciencia europeas, lo cual revela que el aislamiento cultural de las colonias españolas no fue tan grande como suele decirse. Un colombiano ilustre que visitó Quito a fines del siglo XVIII, no se 10 explicaba «cómo ha podido venir tanto libro bueno a esta ciudad». La causa de tal riqueza es que unos frailes dominicos adquirieron una gran biblioteca italiana a fines del siglo XVII, y se la trajeron a Quito. Los libros siguieron creciendo, y leyéndolos se formó más de un sabio auto-didacta, porque autodidactas han sido casi todos los hombres ilustres 15 del mundo hispánico. Uno de ellos fue Eugenio Espejo (1740–1796), autor de excelentes estudios sobre enfermedades contagiosas, que sorprende se escribieran en la remota ciudad de Quito.

El arte —la pintura, la arquitectura y la escultura— adquirieron en Quito, en Riobamba y otras ciudades un desarrollo notable. A Quito 20 fueron llevados cuadros de los grandes pintores españoles e italianos de los siglos XVI y XVII (Murillo, Zurbarán, Velázquez, Rafael, Ticiano). Ya en 1647, los frailes franciscanos tenían en el claustro de su convento cincuenta y cuatro cuadros de buenos maestros. En suma, en aquel rincón del mundo, la mejor civilización estaba dignamente representada. Algunos 25 quiteños llegaron a ser virreyes, o profesores en las universidades de España.

Después de la independencia, en 1830, comenzaron las usuales luchas y agitaciones intestinas, que todavía no han terminado. Parece como si el contraste entre las cumbres elevadas y frías y los valles profundos y tórridos 30 hubiera desarrollado la tendencia a la disociación, una vez que dejó de actuar el espíritu de la monarquía tradicional. Esas montañas son, en efecto, altísimas: el Chimborazo (20,576 pies), y el volcán Cotopaxi (19,613), junto a muchos otros de menor altura. Quien recorre la carretera, recientemente abierta entre Quito y el sur de Colombia, se 35 encuentra con una grandiosa avenida de volcanes, recubiertos en sus cimas de nieves perpetuas. La capital Quito (471,700 habitantes) está situada junto a la línea ecuatorial, aunque su clima es frío, a causa de la

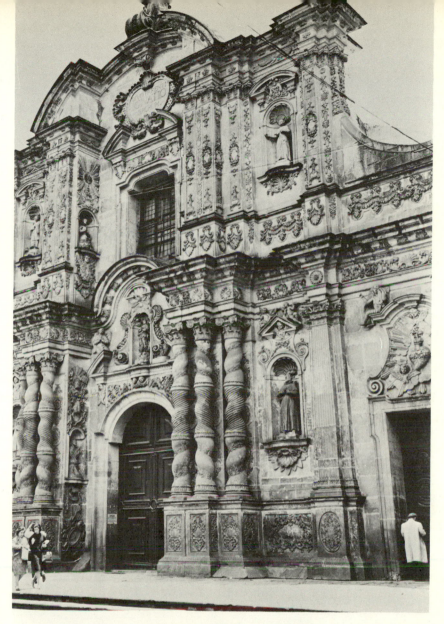

Quito (Ecuador). Fachada de la iglesia de la Compañía de Jesús (o
de los Jesuitas), el más bello monumento de la época española en el
Ecuador. Su estilo, más bien rococó que barroco, está inspirado en
modelos italianos; es más frío y correcto que el de los monumentos re-
producidos antes. No se notan aquí influencias del arte indígena. El
interior de la iglesia es del siglo XVII, pero la fachada y el altar mayor
son del XVIII.

Ecuador, Quito. Procesión de la Virgen de Quinche. Venerada en la Iglesia de Santo Domingo.

altura. Más importante comercialmente es el puerto de Guayaquil (625,600),[3] antes muy malsano a causa de la fiebre amarilla, que ha desaparecido después de los trabajos de saneamiento organizado por la Fundación Rockefeller desde 1918. Por este puerto sale el 75% de las exportaciones y entra el 90% de las importaciones. Como Guayaquil se siente más importante que Quito, hay una rivalidad grande entre ambas ciudades; a Guayaquil no le gusta depender de las autoridades quiteñas.

En la historia del siglo XIX destaca el dictador Gabriel García Moreno (1821–1875), parecido a los monarcas del siglo XVIII que, a la fuerza, imponían la cultura a sus pueblos; no fue un tirano inculto como Rosas en la Argentina; había estudiado química en París, reformó la enseñanza, creó laboratorios y comenzó a abrir el camino entre Guayaquil y Quito, del que dejó terminadas unas 375 millas, a través de las escabrosidades y abismos de los Andes. Su fanatismo religioso le hizo impedir la entrada de misioneros protestantes, y en cambio concedió excesivos privilegios a las órdenes religiosas. Tuvo como enemigos tanto a los indios atrasados como a la minoría liberal y culta. García Moreno fue asesinado en 1875; sus sucesores no poseyeron menores defectos que él, y carecieron de sus positivas virtudes. Aquel tirano, nada recomendable por su rígida estrechez, es un ejemplo de las luchas entre la religión católica y el Estado en los países hispánicos. El Ecuador ha conocido muchas revoluciones sangrientas. Hasta no hace mucho los bancos particulares emitían papel moneda, lo cual añadía un desorden más a la confusa situación política.

En 1944 los socialistas de Guayaquil derribaron el gobierno de Carlos Arroyo del Río e instauraron otro de tipo popular, presidido por José María Velasco Ibarra. Entre 1947 y 1966 se han sucedido en el Ecuador gobiernos de tipo civil y dictaduras apoyadas por el Ejército. Tras de tantas agitaciones, formas más democráticas de gobierno parecen estar

---

[3] Las cifras de población son muy inseguras. La Unión Panamericana, en 1935, dio igual población a Quito y a Guayaquil: 100,000; *The Columbia Encyclopedia*, 1950, da a Guayaquil en el año 1944: 172,948, y a Quito 165,924. En la primera edición de este libro, mis cifras eran 90,000 para Quito, y 120,000 para Guayaquil. En *Guide to the Peace*, de Sumner Welles, 1945, Quito tiene 150,000, y Guayaquil 180,000. Otras fuentes dan cifras distintas de las anteriores. Las rivalidades entre las ciudades de Iberoamérica determinan un falseamiento de las estadísticas, que, por lo demás, nunca pueden ser rigurosas en esos países, que carecen de suficientes funcionarios técnicos; la gente del pueblo en gran parte no sabe escribir, tiene miedo de contestar a preguntas oficiales, y dice lo que le parece. Las cifras de población son, pues, bastante problemáticas. En este libro se han tenido siempre en cuenta las cifras dadas por la Unión Panamericana de Wáshington en sus últimas publicaciones.

abriéndose camino. En los últimos años han venido a aumentar las dificultades crueles temblores de tierra.

El Ecuador exporta cacao, su principal producto; además, café, arroz, azúcar y plátanos (o bananas). Se han encontrado yacimientos petrolíferos, cuya producción no es muy abundante. Aunque hay minas de cobre, plata 5 y oro, su explotación apenas se ha iniciado. Como en el caso de los países anteriormente descritos, la mayor parte de los propietarios de las fuentes de riqueza y de los ferrocarriles son extranjeros, o viven en el extranjero.

Durante la última guerra mundial (1939–1945) la política exterior fue favorable a los aliados; el Ecuador ha concedido bases navales a los 10 Estados Unidos en las Islas Galápagos, la más importante posesión del Ecuador en el Océano Pacífico.

COLOMBIA

Es este país uno de los más cultos y florecientes de Hispanoamérica. Sus costas dan al Atlántico y al Pacífico, y tiene una superficie de 439,828 millas cuadradas aproximadamente, para una población, también 15 aproximada, de unos veinte millones, con tendencia a aumentar, no obstante lo escaso de la inmigración extranjera. Los Andes corren de sur a norte divididos en la Cordillera Occidental, la Central y la Oriental, cuyos valles inmensos llegan hasta el mar Caribe, o descienden a las llanuras selváticas de las fronteras con Venezuela y el Brasil, es decir, 20 hacia las cuencas de los ríos Orinoco y Amazonas. Por la vertiente del mar Caribe corre el río Magdalena, uno de los mayores del mundo (unas mil millas), por el cual se hace el tráfico entre la costa atlántica y Bogotá, la capital (1,935,000), a 8,660 pies sobre el nivel del mar, con gran riqueza de monumentos antiguos y modernos. Son importantes los 25 puertos de Barranquilla, Cartagena y Santa Marta, en el Caribe, y el de Buenaventura, en el Pacífico. En el interior se encuentran Medellín, Cali, Popayán, y otras ciudades menos importantes. Los territorios y distritos de las vertientes que dan hacia Venezuela, el Brasil y el Perú están cubiertos de selvas impenetrables y poco exploradas. Junto al Orinoco hay indios 30 como los quivas en estado casi salvaje. Tales son los contrastes de Colombia y de Iberoamérica. Dos terceras partes de Colombia apenas están habitadas.

Se calcula que un 50% de la población es mestiza; 10% completamente india; hay 9% de negros y zambos; y 31% de puros blancos. A pesar de ello, reina bastante armonía entre las diferentes razas colombianas. La 35

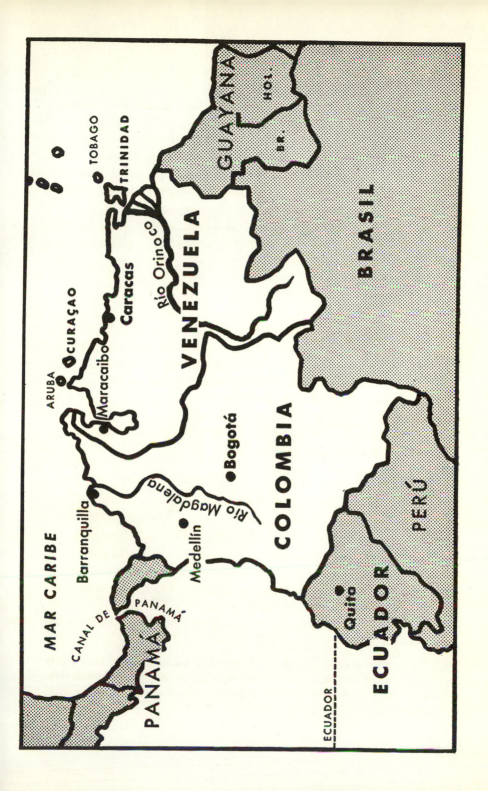

Colombia. Este saledizo en una casa antigua de Cartagena hace evocar el pasado de una ciudad fundada en 1553. Balcones en saledizo, bajo los cuales se protege de la lluvia el transeunte, se encuentran aún en el norte de España. Cartagena fue ciudad española hasta que Bolívar la tomó en 1815; recobrada por los realistas poco después, se hizo definitivamente independiente en 1821. Por Cartagena exporta Colombia ganado, cueros, tabaco y maderas de fina calidad para fabricar muebles.

situación económica es próspera. Los productos del campo son, en primer lugar, el café; en este punto Colombia ocupa un lugar inmediato al Brasil, pues exporta 13 % del café consumido en el mundo. Importante es la cosecha de bananas o plátanos en la costa del mar Caribe, explotada por la United Fruit Company. La riqueza minera es considerable; ante todo, la producción de oro y platino es la mayor de Sur América. Los pozos de petróleo son numerosos, y producen cerca de diez mil toneladas de petróleo bruto al año. Cuando una buena red de ferrocarriles y carreteras permita transitar fácilmente por la república, la riqueza de Colombia será fantástica. Son difíciles las comunicaciones entre la costa atlántica y la del Caribe; ir de Barranquilla a Bogotá, siguiendo el curso del Magdalena, exige nueve días. Se usan cada vez más los aeroplanos, antes alemanes y ahora americanos; el gobierno posee hoy la mayor parte de las acciones de las compañías de aviación, pero las riquezas naturales son explotadas por extranjeros.

La raza blanca desempeña un papel preponderante, y el nivel de cultura es bastante alto. Un rasgo característico del país es su interés en estudiar las humanidades, sobre todo el latín, lo cual se refleja en la corrección con que hablan allá el idioma español. Si la posición de Colombia en el pasado no fue tan alta como la de Méjico o el Perú, el hecho de que Bolívar tomara a Colombia como centro de su efímera dominación dio a la República cierto prestigio de capitalidad respecto a los países vecinos. Aunque ya sabemos cuan injustos fueron los hispanoamericanos con el Libertador, su memoria ha seguido actuando como una especie de ejecutoria de nobleza para Colombia. Nótese que Bolívar fue el único gran hombre de la Independencia que logró mandar por algún tiempo en los países a que había dado nueva estructura. Los demás caudillos, o no llegaron a gobernar (San Martín en la Argentina), o fueron asesinados, como Sucre. Aunque Bolívar no consiguió modificar esencialmente la estructura de Colombia, es indudable que su memoria ha creado ciertos sentimientos refinados, como ocurre en esas familias con un pasado ilustre, que conservan siempre, a pesar de todo, algo del prestigio de otros tiempos; lo que es muy natural que acontezca en el mundo hispánico. Recuérdese lo que dijimos acerca de la Argentina, en donde la vitalidad espléndida de la nación tiene una raíz principalmente popular, «gauchesca»; en Colombia, por el contrario, las notas más significativas del espíritu colectivo vinieron «de arriba».

La tradición cultural de Colombia se refleja en obras como la de Juan de Castellanos, antes mencionado, que ya en el siglo XVI narró en exactos versos los grandes hechos de la conquista.[4] Luego, en el siglo XVIII, el español Mutis (también citado) desarrolló una actividad científica cuyo principal continuador fue Francisco José de Caldas (1770–1816), naturalista y físico de gran reputación que, con otros, formó a fines del 5 siglo XVIII la llamada «Compañía de los sabios». Si venimos al siglo XIX, encontramos a Rufino José Cuervo (1850–1911), el mayor lingüista que en aquellos tiempos hubo en los países de lengua española, y cuya reputación es altísima entre los filólogos hispanos. Por desgracia, Cuervo no ha dejado discípulos que continúen su obra, rasgo también muy 10 propio de pueblos hispánicos. Colombia es patria de humanistas distinguidos, que han tratado temas literarios y lingüísticos en forma elegante (Miguel Antonio Caro —1843–1909—, Antonio Gómez Restrepo, B. Sanín Cano, entre otros). De sus grandes poetas y novelistas diremos luego algunas palabras. 15

La política colombiana en años recientes ha iniciado un rumbo deplorable, a causa de haberse roto el equilibrio entre los partidos extremos que tan bien había mantenido el gobierno liberal de Eduardo Santos. Mientras se celebraba en Bogotá la Conferencia Panamericana (marzo-mayo de 1948) fue asesinado el líder liberal Dr. Jorge Eliécer 20 Gaitán. Amotinado el pueblo, gentes irresponsables aprovecharon la ocasión para destruir una parte importante de la ciudad y dar muerte a numerosas personas, dando orígen al vocablo «bogotazo», para designar un desorden caótico en que las masas ciegas destruyen por afan de destruir, sin finalidad alguna. Después de tanto trastorno, tuvieron lugar unas 25 elecciones sin garantías de legalidad; los elementos liberales se abstuvieron, y salió elegido Laureano Gómez (en 1950) quien fue incapaz de restablecer la normalidad. Un golpe militar llevó al poder a Gustavo Rojas Pinilla. Su gobierno, tan incapaz como corrompido, provocó una huelga general que obligó a huir al dictador (1957). La intranquilidad pública obligó a 30 mantener el estado de guerra hasta enero de 1959. Fuera de las ciudades se ha mantenido durante estos años una intensa actividad de guerrillas. En éstas se mezclan y confunden los intentos de revolución y mejora

---

[4] El conquistador de Colombia, Gonzalo Jiménez de Quesada, escribió en 1569 una obra titulada *El Antijovio*, que ha permanecido inédita hasta 1952. En ella trata de las guerras del emperador Carlos V, a fin de defender a éste contra las calumnias del historiador italiano Paulo Jovio. El libro de Jiménez de Quesada es importante para el conocimiento de la historia política de Europa en la primera mitad del siglo XVI. Se ve así, una vez más, que los conquistadores no eran siempre aventureros heroicos sin sentido de la cultura.

Colombia. El ayer y el hoy en la antes llamada Cartagena de Indias.
Desde esas fortificaciones (cuya vista parcial damos) el virrey Eslava
y el almirante Lezo defendieron Cartagena atacada por los ingleses
en 1741 (ver p. 108). Hoy día la ciudad, cada vez más próspera, se
extiende fuera del recinto fortificado.

social con un bandolerismo sanguinario y sin sentido alguno. El carácter confuso de tales actividades explica que haya podido tomar parte en ellas Camilo Torres, un sacerdote colombiano de familia aristocrática, impulsado por el deseo de corregir la atroz injusticia de la sociedad en su país. Perdió la vida en febrero de 1966 en un encuentro con fuerzas del gobierno cerca de la localidad de Nuevo Mundo, en el Departamento de Santander.

La agitación política en Colombia se ha calmado en estos últimos años, aunque la actividad guerrillera no ha cesado completamente en el interior de un país selvático y montañoso. Por fortuna ha vuelto a ocupar la presidencia Alberto Lleras Camargo, tan respetado por sus altas dotes tanto en Colombia como en Wáshington.

VENEZUELA

Los grandes yacimientos petrolíferos descubiertos en 1920 y la muerte del tirano Gómez en 1935 han hecho de Venezuela una república mucho mejor conocida; en la vida venezolana se han producido notables cambios. Hace treinta años iban a la escuela 35,000 niños, en tanto que hoy reciben instrucción casi tres millones en las escuelas del Estado o en las privadas. Ya sabemos que algunos ilustres hispanoamericanos nacieron en Venezuela, entre otros, Bolívar, Miranda y Andrés Bello. El porvenir inmediato parece que va a inspirarse en su ejemplo, más bien que en las execrables hazañas de Cipriano Castro y Juan Vicente Gómez, a los cuales debió Venezuela una triste reputación.

Este país ocupa un área de 352,150 millas cuadradas, de las cuales están plenamente habitadas unas 60,000, en la región próxima al mar Caribe. Llegan hasta aquí las derivaciones de los Andes. El río Orinoco (con 1,500 millas navegables) divide a Venezuela casi en dos mitades; la que está al sur se halla muy poco poblada y tiene grandes zonas sin explorar. La capital Caracas, con 2,064,000 almas, se comunica con el puerto de la Guaira por una carretera que es una perfecta obra de ingeniería. Lo más importante ahora, industrialmente, es la región petrolera en torno al lago de Maracaibo, y la ciudad del mismo nombre.

En el momento de la independencia parece ser que el número de habitantes no llegaba a un millón; ahora alcanza la cifra de 10,035,000 y aumenta a razón de 36,22 por mil al año. Hay un 75% de mestizos e indios, un 10% de blancos y un 15% de negros y mulatos. Venezuela no tuvo para los conquistadores tanto interés como Méjico, el Perú, e

incluso Colombia; no había minas de metales valiosos. Los colonizadores se desparramaron, y no surgieron ciudades importantes con ricos y artísticos monumentos. La colonia dependió primero de la Isla de Santo Domingo, y luego del virreinato de Nueva Granada (Colombia). En
5 1777 se creó la Capitanía General de Venezuela, y en 1786, la Audiencia de Caracas. La acción del gobierno real fue siempre bastante débil, y la pobreza del país era igual a su indisciplina. Para remediar tal situación se fundó en el siglo XVIII la Real Compañía Guipuzcoana de Caracas, que tenía el monopolio para exportar cacao y otros productos. Pero en un
10 país hispánico, una compañía comercial no podía reemplazar el prestigio de las autoridades reales débilmente representadas en Venezuela; los plantadores se sublevaron en 1768, y la Compañía acabó por desaparecer a fines del siglo XVIII.

Venezuela fue uno de los principales centros revolucionarios durante
15 la guerra de la independencia. Cuando Bolívar fue arrojado de la presidencia de la Gran Colombia (1830), Venezuela se declaró independiente al mismo tiempo que el Ecuador. La historia posterior ha consistido en una sucesión de dictaduras, que culminaron en las de Cipriano Castro (1900–1909) y en la célebre de Juan Vicente Gómez
20 (1909–1935), un hombre de asombrosa vitalidad, tan bárbaro como astuto, que se sirvió de Venezuela como de una propriedad particular, matando, encarcelando y torturando a sus enemigos. Mientras ejerció la dictadura, no hubo en Venezuela más bandidos que él, sus familiares y sus partidarios, aunque construyó buenas vías de comunicación. Desde la muerte de
25 Gómez, ha habido grandes alternativas políticas. En 1947 fue elegido presidente el notable escritor Rómulo Gallegos; derrocado su gobierno por una sublevación militar en 1948, una junta revolucionaria ocupó el gobierno, presidido en los últimos años por diferentes jefes del Ejército. La última dictadura ha sido la del teniente coronel Marcos Pérez Jiménez,
30 arrojado del poder en 1958 por una coalición de diversos partidos y de fuerzas militares. A seguida de esto, varios presidentes han sido legalmente elegidos, y el país continúa su vida normal después de largos períodos de dictaduras opresivas. Siempre se mantiene latente la oposición de amplias zonas de la juventud, y se producen incidentes provocados por
35 comunistas venezolanos o extranjeros. A pesar de todo, la riqueza petrolífera y la exportación de mineral de hierro a Norte América permite a los venezolanos mantener un nivel medio de vida, muy superior al de sus vecinos iberoamericanos.

El petróleo de Maracaibo es la gran riqueza de Venezuela: 185,412,000 toneladas de petróleo bruto en 1967. La explotación de tan gran tesoro está en manos americanas, inglesas y holandesas; Venezuela casi vive hoy de los impuestos sobre esa industria. La vida del pueblo no es muy próspera; la agricultura sigue siendo muy primitiva, y hay que importar 5 materias alimenticias. La mayor parte del país es improductiva por falta de cultivo, por el atraso de la población rural y por dificultades climáticas.

El nivel de la instrucción pública se ha elevado bastante en años recientes, y la literatura de Venezuela cuenta hoy con algunos escritores de primer orden. 10

MÉJICO

Esta es la única nación iberoamericana que limita con los Estados Unidos. En más de una ocasión las relaciones entre ambos países han sido difíciles, pero en la actualidad reina perfecta armonía entre ambos gobiernos. Un rasgo del Méjico actual es el intento de revalorar la tradición indígena y de reflejar, además, la mejor cultura de Europa en 15 el mundo hispánico. Nunca antes se han publicado en Méjico tantos y tan buenos libros.

Hasta fines del siglo XVIII el entonces llamado reino de la Nueva España fue el más importante de Hispanoamérica por su riqueza económica y artística, por el prestigio de sus bellísimas ciudades y por su alto nivel 20 en ciertas ramas de la ciencia y de la enseñanza. Las luchas por la independencia fueron aquí menos intensas que en otras partes. Proclamada la separación de España en 1821, comenzó la serie de profundos trastornos cuyo efecto aun se siente hoy; el orden social durante la dominación española, como luego en tiempo de Porfirio Díaz, se logró mediante el 25 sometimiento de la mayoría de la población india a la minoría de raza blanca. En 1822 fue proclamado emperador Agustín Iturbide, quizá porque ese alto título recordaba el de los soberanos aztecas. Su imperio fue efímero, e Iturbide acabó por ser fusilado en 1824. Durante largos años Méjico tuvo como presidente a un hombre incapaz, el general 30 Antonio López de Santa Anna; bajo su mando perdió Méjico la región de Tejas (1836). Es cierto que hubiera sido muy difícil oponerse a los avances del imperialismo norteamericano; pero la falta de dirigentes de gran valor agravó la situación. En las luchas con los Estados Unidos, Santa Anna se mostró tan cruel como inhábil, y Méjico perdió la inmensa 35

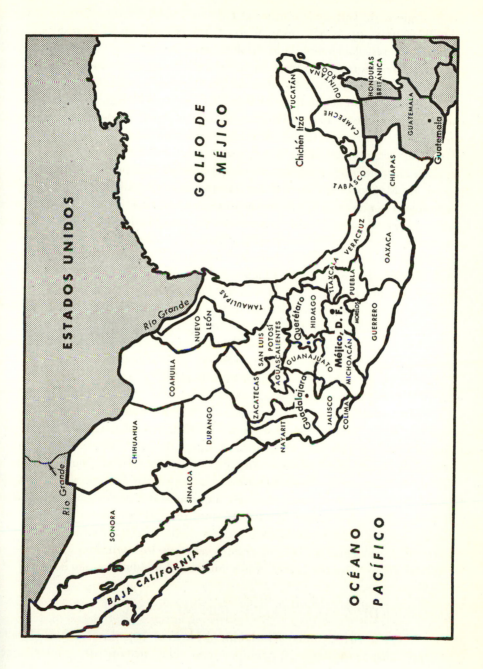

ESTADOS UNIDOS

GOLFO DE
MÉJICO

Río Grande

Río Grande

BAJA CALIFORNIA

OCÉANO
PACÍFICO

SONORA

CHIHUAHUA

SINALOA

DURANGO

COAHUILA

NUEVO
LEÓN

TAMAULIPAS

ZACATECAS

NAYARIT

JALISCO

COLIMA

Guadalajara

AGUASCALIENTES

SAN LUIS
POTOSÍ

GUANAJUATO

Querétaro

HIDALGO

MICHOACÁN

Méjico, D. F.

MORELOS

PUEBLA

TLAXCALA

GUERRERO

VERACRUZ

OAXACA

TABASCO

CHIAPAS

CAMPECHE

Chichén Itzá

YUCATÁN

QUINTANA
ROO

HONDURAS
BRITÁNICA

GUATEMALA

Guatemala

región que va de Tejas a California (1847–1848). Con un mundo hispánico dividido, exhausto e ignorante de las técnicas modernas, el resultado tenía que ser lamentable. Podemos censurar cuanto queramos el imperialismo norteamericano, pero la verdad es que sin su fuerza expansiva, los japoneses o los rusos dominarían hoy la costa del Pacífico. 5

La historia de Méjico durante el siglo XIX es triste. Aunque la población aumentó de unos 7 u 8 millones a unos 15, desde principios a fines del siglo, la desarmonía racial y la manera de ser hispano-india impidieron crear una república democrática, próspera y fuerte. Producir nueva riqueza era cosa ardua para sociedades paralizadas, y el pueblo codiciaba, 10 tanto en Méjico como en España, las riquezas ya existentes; las más accesibles eran las de la Iglesia, no protegidas ya por la fuerza espiritual de otros tiempos y, realmente, enormes. La llamada Reforma de 1857 consistió en expropiar los bienes eclesiásticos, los cuales no fueron aprovechados por la nación; tampoco en España había servido de gran 15 cosa la expropiación de 1836. El ataque a la Iglesia originó en Méjico una guerra civil de tres años. La pobreza del Estado era total en 1861; no se pagaron los intereses de la deuda exterior, y España, Francia e Inglaterra intervinieron militarmente.

La Iglesia no poseía ya ni fuerza organizadora ni gran cultura, pero el 20 Estado no supo reemplazarla con una fuerza y un orden más respetables. En medio de tal caos, algunos mejicanos de mente utópica, aunque bien intencionados, pensaron que un monarca podría traer el orden y disciplina que faltaban, y llamaron a Maximiliano de Austria, quien, protegido por Francia, reinó como emperador de los mejicanos (1864–1867). Benito 25 Juárez (1806–1872), un indio, se alzó contra Maximiliano, derrotó sus tropas en Querétaro, y fusiló al efímero Emperador en 1867. Su reinado fue posible porque los Estados Unidos se encontraban en guerra civil; al terminar ésta, la política americana tenía que apoyar a Juárez y oponerse a la intervención de Europa en un país americano. Pero Juárez tampoco 30 logró unir a su pueblo; las divisiones personales fueron más fuertes que el deseo de reformar los hábitos tradicionales de los mejicanos. Porfirio Díaz se sublevó contra Juárez, cuya muerte coincidió con su derrota.

PORFIRIO DÍAZ Y LA REVOLUCIÓN MEJICANA

De 1877 a 1910 Méjico ha vivido, de hecho, bajo la dictadura del general Díaz (1830–1915), aunque con una ficción de gobierno 35

constitucional. Durante ese período de 33 años hubo paz interior y exterior, y un aparente orden social; se construyeron ferrocarriles y caminos, y el Estado gozó de crédito en el extranjero. Se desarrolló la cultura entre ciertos grupos privilegiados, y aún quedan en Méjico
5 algunas figuras muy distinguidas, cuya inteligencia se moldeó en los años porfiristas.

Conviene en este punto decir una palabra sobre la cultura mejicana durante el siglo XIX, la cual, como en todo país hispánico, coexiste con los mayores trastornos. La verdad es que en los últimos cien años ningún
10 país hispanoamericano ha luchado tanto como Méjico para mejorar el curso de su destino. No siendo posible restablecer el pasado, casi mitológico, de la civilización india, ni tampoco la tradición nobiliario-teocrática de los españoles, algunos trataron de introducir formas de vida extranjeras, sobre todo francesas y americanas. Esto se refleja en la obra
15 de ciertos humanistas y educadores. Ignacio Ramírez (†1879), mestizo, fue un enemigo de la tradición católica, y aplicó su gran capacidad científica a educar a los indios, y a difundir entre ellos la cultura europea y las ideas democráticas. Otro apóstol de la educación popular fue Ignacio Manuel Altamirano (†1893), que luchó para librar al pueblo de
20 la vergonzosa tutela en que vivía. Gabino Barreda (†1881) creó importantes centros de enseñanza, cuya eficacia sintió sólo una escasa minoría. La figura más importante fue Justo Sierra (1848–1912), gran escritor que conocía a fondo la historia y el carácter mejicanos; inspirado en el filósofo francés Augusto Comte y en el inglés Herbert Spencer,
25 pensó influir no sólo en las ideas, sino además en los modos de juzgar y de sentir de sus compatriotas. Prescindiendo de lo ilusorio de muchos de tales proyectos educativos, estos hombres son un título de gloria para Méjico, muy interesado en el siglo XIX en llegar a la misma raíz de los males que afligen a aquel pueblo.
30 La vida siguió su curso. El orden aparente de la época porfirista se logró a costa de la entrega de las tierras mejores y de las minas a particulares y a compañías extranjeras. Los indios vivieron ignorados y oprimidos, como habitantes indeseables en su propia patria. El 96% de la población rural carecía de tierra, en tanto que un grupo de privilegiados lo poseían
35 todo. Un Sr. Terrazas era dueño de más de la mitad del estado de Chihuahua, —diez y siete haciendas y cuatro millones de cabezas de ganado. Sus visitas a El Paso se recuerdan todavía; llegaba acompañado de un centenar de familiares y amigos, alquilaba un hotel entero; mientras

Méjico. Palacio Nacional, antigua residencia de los virreyes (comienzos del siglo XVIII), construido en el lugar que ocupó la casa de Moctezuma, y luego la de Hernán Cortés. El piso superior fue añadido en el siglo XX.

él ostentaba su opulencia, las señoras dejaban unos miles de dólares en las tiendas de la ciudad.

Tal sistema de gobierno no podía mantenerse indefinidamente. Don Porfirio no se preocupó de lo que pudiera suceder cuando su puño de hierro dejase de oprimir a unos 15 millones de indios y mestizos. El descontento era profundo. En 1910 debía ser «reelegido» el octogenario presidente; se alzó frente a él la candidatura de Francisco Madero, hombre humano y partidario de los humildes aunque pertenecía a una familia rica. Don Porfirio encarceló a Madero y «ganó» la elección. Estalló entonces un movimiento revolucionario cuyas derivaciones han ensangrentado a Méjico durante más de veinte años.

Madero, un noble espíritu, fue arrollado en seguida por otros grupos y murió asesinado en 1913. La revolución, justa como protesta contra un régimen opresivo, tuvo desde el comienzo más fuerza en los pies que en la cabeza por falta de buena dirección; por eso ha vertido tanta sangre inútil y ha avanzado tan lentamente. El propósito de la revolución era hacer que el pueblo cultivara la tierra de verdad, en provecho suyo y de la nación; desarrollar la capacidad técnica, explotar intensamente las minas, construir caminos, y compensar la aridez y el atraso milenario de algunas zonas con la fertilidad y el progreso de otras. Después de grandes trastornos, esos fines se han logrado en escasa medida. Durante viente años el bandidaje y la anarquía destrozaron el país. Los caudillos caían asesinados uno tras otro: Madero, Carranza, Villa, Zapata, Obregón. La vida pública no empezó a estabilizarse algo sino con Obregón en 1920, y con Calles (1924–1928), iniciador de una distribución más ordenada de la tierra.

MÉJICO DESPUÉS DE LA REVOLUCIÓN

El mejor presidente después de los años de anarquía revolucionaria ha sido Lázaro Cárdenas (1934–1940), que concedió atención a los asuntos nacionales. Intentó organizar los ejidos (tierras expropiadas y distribuidas entre los campesinos). A pesar de muchos buenos deseos, la política agraria de la revolución («Tierra y Libertad») ha tenido escaso éxito por varios motivos. El campesino, de raza india, trabaja el mínimo indispensable para subsistir. Los braceros de la Mesa Central (según los Srs. E. y M. Marcué Pardiñas, *Problemas agrícolas de Méjico*) «siguen limitados por las actuales fronteras de su poblado, y tratar de arraigarlos

169

Catedral de Méjico. Fue comenzada en 1573 y abierta al culto en 1656, aunque las torres fueron construidas en el siglo XVIII. La catedral propiamente dicha (el edificio a la izquierda) continúa el estilo clásico del siglo XVI, cuando fue planeada la catedral. El lado derecho (el llamado Sagrario) fue comenzado en 1749, época en que florecía el estilo barroco hispano-mejicano. Este es el monumento más grandioso y más bello del arte colonial, tanto exterior como interiormente. Cada año, desde el 16 de setiembre (fecha del aniversario de la independencia de Méjico), la catedral aparece iluminada por las noches durante dos semanas, lo mismo que los otros edificios de la Plaza Major (llamada popularmente «El Zócalo»). El espectáculo es de belleza sorprendente.

en las tierras de Chiapas o Tabasco [en el sur] sería para ellos tan perturbador, como si se les fuera a transplantar al corazón del Africa Ecuatorial. La noción de la patria, si es que existe para ellos, es de una importancia muy secundaria . . . El campesino mejicano constituye un
5 elemento poco prometedor para reclutarlo en cualquier programa nacional».

El campesino, además, no posee capital ni instrumentos de labranza. Las tierras más ricas, en donde se cultivan el algodón, el café, la caña de azúcar, el tabaco, el henequén, etc., vuelven a estar en poder de
10 grandes propietarios como antes de la Revolución. El cultivo del maíz está en manos de labradores pobres. Muchos braceros aspiran a emigrar ilegalmente a los Estados Unidos, y cruzan el Río Bravo, engañados por aventureros tejanos, que comercian con la miseria de aquellos desventurados. El jornal medio de un obrero en Méjico oscilaba, en
15 1953, entre 70 y 80 centavos de dólar.

El subsuelo (minas, petróleo) debiera enriquecer al pueblo mejicano. Pero las minas están casi totalmente en poder de extranjeros; el petróleo, hoy nacionalizado, beneficia a una minoría privilegiada, y escasamente al país. En el comercio y en la industria el capital extranjero supera con
20 mucho al mejicano. Se produce así el hecho extraño (dice el periódico *Excelsior*), de que «la miseria colinda con la opulencia . . . El desarrollo espectacular de la ciudad de Méjico [con más de siete millones de habitantes] es anormal y deforme. No es consecuencia de un bienestar que viene de la periferia, sino crecimiento desarmónico que deja tras
25 sí lamentable penuria».

La lucha entre la Iglesia y el Estado se ha sosegado, y en último término ha vencido la Iglesia, pues el culto se practica libremente. El pueblo es muy católico. Los santuarios más venerados son el de la Virgen de Guadalupe, de tradición india, y el de la Virgen de los Remedios, de
30 tradición española. En España existe un santuario de la Virgen de Guadalupe desde el siglo XIV, pero la piedad de los mejicanos adora la imagen del mismo nombre, que se le apareció a un indio en el siglo XVI, poco después de la conquista.

Méjico ofrece hoy el aspecto de un país democrático, aunque la
35 opinión pública carece de gran fuerza. La capital de la República es una espléndida ciudad con bellos edificios antiguos y modernos, y con intenso tráfico. La industria florece en Monterrey, Méjico y en otras partes. De la superficie total del país (758,450 millas cuadradas) sólo

un 25% es cultivable. Los cálculos sobre la población la fijan en más de 45 millones; algunas regiones no se prestan a lograr datos estadísticos muy precisos. Más del 80% de los habitantes son de raza india o mestiza. Este hecho no debe estimarse según criterios norteamericanos, pues los países de ascendencia hispano-portuguesa sienten de otro modo en cuanto 5 a la cuestión racial.

Después de la ciudad de Méjico, las más importantes son Guadalajara (1,182,000), Monterrey (900,000), Puebla (360,000) y Mérida, capital de Yucatán (194,000). Los puertos más importantes son Veracruz en el Atlántico, y Acapulco en el Pacífico. La tranquilidad política ha hecho 10 posible el turismo norteamericano, una de las mayores fuentes de riqueza hoy día. Conviene saber, sin embargo, que los norteamericanos generalmente no gozan de grandes simpatías entre el pueblo, aunque el aspecto exterior de la vida dé una impresión contraria. Méjico está lleno de mercados y de supermercados como los de aquí; se bebe Coca-Cola, y 15 los cuartos de baño son como los de los Estados Unidos y no como los de Europa. Pero al mismo tiempo pocos son quienes simpatizan con los «gringos» (así llaman a los norteamericanos). Quienes por haber estudiado en el norte, o por motivos especiales, expresan simpatía por los «gringos», son llamados «pochos» despectivamente. Estos sentimientos 20 se explican muy bien, y entenderlos vale más que criticarlos abstractamente. El turista va a divertirse y a gozar del lujo de los grandes hoteles, mientras la mayoría de los mejicanos trabaja para el turista, y vive pobremente. El turista no habla la lengua del país, y toma por fuerza aires de arrogante superioridad, o en el mejor caso, de indiferencia. El turista no estima 25 los valores mejicanos (sus creencias, su arte, su ingenio, su deseo de superar sus deficiencias), y el mejicano no comprende los valores humanos que han hecho posible el bienestar, la cultura y el poderío de Norte América. Por consiguiente, no se entienden, ni tienen gran interés en entenderse mutuamente. Estas dificultades sentimentales son difíciles de 30 resolver, pero el lector de este libro debe conocerlas. Debe saber, sobre todo, que Méjico, como el resto de Iberoamérica, se halla en un período de agudo nacionalismo, y que el mejicano no perdona a los «gringos» la ocupación violenta del suroeste y del oeste norteamericanos, antes parte de Méjico. Que esta actitud sentimental sea o no razonable, 35 importa poco. El hecho ha de tenerse en cuenta, si el «buen vecino» norteamericano quiere acercarse humanamente a Méjico, hoy uno de los más importantes países de Hispanoamérica.

Zapatistas, del mejicano José Clemente Orozco (1883-1949). El artista ha dado un aire de gravedad casi religiosa a estos partidarios del cabecilla Emiliano Zapata, una de las figuras más célebres de la revolución iniciada en 1910. Estas gentes de rostro impasible parecen deslizarse, impulsadas pasivamente por un destino que las arrastra. Sus cuerpos, iguales y unánimes, dan la impresión de ser símbolos y no personas de carne y hueso. Orozco ha dado sentido y valor artístico a la melancolía silenciosa del pueblo mejicano, de un pueblo que trata ávidamente de encontrarse a sí mismo.

(Collection, the Museum of Modern Art, New York)

173

Un sentimiento nacionalista muy vivo inspira a los gobiernos y a las clases cultas de Méjico. Un dicho muy frecuente allá es: «como Méjico no hay dos». Es muy visible, en todo caso, que el Méjico de hoy es muy distinto del país que, no hace aún muchos años, ensangrentaban e incendiaban hordas indisciplinadas. El progreso es considerable, y lo 5 será todavía más el día en que la industria y el comercio pertenezcan a los mejicanos en su mayor parte, y los técnicos no sean extranjeros en tan gran proporción como ahora.

MÉJICO EN LA ACTUALIDAD

La población de la república (45 millones) aumenta a razón de dos millones al año; el ritmo de crecimiento es más rápido en el distrito 10 federal (ciudad de Méjico), 7 millones, que en el estado del mismo nombre, cuya capital, Toluca, tiene unos 200,000 habitantes. En Méjico hay un 20% de blancos y un 80% de mestizos (es difícil precisar ahora el número de los totalmente indios). Méjico se moderniza y engrandece monumentalmente tanto en la capital como en el interior del país. Baste 15 citar, como un ejemplo, el desarrollo de las carreteras y de los ferrocarriles, gracias a lo cual el estado de Yucatán en el extremo sur (capital Mérida) está ahora unido por una vía férrea con el resto del país. Más importante, sin embargo, que el progreso material observable a primera vista, es darse cuenta de como han ido afrontando y resolviendo los mejicanos las 20 dificultades políticas y sociales planteadas por su reciente historia y por la especial estructura de su población. Nada semejante encontramos en los otros países iberoamericanos. Según antes se dijo, Méjico vivió ensangrentado y socialmente deshecho entre 1910 y 1930; pero en los últimos cuarenta años no ha habido sublevaciones militares, golpes de 25 estado, o actividades guerrilleras según ha acontecido en Argentina, Brasil, Perú, Bolivia y en otros lugares de Iberoamérica.

Para hacer comprensible tan curioso fenómeno a un estudiante americano, hemos de servirnos de razones más psíquicas que materiales, muy relacionadas con la actitud de los mejicanos respecto de su propia 30 historia. Hace unos diez años una revista católica de París, *Esprit*, publicó un violento artículo contra la corrupción política en la vida mejicana: la profesión más lucrativa en México era la de político, decía aquella revista. Muchos mejicanos se sintieron ofendidos, porque ellos suelen vituperarse a sí mismos incluso en la prensa diaria, pero no toleran la crítica de los 35 extranjeros. Después de todo también hay corrupción en los Estados Unidos, en donde la Mafia es más fuerte que la policía y el poder judicial; pero por mucho que insistamos en ello, siguiendo ese camino negativo nunca averiguaremos qué y cómo es el pueblo cuya última realidad nos interesa conocer. Méjico ha de ser observado desde lejos y como un conjunto; y al mismo tiempo, desde cerca y tratando de penetrar en la intimidad de su conciencia.

Ni sabemos ni vamos a vaticinar qué va a acontecer a este importante país en el futuro, en este nuestro mundo amenazado en todas partes por muy graves peligros. Lo indudable y sorprendente es que Méjico haya pasado, en pocos años, de una situación, económica y políticamente caótica, a un régimen estable, planeado por los mejicanos sin intervenciones extrañas, políticas o ideológicas. Se trataba de organizar y estabilizar en alguna forma a masas incoherentes habituadas a la matanza, al pillaje y al secuestro de las personas. Todavía en 1930 era peligroso viajar por el interior del país. Los billetes de banco no inspiraban confianza. Mas todo eso terminó a la vez que se restableció la paz entre la Iglesia Católica y el Estado. Surgió una forma de gobierno y de disciplina políticas, distintas de la americana y de las democracias europeas, aunque ajustada a las urgentes necesidades de Méjico. Se impuso el orden, y todo se estabilizó, incluso el valor de la moneda nacional. El presidente Adolfo Ruiz Cortinas, en 1954, fijó el valor del dólar en 12,50 pesos, y a esa paridad sigue manteniéndose. Ningún presidente se ha hecho reelegir, y la «silla» presidencial (como se dice en Méjico) la ocupa durante seis años un nuevo mandatario designado por el *Partido Revolucionario Institucional* (PRI), con el beneplácito del pueblo, del ejército y de la mayoría de los políticos. En las familias mejicanas al hablar del jefe del estado, dicen «el señor Presidente».

El aumento de la producción agrícola, de la industria y del turismo no explicaría por sí solo la prosperidad del país y la ausencia de revoluciones. Es probable que en el evidente progreso de los últimos años en vías de comunicación, en rascacielos, en producción industrial y en la publicación de libros bien impresos, influya el propósito de compensar y de ahogar con grandes obras el complejo de inferioridad que ha afligido a la mayoría de los mejicanos desde el momento de su independencia. Los tres siglos de la grandiosa dominación española han pesado sobre Méjico más que sobre ninguna otra república hispanoamericana. Para explicarnos esta situación, comparemos el conflicto racial de

Un aspecto del valle de la ciudad de Méjico. Se ven, en primer
término, unas plantas de maguey. Con su zumo se prepara el pulque,
la más popular de las bebidas alcohólicas entre mejicanos. Al fondo
se divisa el Ixtaccíhuatl. La extensa llanura del valle de Méjico está
salpicada de montículos volcánicos, y cercada por un sistema de
montañas cuyas cimas más altas y siempre nevadas son el Popo-
catépetl («el monte que humea») y el Ixtaccíhuatl («la mujer dor-
mida»). El viajero que, desde la ciudad de Méjico, se dirige hacia el
sur—Puebla o Cuernavaca—, goza de un espléndido paisaje, de
perspectivas grandiosas, y de un colorido deslumbrante.

176

Méjico con el existente entre blancos y negros en los Estados Unidos; aquí se trata de si es posible al americano blanco vivir junto al negro, un problema no resuelto por la guerra de Secesión, y que está haciendo cada vez más difícil la vida en América, desde Wáshington a California.
5 El problema para (más o menos) el 80% de los mejicanos ha sido cómo vivir dentro de sí mismos. Para aclarar esta cuestión conviene volver la vista al pasado, y tener presente cómo fue la conquista y la dominación de la tierra, en el siglo XVI, llamada Nueva España (los conquistadores se dieron cuenta bien pronto de que Méjico era como un reflejo de la
10 totalidad de España, y eso hace comprensible que en 1810, Méjico pudiera compararse con Madrid en cuanto a esplendor arquitectónico).

La empresa de los conquistadores del siglo XVI no fue planeada ni dirigida reflexivamente por el rey de España, por sus consejeros. Se discutió mucho sobre si era o no lícito exterminar o esclavizar a los
15 indígenas, pero no se pensó en si los descendientes de los españoles iban a ser blancos o mestizos. El número de mujeres que vinieron a la Nueva España fue muy escaso. Los españoles se lanzaron impulsivamente sobre el Nuevo Mundo sin nada comparable al *great design* de Cromwell; se buscaba riqueza y, sobre todo, poderío y prestigio.
20 El español dominó al indio y al mismo tiempo lo cristianizó, y le enseñó su lengua y se fundió con él, pues las mujeres indias serían en adelante las madres de sus hijos. Lo cual ha dado ocasión a muy incómodas situaciones colectivas y a desgarros íntimos. El Méjico actual sabe que fue estructurado por los españoles, y al mismo tiempo violado por ellos.
25 Ni por un instante se piensa en qué sería hoy Méjico si hubieran persistido la civilización azteca y sus sacrificios humanos. Claro es que en esos casos no se razona; se expresa lo que se siente y nada más.

Casi nada conoceríamos del Méjico precortesiano, si el franciscano Fray Bernardino de Sahagún (1499–1590) no hubiera aprendido la
30 lengua de los mejicanos y trabajado durante sesenta años para componer su *Historia general de las cosas de la Nueva España*,[5] una obra monumental y que es el mayor homenaje rendido a la historia y a la cultura del imperio dominado por los españoles. A pesar de lo cual, los mejicanos (hablando en términos generales) no perdonan a Hernán Cortés haber conquistado
35 tan extensos territorios con unos cuantos españoles. Durante la guerra de la independencia, los restos de Cortés fueron ocultados por el historiador

---

[5] Ha sido reeditada por el P. Garibay en la Editorial Porrúa, Méjico, 1956.

y estadista don Lucas Alamán (un hispanófilo) para que no fueran profanados.[6] En 1946 fueron redescubiertos y colocados de nuevo en el Hospital de Jesús, fundado por el descubridor y conquistador del imperio azteca. En Méjico no hay todavía un monumento ni una calle en que se mencione el nombre del genial conquistador.   5

Para entender tan extraordinario fenómeno conviene citar lo dicho por un distinguido escritor mejicano, interesado en hacer comprensible cómo reaccionan sus compatriotas ante su propia historia: «El indio ve en el español al enemigo, (al violador de sus antepasadas madres). Ante este enemigo cabe el odio, el resentimiento, el perdón o la admiración; pero 10 él continúa siendo, básicamente, nuestro enemigo, nuestro adversario . . . En el momento en que de los puntos antitéticos —amigo y enemigo, indio y español— se dé el brinco a una síntesis, en que no subsistan ni la noción de indio ni la de español, sino solamente la de mejicano, en ese momento la conciencia que, hoy por hoy, nos punza y nos cohibe 15 —conciencia dolorida y hendida— recibirá por fin el cauterio. Méjico se sentirá de una sola pieza, y el machismo (el alarde de masculinidad) se habrá quedado sin base». (Salvador Reyes Nevares, «*El machismo en Méjico*», en *Mundo Nuevo*, París, abril, 1970, p. 19.)

Gracias a textos como el antes transcrito, el estudiante americano 20 podrá comenzar a entender a sus vecinos del sur, en un momento en que esa inteligencia es muy necesaria, a fin de captar el sentido de que, en este momento, Méjico aspire a emular en grandeza, tanto al Méjico precortesiano como al español; algo, en suma, incomprensible a primera vista para un americano, a quien su pasado anglosajón y la dominación 25 británica antes de 1776, no le quitan el sueño. O sea, que la historia propia tiene una significación para el norteamericano, y otra para el iberoamericano; y a fin de contribuir a aclarar esta importante cuestión ha sido escrito el presente libro.

Durante el mandato presidencial de Gustavo Díaz Ordaz (1964–1970), 30 se ha construido la llamada «Plaza de las Tres Culturas», con objeto de agrupar en una inteligente armonía la civilización azteca, la colonial de la época española y la del Méjico que hoy florece con su literatura, con su ciencia y con sus impresionantes rascacielos. Hay en esa Plaza un teocali azteca, y próximo a él se alza el templo de Santiago Tlatelolco 35 y el Colegio de Santa Cruz, fundados en 1536 para instruir a los indios,

---

[6] Ver *Diccionario Porrúa. Historia, biografía y geografía de Méjico*, 1964, p. 382.

Ciudad de Méjico. «Plaza de las Tres Culturas», la precortesiana, la colonial española y la moderna mejicana.

por el primer virrey don Antonio de Mandoza y por Fray Juan de Zumárraga, primer obispo de Méjico.

El ciclo de estas observaciones acerca de lo que Méjico está siendo y aspira a ser en 1970, se cierra con las declaraciones de don Luis Echeverría, designado por el Colegio Electoral de la Legislatura mejicana, por el PRI, como presidente para el período 1970–1976. Las declaraciones del próximo primer mandatario están en perfecta armonía con cuanto acabamos de decir acerca del Méjico actual. El futuro presidente Echeverría se ufana tanto de su sangre española como de su sangre india. El mensaje de paz, esperanza y armonía que el próximo presidente envía a los Estados Unidos, se inspira en estos sentimientos: «Tenemos que aportar (los mejicanos) un mensaje espiritual que nos viene tanto de nuestros antepasados indígenas como de los españoles, porque proclamamos que estamos igualmente orgullosos de nuestros antepasados indígenas como de nuestros antepasados españoles». El pensar, la sensibilidad, el arte y la política en el Méjico de hoy parecen conceder tanta importancia a lo tangible de los esfuerzos económico-industriales, como a lo intangible de lo latente en el fondo de la conciencia, en esa región de lo humano en donde yacen tanto la opresión torturante, como el manantial de todas las esperanzas.

LA AMÉRICA CENTRAL

Llámase así la región comprendida entre Méjico y Colombia, e integrada por seis estados independientes. Son de norte a sur: Guatemala, El Salvador, Honduras, Nicaragua, Costa Rica y Panamá. Las altas montañas y mesetas del interior ofrecen un clima más favorable que el de las costas del Atlántico y del Pacífico, cálidas, húmedas y poco sanas. La naturaleza volcánica del terreno ha dado origen a terremotos que han destruido ciudades enteras, en Guatemala y El Salvador particularmente. La población india y mestiza predomina (menos en Costa Rica); abundan los negros en la costa atlántica. El nivel de vida es bastante bajo, pues las plantaciones de café y bananas están explotadas por compañías extranjeras, en primer lugar por la United Fruit Company; la mayoría de la gente no sabe ni puede hacer sino trabajos manuales escasamente retribuidos. La debilidad e incapacidad colectivas han hecho florecer gobiernos despóticos tanto en el siglo XIX como en el XX.

El motivo último de estas desdichas ha sido la dificultad de combinar

la vida y carácter de los indios (hoy inconscientes herederos de la grandeza de la civilización maya) con las ideas y los sentimientos de los pueblos occidentales. La fatalidad de la historia y la injusticia inherente a todo régimen social (sea el que sea) producen estos resultados lamentables.
5 Por otra parte la incapacidad de los pueblos centroamericanos para asociarse y formar una única república, ha agravado los males que los afligen. Los extranjeros fuertes se aprovechan de esas divisiones, y a la vez las fomentan.

Guatemala (48,290 millas cuadradas, unos cinco millones de habitantes)
10 fue durante la dominación española centro de la capitanía general de ese mismo nombre. La capital, destruida en 1773 por un terremoto, poseía espléndidos monumentos, cuyos restos son una atracción para el turismo; el nombre de la ciudad es ahora Antigua. La capital (unos 600,000 habitantes) que se llama Guatemala, lo mismo que la república, fue
15 establecida en un lugar menos amenazado por los temblores de tierra. La principal fuente de riqueza es el cultivo y exportación de café, bananas, y maderas valiosas (palo de Campeche, una materia tintórea). Durante el siglo XIX ha habido una sucesión de tiranos que, según costumbre, fomentaron en provecho propio la miseria y la ignorancia. Un nuevo
20 período fue iniciado por Juan José Arévalo en 1944, a fin de mejorar la condición de las masas obreras. La situación se ha complicado posteriormente. Se ha creado un ambiente de aguda hostilidad contra los americanos y la United Fruit Company. La verdad es que sin esta compañía (sean cuales fueren sus culpas), la miseria de Guatemala sería todavía mayor. La
25 United Fruit Company ha combatido la fiebre amarilla, ha construido el ferrocarril de Puerto Barrios, desde la costa atlántica hasta la del Pacífico, y también escuelas y hospitales. El gobierno de Jacobo Arbenz Guzmán intentó reformas agrarias y financieras, inspiradas, dicen algunos, por el partido comunista. En realidad Arbenz Guzmán ha estado sostenido por
30 el ejército, y animado por el mismo sentimiento nacionalista que se observa en las demás naciones hispanoamericanas, en una u otra forma. El nacionalismo se alimenta principalmente de la oposición a Norteamérica, como resultado de la equívoca situación creada por el hecho de ser la ayuda económica y técnica de los norteamericanos, a la vez, justa
35 e injusta, deseada y odiada. Con el gobierno de Arbenz y su ley de Reforma agraria, contraria a los intereses de la United Fruit Company, se inició una época de intranquilidad. El gobierno fue derribado por fuerzas militares venidas de Honduras. Arbenz tuvo que salir del país, y su puesto

181

Iglesia de Nuestra Señora de la Merced, en la antigua ciudad de Guatemala, capital de Centro América, arrasada por un terremoto en 1773. (La capital fue trasladada al lugar que hoy ocupa la moderna Guatemala.) Esta iglesia, terminada en 1760, pudo resistir los efectos del temblor de tierra, aunque el convento y el colegio de los frailes mercedarios quedaron en ruinas. Es un bello ejemplar de barroco hispano-americano, con carácter marcadamente popular. En el nicho central se ve la imagen de la Virgen.

fue ocupado por el coronel Carlos Castillo Armas, el cual derogó toda
la legislación lesiva para los intereses americanos, e instauró un sistema de
gobierno dictatorial. Fue asesinado tres años más tarde, pero los presidentes
que le han sucedido, han conservado, en líneas generales, la misma
5 política. Surgen a veces partidas de guerrilleros, apoyadas por Cuba, las
cuales ni son totalmente exterminadas, ni consiguen instaurar un nuevo
régimen.

El Salvador (13,176 millas cuadradas, más de tres millones de habitantes), en la costa del Pacífico, tiene también una población principal-
10 mente india o mestiza, con un 8% de blancos. Los productos más
importantes son café y tejidos (henequén, algodón y seda). Casi toda la
tierra está cultivada y la propiedad se halla muy dividida, con lo cual el
bienestar medio es mayor que en los países vecinos. La capital, San
Salvador (unas 310,000 almas), ha sufrido mucho con los temblores
15 de tierra; los edificios modernos han sido construidos a prueba de
terremotos. Hasta hace poco las dictaduras y las revueltas militares han
agitado la vida salvadoreña, pero la situación ha mejorado notablemente
en estos años.

No obstante, en junio de 1969, con motivo de celebrarse un partido
20 de fútbol, correspondiente a la eliminatoria para la Copa del Mundo de
1970, entre los equipos de El Salvador y Honduras, se produjeron
violentos incidentes que dieron lugar a una encarnizada guerra entre
ambos países. El fondo del conflicto guardaba relación con el proceso
emigratorio de campesinos salvadoreños, instalados ilegalmente en el
25 país hondureño, empujados por el crecimiento demográfico, por la
pequeñez de su país y por la falta de tierra propia y cultivable. La guerra
se inició con gran violencia; las poblaciones fronterizas huyeron a causa
de los bombardeos aéreos. La amistosa intervención de otros países de
Hispanoamérica puso término a este conflicto fratricida, tan lamentable
30 y estéril como los que en otras ocasiones han puesto de manifiesto la
radical desunión de las repúblicas iberoamericanas.

Honduras (59,160 millas cuadradas, 2,455,000 habitantes) es la
mayor de las repúblicas centroamericanas. Su zona oeste, llena de selvas,
está escasamente poblada; Tegucigalpa, la capital (200,000 almas), no
35 tiene ferrocarril. La falta de buenas comunicaciones y el atraso general
han hecho difícil la vida de esta república, que vive sobre todo de la
exportación de bananas. Una parte de la costa norte fue ocupada por
Inglaterra en el siglo XIX (Honduras Británica, capital Belice, 103,000

183

habitantes). Se dice que las selvas hondureñas son el paraíso de los
cazadores por la inmensa variedad de animales salvajes y de pájaros
extraños que viven en ellas. Después de 1950 parece haberse iniciado
un período de renovación cultural y económica. En 1965 se ha iniciado
un plan decenal educativo, combinado con otro de sanidad pública.   5

Nicaragua (57,145 millas cuadradas, 1,783,000 habitantes) tiene un
10% de blancos. La población se concentró en el lado del Pacífico; la
capital es Managua (296,000 almas); son importantes León (49,000)
y Granada (30,800), divididas estas últimas por rivalidades políticas,
motivo de sangrientos conflictos. Las minas de oro y el café constituyen la   10
mayor riqueza, además del tabaco, el azúcar y productos textiles.
Nicaragua es célebre culturalmente por ser la patria del gran poeta Rubén
Darío; e internacionalmente por los incidentes a que dio lugar el proyecto
de abrir un canal interoceánico a través de aquel país. Desde hace más
de un siglo venían pensando los norteamericanos en abrir un canal cuya   15
entrada sería el río San Juan, en la frontera con Costa Rica, cruzaría
el lago de Nicaragua y saldría al Pacífico. Después de muchas vicisitudes
el proyecto no se realizó, sobre todo por miedo a los frecuentes terremotos.
De todos modos, ese asunto motivó la intervención armada de los Estados
Unidos, cuya infantería de marina ocupó parte de la república, y dio así   20
origen a graves fricciones entre ambas Américas. Desde 1937 se han
sucedido en el gobierno varios miembros de la familia Somoza, o
Presidentes a hechura suya.

Costa Rica (19,653 millas cuadradas, 1,538,000 habitantes) es una
pequeña república; la mitad de la población es blanca, y el resto lo   25
integran mestizos y algunos negros. La capital San José (370,000 almas)
es una de las más cultas ciudades de Hispanoamérica. La producción
principal consiste en café, bananas y cacao. No obstante ciertos trastornos
políticos en recientes años, los costarricenses constituyen una nación
bastante tranquila y muy liberal, que recuerda algo al Uruguay. En   30
1963 una violenta y prolongada erupción del volcán Irazu provocó daños
y perjuicios de tales proporciones que el gobierno se vio obligado a
solicitar el auxilio de las Naciones Unidas.

Panamá (29,127 millas cuadradas con inclusión de la zona del Canal,
1,982,000 habitantes) fue hasta 1903 una parte de Colombia aunque no   35
de muy buena gana. Los Estados Unidos fomentaron los deseos de
independencia, a fin de poder abrir más fácilmente el Canal de Panamá,
tan necesario para asegurar las comunicaciones entre el Atlántico y el

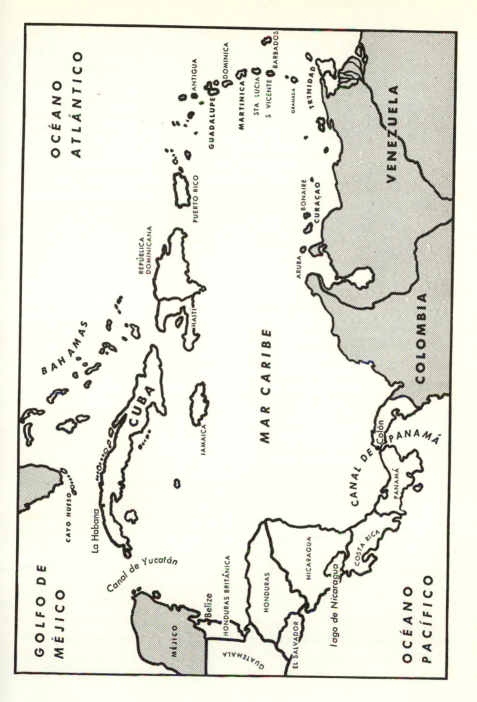

Pacífico. Panamá exporta minerales, sobre todo manganeso, y frutos tropicales (bananas, coco, cacao y café). Muchos panameños trabajan en la zona del Canal, y la agricultura no está por ese motivo muy adelantada. La influencia norteamericana es considerable en todos los órdenes de la vida y provoca en algunos sectores resentimientos y explosiones de 5 nacionalismo, que en 1964 dieron origen a tan graves incidentes que pusieron en peligro las relaciones con los Estados Unidos y el mismo funcionamiento del Canal. En 1965 el Presidente Johnson, anunció el reconocimiento de la soberanía panameña sobre la zona del Canal. Un cisma presidencial, a consecuencia de un desacuerdo entre el primer 10 mandatario y la asamblea nacional, dio lugar a una nueva elección ganada por Arnulfo Arias.

LAS REPÚBLICAS DEL MAR CARIBE

La República Dominicana (19,332 millas cuadradas, 3,889,000 habitantes) ocupa la parte oriental de la isla de Santo Domingo, llamada antes Hispaniola o Española. Su capital, Santo Domingo, fue en el siglo 15 XVI un alto centro de civilización. Moraron en ella escritores universalmente conocidos: el historiador Gonzalo Fernández de Oviedo y, en el siglo XVII, Tirso de Molina, un gran dramaturgo español. Algunos ilustres conquistadores del resto de América iniciaron su carrera histórica en aquella isla, cuya cultura y distinción señoriales aún irradiaban alto 20 prestigio en el siglo XVIII. Tanta grandeza se desvaneció cuando Méjico, el Perú y Cuba excedieron a Santo Domingo en poder y riqueza. A la larga, Santo Domingo se convirtió en un pueblo diminuto, olvidado y provinciano. Su historia moderna está llena de agitaciones y conflictos. Los negros de Haití, al este de la isla (hoy constituidos en una república 25 independiente, cuya lengua es un francés muy alterado por la pronunciación africana) no siempre fueron buenos vecinos. Los dominicanos se encargaron luego de hacer todavía más difícil su propia vida. El ejército americano ocupó el país de 1916 a 1922. El país fue luego regido por el dictador Rafael Leonidas Trujillo, dueño absoluto de la nación. Aquel dictador 30 mantuvo excelentes relaciones con los Estados Unidos y tuvo fuerza incluso para cambiar el nombre venerable de Santo Domingo por el de Ciudad Trujillo.

Todavía en 1880, Santo Domingo confiaba la reforma de su instrucción pública al puertorriqueño Eugenio María de Hostos (1840–1903), uno de los grandes pedagogos de Hispanoamérica. Dominicano era Pedro Henríquez-Ureña (1884–1946), filólogo e historiador de la literatura, que vivió fuera de su patria, e influyó notablemente en las letras de Méjico y de la Argentina.

El dictador murió asesinado en 1961. La ciudad recobró su auténtico nombre, pero la República dominicana se encontró en una situación confusa, sin conseguir estabilizar un régimen democrático a continuación de la desaparecida tiranía. En las elecciones de 1963 triunfó Juan Bosch, derribado en seguida por un golpe militar. El partido constitucionalista se opuso a ese pronunciamiento; se inició entonces una guerra civil, en la cual miles de personas murieron. Tamaña confusión se vio aumentada con la intervención de los *Marines*. Un acuerdo entre los combatientes hizo posible la formación de un gobierno y la retirada de las fuerzas norteamericanas.

PUERTO RICO

Aunque Puerto Rico forme parte de los Estados Unidos, y quede fuera de este libro geográfica y políticamente, no es menos cierto que, culturalmente, la población de aquella isla pertenece más a Iberoamérica que a la Unión. La lengua es en este punto un factor decisivo. Los puertorriqueños aprenden inglés en la escuela, pero únicamente lo hablan bien quienes estudian en los colegios y universidades de Norte América. Como resultado de las libertades políticas concedidas a Puerto Rico durante la presidencia de Truman, el español es lengua oficial en la Universidad de Puerto Rico. Un plebiscito celebrado el 23 de julio de 1967 aprobó la condición de Estado Libre Asociado. La isla ofrece un aspecto muy original, por haber adoptado las formas democráticas de la vida pública americana, sus leyes y su técnica industrial, y por haber mantenido a la vez la tradición hispánica en su lengua, religión, costumbres y sensibilidad íntima. No tardará mucho Puerto Rico en poseer una gran literatura y un pensamiento propio, en que se reflejen las condiciones especialmente ventajosas en que, culturalmente, se encuentran hoy los puertorriqueños. La Universidad es el centro en donde se percibe latir con más intensidad la conciencia y las esperanzas de la juventud de Puerto Rico.

Puerto Rico. Puerta y Caleta de San Juan. En esta última anclaban las naves en los siglos XVI y XVII; la puerta, frente a la garita, fue abierta en el muro hacia 1635, y ante ella eran recibidos solemnemente los gobernadores y obispos al llegar a la isla.

CUBA ANTES DE FIDEL CASTRO

Cuba (44,208 millas cuadradas, 8,000,000 habitantes) es una hermosa isla, a la que es costumbre llamar «la perla de las Antillas». La población es en su mayoría blanca, aunque hay muchos negros y mulatos. También hay bastantes chinos. La capital, La Habana (1,680,000 almas) es una
5 bella ciudad, con espléndidos parques, artísticos edificios de la época española y un puerto magnífico. Santiago (240,500 almas), en la zona oriental, tiene también un puerto comercialmente muy activo. La economía cubana está casi toda ella basada en el azúcar de caña, cuyo principal mercado fueron, durante los años anteriores al régimen de
10 Fidel Castro, los Estados Unidos. Un alto precio de venta producía la prosperidad. El tabaco es la segunda fuente de riqueza. Un «habano» es sinónimo de un exquisito cigarro puro.

Cuba se hizo independiente después de la guerra entre España y los Estados Unidos en 1898, cuyo motivo ocasional fue la explosión del
15 crucero *Maine* en el puerto de La Habana. Investigaciones posteriores demostraron que aquella catástrofe se produjo accidentalmente, sin culpa de nadie. Cuba y Puerto Rico eran los únicos restos que España conservaba de su antiguo imperio colonial en América. La decadencia española, su mala administración, combinadas con el poderío creciente
20 de Norteamérica, explican la guerra hispanoamericana. Los Estados Unidos mantienen una base naval en Guatánamo, al sudeste de la isla. La intervención norteamericana tuvo como buen resultado acabar con el azote secular de la fiebre amarilla (o vómito negro), cuya causa es la picadura de los mosquitos, según había descubierto el médico cubano
25 Carlos Juan Finlay. Menos favorable fue la ingerencia económica de los americanos; adquirieron y ampliaron muchos ingenios azucareros, con lo cual surgió el sistema del monocultivo, que limita la producción agrícola y obliga a importar muchas materias alimenticias.

Cuba ha padecido la funesta dictadura del general Gerardo Machado
30 (1925–1933), que explotó la isla en beneficio propio, secundado por políticos corrompidos. La moralidad pública no mejoró con la presidencia del Dr. Ramón Grau San Martín, ni con la del general Fulgencio Batista, que del grado de sargento ascendió hasta la cumbre del poder. El carácter cubano parece haber exagerado el de los andaluces, que en Cuba se ha
35 combinado con la exuberancia expresiva del negro; el pueblo vive en continua broma (el llamado «choteo»), y se toman poco en serio los más

graves problemas de la vida pública. Un gran cubano, Jorge Mañach, analiza estas delicadas cuestiones en su libro *Indagación del choteo*. Pero Cuba, país del «choteo» y del «relajo», posee minorías muy sensibles a cuanto es cultura y arte, según podrá apreciar quien lea las obras del sociólogo Roberto Agramonte, o la espléndida antología de Cintio Vitier, 5 *Cincuenta años de poesía cubana.*

CUBA DESPUÉS DE FIDEL CASTRO

La imprevista coincidencia de una serie de circunstancias ha hecho de Cuba un centro de graves preocupaciones para los Estados Unidos y para toda Iberoamérica. La triunfal sublevación de Fidel Castro (1927–   ) contra el presidente Fulgencio Batista, la huida de éste el 1 de enero de 10 1959 y la instauración de un régimen comunista en aquella isla crearon una situación sin precedentes en América. Fidel Castro, hijo de españoles, luchó en Sierra Maestra (en el extremo oriental de la isla) con un heroísmo que recordaba el de los conquistadores del siglo XVI; su fogosa oratoria, su capacidad de hablar horas y horas sin fatigarse, le 15 atrajeron partidarios a millares, seducidos por la palabra de aquel demagogo alucinado. Un importante auxiliar de Fidel Castro fue Ernesto Guevara (1928–1967), comunista argentino más conocido por el sobre-nombre de «Che» Guevara; él organizó la economía de Cuba de acuerdo con los principios comunistas, y buscó mercados que reemplazaran el de 20 los Estados Unidos para el azúcar y otros productos.

Todo esto fue posible gracias a la ayuda de la URSS y de la China comunista. El gobierno de Wáshington no supo, o no pudo aprovechar la ocasión que Fidel Castro ofrecía para reformar la corrompida política de Cuba y orientarla en sentido americano. Pero esto habría exigido cambiar 25 radicalmente la posición económica, política, cultural y moral de Norteamérica respecto de Iberoamérica, una empresa bastante difícil. Por ser las cosas como son, una república iberoamericana se atrevió por primera vez a enfrentarse abiertamente contra el inmenso poder de Norteamérica; y los rusos impusieron su régimen a un pueblo que había 30 dependido política y económicamente de los Estados Unidos desde el momento en que Cuba se declaró independiente de España en 1898. Wáshington tuvo que aceptar la existencia de una base enemiga e inexpugnable muy cerca de sus fronteras, con lo cual quedaba sin efecto la llamada «doctrina de Monroe». Los rusos poseían armas nucleares tan 35

Cuba. Castillo del Morro, en la Habana, llamado así por el morro, o peñasco redondeado, sobre el que se eleva. Comenzó a construirse a fines del siglo XVI, y formaba parte de la red de fortalezas que protegían puntos sensibles de los dominios españoles (Castillo del Morro, en Puerto Rico; Castillo de San Marcos, en San Agustín, Florida; Castillo de Puerto Cabello, Venezuela; de Cartagena, Colombia; de San Juan de Ulúa, frente a Veracruz, en Méjico; de San Felipe, en Acapulco, Méjico). Estas fortificaciones se conservan aún en perfecto estado, como testimonio de lo que fue un imperio que duró tres siglos.

poderosas como las americanas. Lo único posible fue romper las relaciones diplomáticas y económicas con Cuba en 1961.

Un hecho de tamañas dimensiones fue posible, ante todo, por ser como era la situación política y social del pueblo cubano. La isla de Cuba había estado más estrechamente ligada a España que Méjico o Chile; la 5 mayor parte de su población, o descendía de españoles, o había sido importada de Africa por los españoles. Monumentos arquitectónicos, algunos de gran belleza, son testimonio de la presencia de España durante cuatro siglos, cuya tradición literaria continúa viva en la espléndida obra de José Martí (1853–1895) y en la de otros escritores. Pero España no 10 pudo llevar a sus tierras ultramarinas bienes de que ella misma estaba falta; su estructura política y social no descansaba sobre leyes efectivamente vigentes, y su organización democrática era muy pobre. En el siglo XIX un gran número de representantes parlamentarios —los miembros del Congreso y del Senado— era seleccionado por el ministro de Gober- 15 nación o por los «caciques» políticos que mandaban en las provincias; el pueblo no los elegía libre y conscientemente. La administración pública era bastante ineficaz, y los funcionarios que iban a Cuba pensaban más en su interés personal que en el de los cubanos. Es verdad que también acontecían abusos enormes en las colonias de otros países europeos, pero 20 lo que ahora interesa es el hecho de no haber dejado España en Cuba nada políticamente ejemplar.

Después de su independencia en 1898 los cubanos no reaccionaron contra aquella tradición; más bien la agravaron. El esfuerzo de algunos dignísimos cubanos no logró modificar el desenfreno político; siempre 25 había un motivo o un pretexto para desencadenar una revolución y derribar el gobierno. Ciertos americanos contribuyeron a empeorar tan triste situación. La mafia de Norteamérica convirtió a la Habana en un centro de alta corrupción (casas de juego, negocios sucios, drogas, alcoholismo, etc). Nada de esto preocupaba a Wáshington; los peores 30 presidentes nunca tropezaron con dificultades políticas en Norteamérica. Nadie pensaba en 1956 que Cuba pudiera escaparse de la zona de influencia americana, dejar de ser un lugar de fáciles negocios, para caer en las firmes garras de los Soviets. Como nada serio había acontecido en Guatemala, en Santo Domingo y en otras repúblicas iberoamericanas, no 35 se esperaba que la armonía entre la política y la inmoralidad provocara daños irremediables en Cuba.

La inconexión y el desorden de la política y de la diplomacia americanas

impidieron darse cuenta del riesgo de exhibir en países politicamente
deficientes, las deficiencias de ciertas zonas de la vida americana. En
lugar de exportar y de hacer muy visible cuanto hay de noble y de grande
en la tradición democrática de Norteamérica, en su ciencia y, en general,
5 en su producción cultural, Cuba recibió gran abundancia de gángsters y
de americanos afanosos de hacer fortuna a cualquier precio. Fue fácil
para la propaganda comunista difundir la creencia de ser los Estados
Unidos una nación corrompida por la mafia y el capitalismo, y nada más
que eso.

10 En 1940 fue elegido presidente Fulgencio Batista que, del humilde
grado de sargento taquígrafo, consiguió elevarse a la vida pública al
intervenir decisivamente en la corrompida política cubana. Le sucedieron
Ramón Grau San Martín (1944–1948) y Carlos Prío Socarrás (1948–1952).
Pero antes de expirar el mandato de este último, Batista, el exsargento,
15 se sublevó, y ocupó el palacio presidencial con los tanques a su mando,
empleando *dubious methods* (así dice *The Columbia Encyclopedia*, *Columbia
University Press*, 1967, p. 178). Tales desmanes estaban pidiendo ser
corregidos, y es lo que intentó Fidel Castro al sublevarse. Aunque la
verdad es que el régimen de Fidel, si bien acabó con Batista y con la
20 mafia americana, introdujo males tan intolerables como los que había
prometido corregir. Muchos que al principio lo siguieron, acabaron por
abandonarlo, porque la férrea dictadura castrista es, en otro sentido, tan
funesta para la mayoría de los cubanos como la de los regímenes anteriores.
La única diferencia sería que los cubanos están ahora oprimidos por una
25 doctrina que funciona como un credo religioso, fanático, dictatorial e
implacable con los disidentes. Miles y miles de personas han huido a los
Estados Unidos y a otros países; Fidel, por su parte, ha perdido mucho
de su prestigio, incluso con los rusos, pues el comunismo del dictador
cubano está a veces influido por el de los chinos. De todos modos, rusos
30 y chinos ayudan a la Cuba comunista, pues Fidel continúa planteando
serios problemas a Wáshington, y aspira a provocar una total revolución
en Iberoamérica. Guerrillas comunistas, adiestradas en Cuba, actúan en
varias repúblicas. Luchando en una de ellas murió en Bolivia «Che»
Guevara. Cuba es, en realidad, un puesto avanzado del comunismo ruso
35 y chino, contra el cual nada puede hacer, por el momento, Norteamérica.

Un hecho importante nos hará ver ahora que es cierto lo antes dicho
acerca de no estar siempre de acuerdo la política iberoamericana de
Wáshington con los intereses de los Estados Unidos. Prueba de ello fue

193

el insensato desembarco de un minúsculo ejército cubano, en abril de 1961, en la Bahía de Cochinos, al Sur de Cuba. Con total desconocimiento de la situación en aquella isla, la *Central Intelligence Agency* creyó que las fuerzas de Fidel Castro acogerían con entusiasmo a los invasores, y que éstos podrían sostenerse sin el apoyo naval y aéreo de los americanos. Las 5 tropas comunistas hicieron prisioneros a los atacantes sin ninguna dificultad; más tarde fueron rescatados por los Estados Unidos mediante entrega de una gran cantidad de medicinas y de otras cosas muy necesitadas por los cubanos. El error cometido en la Bahía de Cochinos realzó el prestigio de Fidel Castro, y puso de manifiesto hasta qué punto ignoraban 10 en Wáshington la estructura y la profundidad del régimen cubano-ruso.

Ofuscados por tan gran éxito, Fidel y sus aliados incurrieron, a su vez, en el desatino de juzgar cosa fácil poner en peligro la seguridad de la nación americana. En 1962 los rusos instalaron en Cuba misiles que, con su carga nuclear, hubieran podido destruir muchas ciudades ame- 15 ricanas en cuestión de minutos. Por fortuna ocupaba entonces la presidencia de los Estados Unidos John F. Kennedy quien, con rápida clarividencia, decretó el bloqueo de Cuba, y forzó al primer ministro ruso Jruschov a retirar las armas que el presidente americano juzgaba peligrosas. Las protestas de Fidel Castro y de los comunistas chinos no 20 impidieron que los rusos se llevaran sus misiles.

En resumen, los cubanos que no forman parte de la minoría dirigente viven a la merced de quienes mandan, carecen de libertad de trabajo, no pueden disentir del gobierno, ni leer libros no aprobados por el partido comunista. Es verdad que los políticos no se enriquecen a costa del 25 presupuesto nacional; pero el desorden, la tiranía y los métodos crueles de represión no han desaparecido. Fidel Castro hizo bien en desterrar de Cuba a la mafia y los gángsters; pero no es menos verdad que ha reducido su Isla a una dependencia del rumbo que tome el conflicto que mantiene en estado de alerta nuclear a Norteamérica y a Rusia. A causa de tal 30 situación, toda Iberoamérica se encuentra envuelta, directa o indirectamente, en problemas políticos de dimensión universal. Se dice que el prestigio de Fidel Castro ha disminuido, pero esto no impide que los rusos (como técnicos, como consejeros, como soldados) se encuentren en Cuba como en su propia casa. 35

VIII

Cultura hispanoamericana

De acuerdo con su tradición hispánica, la cultura de los hispano-americanos, en lo que tiene de más original, es más literaria y artística que científica e industrial. No es esto decir que falten nombres conocidos en el campo de la ciencia, como el argentino BERNARDO ALBERTO HOUSSAY
5 (1887–   ), premio Nóbel de fisiología, junto al cual mencionaríamos (aunque no sea hispanoamericano) el brasileño ALBERTO SANTOS-DUMONT (1873–1932), el primero que construyó un aeroplano movido por gasolina y voló en él (1898). Si el espacio lo permitiera, citaríamos algunos nombres de matemáticos, físicos y médicos, pero hemos de
10 limitarnos a dar unas muy breves muestras del progreso cultural de Iberoamérica y nada más. Téngalo en cuenta el lector.

En la filosofía son dignos de recuerdo el argentino ALEJANDRO KORN (1860–1936), que marcó una reacción contra el positivismo, y cuya huella es perceptible en el pensamiento argentino, sobre todo en
15 FRANCISCO ROMERO (1891–1962), autor de notables estudios sobre el problema del hombre y el sentido de la cultura. Añadamos los nombres del uruguayo CARLOS VAZ FERREIRA (1873–1958) y del mejicano ANTONIO CASO (1883–1945), cuyos libros *Discursos a la nación mexicana* (1922) y *Doctrinas e ideas* (1924) deben ser atentamente leídos por quienes deseen
20 conocer algo más que estadísticas y revoluciones en Hispanoamérica. Para una información más completa, véase el libro de Aníbal Sánchez Reulet, *La filosofía latinoamericana contemporánea*, Wáshington, 1949. Francisco Romero, *Sobre la filosofía en América*, (1952), y J. Ferrater Mora, *Diccionario de filosofía*, 1965, I, pp. 669 y 671.
25   En las bellas artes descuellan hoy los pintores mejicanos Diego Rivera (1886–1957), cuyos temas revolucionarios reflejan los puntos de vista del comunismo internacional y una visión hostil de la conquista española;

195

Morro, por Cándido Portinari (1903-   ), un brasileño de São Paulo. El artista representa la vida de los cerros («morros») en torno a Río Janeiro. Los rascacielos de la ciudad moderna sobresalen a la izquierda, un barquito surca la bahía, y un aeroplano alza su vuelo. En el primer plano aparecen unas figuras de gente del pueblo, ironizadas en sus movimientos y ademanes. Portinari expresa el contraste entre civilización y miseria en forma grotesca, con sutil humorismo, de acuerdo con la mejor tradición del arte luso-brasileño. Portinari es más revolucionario por su técnica, que por el tono ingenuamente trágico de sus temas.

(Collection, the Museum of Modern Art, New York; Abby Aldrich Rockefeller Fund)

JOSÉ CLEMENTE OROZCO (1883–1949), cuyos frescos pueden ser admirados en Dartmouth College y en Pomona College; DAVID ALFARO SIQUEIROS (1898–   ), que ha seguido originalmente la línea revolucionaria de Rivera, y cuyos frescos embellecen varios edificios públicos
5 en la ciudad de Méjico. Brasileño es el pintor CÁNDIDO PORTINARI (1903–1962), notable por la plasticidad y expresividad de sus figuras, muy influidas por el surrealismo literario. Entre los compositores más célebres figuran el brasileño HEITOR VILLA-LOBOS (1844–1959), el cubano ERNESTO LECUONA (1885–1963), y el mejicano CARLOS CHÁVEZ
10 (1899–   ), cuyas obras musicales son oídas con aplauso en este país.

Dada la índole de este libro, se concedera más importancia a la literatura, porque ocupa gran espacio social en Hispanoamérica; expresar la conciencia de la propia vida es más urgente para el hispanoamericano que inventar teoremas matemáticos o construir máquinas. Los escritores
15 famosos, por el mero hecho de serlo, suelen ocupar cargos públicos, sobre todo en la carrera diplomática. El Departamento de Estado, en Wáshington, preferirá para eso a un hombre de negocios. Lo cual hace ver que la literatura en Hispanoamérica no significa lo mismo que en los Estados Unidos.

20 El horizonte literario es ahora más amplio que en el siglo XIX. Algunos escritores sienten ya la responsabilidad de estar escribiendo para todo el mundo hispánico y para el extranjero; hay ya bastantes obras traducidas al inglés y al francés. Autores actuales de novelas o cuentos como Borges, Carpentier, Asturias, están traducidos a diversos idiomas europeos;
25 Padre Párama, de Juan Rulfo, está actualmente traducido a 13 idiomas, y en algún caso la versión extranjeras se ha adelantado a la edición española. También se ha producido últimamente el hecho de preceder la fama europea de un autor a su conocimiento en la península Ibérica o en algunos países americanos. Las repúblicas hispanoamericanas están hoy
30 más unidas literariamente que hace medio siglo, y un escritor célebre interesa igualmente a argentinos y a mejicanos. Durante el siglo XIX la influencia francesa fue dominante; con ella alterna hoy la vigorosa literatura española del siglo XX, junto con los reflejos de Norteamérica, Inglaterra y Rusia.

35 Esta literatura es aún reciente, y no sería justo pretender hallar en ella valores tan universales como los de las viejas literaturas de Europa, con ocho o nueve siglos de historia. Por otra parte, aunque Hispanoamérica sea un conjunto de naciones independientes, no es posible separar su

197

Fiesta de Santa Anita (festival de flores), por Diego Rivera (1886-   ), mejicano. Una figura de tipo indio sostiene, con los brazos en cruz y la cabeza inclinada, un cesto lleno de calas. Las tres mujeres del frente hacen ademán de estar adorando lo que parece simbolizar la cruz de Cristo. En el fondo tres rostros impasibles e inexpresivos contemplan la escena. Rivera ha interpretado una fiesta popular, de carácter religioso, como un culto a la belleza de las flores. El arte de este gran artista no vale por haber idealizado el comunismo o denigrado la colonización española, sino por el fuerte, audaz y original simbolismo de muchas de sus figuras. Rivera no pinta realidades verosímiles. Su tema es lo que imagina, ama y odia.

literatura de la de España; quien no esté familiarizado con la tradición española, no entenderá plenamente el estilo literario de Hispanoamérica; el cual, en el fondo, es sólo un aspecto nuevo, original y valioso de la literatura de la Península Ibérica, adaptada a un ambiente muy distinto
5 del de España.

En las páginas siguientes daremos algunas muestras de ciertas obras significativas, sin que ello quiera decir que no haya otras igualmente importantes.

LA POESÍA

El poeta mayor de Hispanoamérica es hasta ahora RUBÉN DARÍO
10 (1867–1916), que nació en Metapa (Nicaragua), en donde nada hacía esperar una figura de tal volumen. Antes de él, la mejor poesía en lengua española de fines del siglo XIX, o era prosaica, o estaba dominada por la retórica altisonante, salvo unas pocas excepciones que no podemos mencionar ahora. Al aparecer este hombre extraordinario, la sorpresa
15 fue grande; algunos no lo entendieron, y hasta hubo en España quien se burló de su nuevo lenguaje poético. Quienes poseían mente y alma despiertas reconocieron que la nueva poesía les traía insospechados placeres. Inmediatamente la poesía hispana quedó dividida en dos épocas: antes y después de Darío. Todos los países de lengua española lo con-
20 sideraron como suyo, lo mismo que ha acontecido siempre que han surgido escritores de esa talla en España o en Hispanoamérica. Daremos una breve muestra de algunas poesías no muy difíciles, porque su obra y no nuestros juicios es lo que importa. Su lenguaje es complicado, y no es posible dar el texto completo de ninguna poesía. He aquí como
25 describe Darío al gran poeta norteamericano Walt Whitman:

> En su país de hierro vive el gran viejo,
> bello como un patriarca sereno y santo.
> Tiene en la arruga olímpica del entrecejo
> algo que impera y vence con noble encanto.
30 > Su alma, del infinito parece espejo;
> son sus cansados hombros dignos del manto;
> y con arpa labrada de un roble añejo,
> como un profeta nuevo canta su canto.
>
> ¡Así va ese poeta por su camino,
35 > con su soberbio rostro de emperador!

Darío ha evocado a veces el ambiente de fiestas suntuosas: jardines poblados de estatuas bellísimas, en donde suenan músicas deliciosas, y damas y señores muestran su ingenio y hablan de amor. Encontramos allá a la marquesa Eulalia, ejemplo de encanto y coquetería femeninos:

> La marquesa Eulalia risas y desvíos 5
> daba a un tiempo mismo para dos rivales:
> el vizconde rubio de los desafíos
> y el abate joven de los madrigales . . .
>
> ¡Ay de quien sus mieles y frases recoja!
> ¡Ay de quien del canto de su amor se fíe! 10
> Con sus ojos lindos y su boca roja,
> la divina Eulalia, ríe, ríe, ríe.
>
> Tiene azules ojos, es maligna y bella;
> cuando mira, vierte viva luz extrana;
> se asoma a sus húmedas pupilas de estrella 15
> el alma del rubio cristal de Champaña.

Esta marquesa Eulalia, coqueta, enigmática y frívola, quedó para siempre incorporada al mundo poético de la literatura española. En Darío la poesía perdió la solemnidad, la afectación tan frecuentes antes de él. La pura forma expresiva y la libre fantasía crearon un nuevo tipo 20 de arte, que no es un reflejo directo, «sincero», de lo que al artista le acontezca, ni corresponde a nada exactamente real. El poeta lanzó su vuelo más allá de las fronteras hispánicas, y más allá de los conocidos asuntos históricos. Darío, en suma, quitó a la poesía en español de fines del siglo XIX el tono ingenuo, provinciano, doméstico, intelectual, 25 prosaico que hasta entonces tuvo. Para eso fue preciso inventar un nuevo lenguaje poético, un nuevo estilo, en el que cupieran las corrientes literarias de otros países, y en el que la música de las rimas y la armonía de cada verso sonaran de otro modo.

El tema de la solidaridad de todos los pueblos hispánicos resuena en 30 Darío con una emoción e intensidad nuevas. Ante el peligro de ser absorbidos por Norteamérica, el alma de esos pueblos se sintió unida. En una de sus más admirables y conocidas poesías, Darío interroga a unos cisnes sobre el destino de las tierras del Sur:

> ¿Qué signo haces, oh cisne, con tu encorvado cuello 35
> al paso de los tristes y errantes soñadores? . . .

Brumas septentrionales nos llenan de tristezas,
se mueren nuestras rosas, se agostan nuestras palmas;
casi no hay ilusiones para nuestras cabezas,
y somos los mendigos de nuestras propias almas. . . .
5   La América española como la España entera
fija está en el Oriente de su fatal destino . . .
¿Tantos millones de hombres hablaremos inglés?
¿Ya no hay nobles hidalgos ni bravos caballeros?
¿Callaremos ahora para llorar después?
10   Yo interrogo a la esfinge que el porvenir espera,
con la interrogación de tu cuello divino.

La complicación del lenguaje impide dar más muestras del estilo
del poeta; sólo aspiramos a despertar en los lectores el deseo de leer
sus obras. De su propio arte dice:

15   El dueño fui de mi jardín de sueño,
          lleno de rosas y de cisnes vagos . . .

El poeta fue, en efecto, dueño de su propia poesía, que se ha incorporado
a la sensibilidad hispánica tan fijamente como una estrella espléndida e
inalterable.

20   El mejicano AMADO NERVO (1870–1919) es muy distinto de Rubén
Darío. No se encuentran en él notas altas, ni descripciones lujosas,
sensuales, llenas de colorido y vistosidad. Nervo es un poeta íntimo,
callado. El alma mejicana habla por sus versos, un alma llena de silencios
y recelos, que se siente indefensa, y busca su salvación dentro de sí misma.
25 Nervo es humilde y dulce, de una cortesía infinita frente al dolor y a la
muerte; mas detrás de tanta suavidad se oculta la grandeza de una noble y
serena visión de la vida:

          Muy cerca de mi ocaso, yo te bendigo, Vida
          porque nunca me diste ni esperanza fallida,
30   ni trabajos injustos, ni pena inmerecida;
          porque veo al final de mi rudo camino
          que yo fui el arquitecto de mi propio destino . . .

          Hallé sin duda largas las noches de mis penas;
          mas no me prometiste tú sólo noches buenas;
35   y en cambio tuve algunas, santamente serenas.

          Amé, fui amado, el sol acarició mi faz.
          ¡Vida, nada me debes! ¡Vida, estamos en paz!

En Nervo hay también temas nuevos, que llegan a ser poéticos, porque el artista los transforma, porque sentimos su necesidad de expresarlos así y no de otro modo. La correspondencia necesaria entre lo que se dice y el modo como se dice es condición esencial de todo gran arte. La vida del artista, los temas que busca y el lenguaje que emplea forman una total unidad. No sobra, no falta nada. 5

> Todo en ella encantaba, todo en ella atraía:
> su mirada, su gesto, su sonrisa, su andar . . .
> El ingenio de Francia de su boca fluía.
> Era *llena de gracia* como el Ave María: 10
> quien la vio no la pudo ya jamás olvidar.
>
> Ingenua como el alma, diáfana como el día,
> rubia y nevada como Margarita sin par,
> al influjo de su alma celeste, amanecía . . .
>
> Cierta dulce y amable dignidad la investía 15
> de no sé qué prestigio lejano y singular.
> Más que muchas princesas, princesa parecía . . .
>
> ¡Cuánto, cuánto la quise! Por diez años fue mía;
> ¡pero flores tan bellas nunca pueden durar!
>
> Era llena de gracia como el Ave María, 20
> y a la Fuente de gracia de donde procedía,
> se volvió . . . como gota que se vuelve a la mar.

Esa dulce y suave criatura ha sido creada por Nervo, y las palabras en que la vemos moldeada son realmente las que deben corresponder a su poética realidad. Belleza inmóvil y sin dramatismo. En el arte de 25 Nervo tampoco suele ocurrir nada; la vida aparece como detenida en su curso, paralizada. De sí mismo dirá:

> A ejemplo de la mujer honrada,
> no tengo historia, nunca me ha sucedido nada.

Esta existencia sin historia quiere ser como la de los objetos naturales, 30 sometidos al reflejo de los climas —estarán fríos en invierno, ardientes en verano. Poesía de un alma introvertida, resignada, con la magnífica resignación de la selva o la estepa que se dejan azotar por el vendaval:

> ¡El alma es un vaso
> que sólo se llena con eternidad! 35

Percibimos aquí algo de la impasibilidad enigmática del indio mejicano, cuya mirada contempla con igual fijeza la inmensa lejanía o el detalle próximo:

> Que se cumpla el destino, que Dios dicte su fallo,
> mientras yo, de rodillas, oro, espero y me callo,
> para oír la palabra que el abismo dirá.

Méjico nos ha dado en Nervo un poeta de profundas resonancias: en su estilo percibimos el latido de lejanas y misteriosas civilizaciones.

Desearíamos ahora aludir a muchos otros poetas; surge, sin embargo, el obstáculo de que esta poesía es como un océano cuya profundidad y extensión aumentaran cada diez años.[1] De nada serviría hacer una enumeración acompañada de unos cuantos lugares comunes; la poesía tiene que ser leída y revivida por el lector; cualquier resumen o juicio prosaico la mata. Citar fragmentos es, por otra parte, cosa delicada; las metáforas y las inversiones poéticas resultarían muy difíciles de entender. Hay, pues, que resignarse a ser incompletos. Vamos, en todo caso, a mencionar a otros poetas mayores de Hispanoamérica.

En el colombiano JOSÉ ASUNCIÓN SILVA (1860–1896) se mezclan las huellas de estilo romántico con el expresivismo sensorial de los impresionistas:

> Poeta, di paso
> los íntimos besos . . .
> ¿De las noches más dulces te acuerdas todavía?

Surge en seguida el recuerdo de las célebres *Noches* del francés Alfredo de Musset:

> Poéte, prends ton luth et me donne un baiser,

(Toma, poeta, tu laúd, y dame un beso.) El artista dice lo que siente, y nota además las impresiones que percibe, con lo cual anima y enriquece el lenguaje poético:

> y la luna llena
> por los cielos *azulosos, infinitos y profundos* esparcía su luz *blanca;*
> y tu sombra,
> *fina y languida,*
> y mi sombra,

---

[1] Véase F. de Onís, *Antología de la poesía española e hispanoamericana*, Madrid, 1934.

por los rayos de la luna proyectadas,
sobre las arenas *tristes*
de la senda se juntaban,
y eran una,
y eran una,   5
y eran una sola sombra *larga,*
y eran una sola sombra *larga,*
y eran una sola sombra *larga* . . .

Subrayamos las palabras con que el artista expresa la impresión
causada por lo que percibe. Además de eso, la experiencia poética 10
se basa en un *estado* emocional, en una sensibilidad detenida y paralítica,
reflejada en la repetición de las mismas frases. Su emoción creadora
intuye la vida como un lago de aguas quietas, y de ahí su interés poético
por los cuentos y cantares infantiles. La existencia del niño *aparece* agitada
exteriormente, mas en su interior está fija e inmóvil. El niño vive 15
sumergido en el mundo fantástico de sus cuentos inmutables y estáticos:

¡Cuentos más *durables* que las convicciones
de graves filósofos y sabias escuelas,
y que rodeasteis con vuestras ficciones
las cunas doradas de las bisabuelas!   20

No se harta el niño de oír y de hacer una misma cosa; vivir para él
es un estar reiteradamente en sí mismo, como una defensa egoísta de
su frágil existencia. Los cantares preferidos por los niños son insensatos
lógicamente, y contienen numerosas repeticiones en armonía con la
monótona tranquilidad de sus pequeñas almas. Silva reproduce y glosa uno 25
de esos cantares que una abuelita dice a su nieto:

. . . Y *aserrin*
aserran,
los maderos
de San Juan   30
piden queso,
piden pan;
los de Roque,
Alfandoque;
los de Rique,   35
Alfeñique;
los de Trique,
Triquitrán.

> ¡Triqui, triqui, triqui, tran!
> ¡Triqui, triqui, triqui, tran!
> Y en las rodillas duras y firmes de la abuela,
> con movimiento rítmico se balancea el niño,
> 5   y entrambos agitados y trémulos están.

Sus cuerpos estarán trémulos, pero en sus almas todo es quieta placidez. Silva también soñó en su poesía con ser mecido y balanceado dulcemente, en contraste con la dura violencia de un perverso destino. De la opulencia pasó a la pobreza; la muerte se llevó al ser que más quería, y el manuscrito con sus mejores versos desapareció en un naufragio. Su alma aristocrática y sensual no llegó a conocer la paz rítmica y deleitosa de sus anhelos. La buscó en la muerte pegándose un tiro.

La poesía de JOSÉ SANTOS CHOCANO (1875–1934) ha gozado de mucha celebridad en el Perú, su patria, y en todo el mundo hispánico. Se le ha llamado «el poeta de América»; sus temas han sido la naturaleza, la historia y los indios de América:

> ¡Oh raza antigua y misteriosa,
> de impenetrable corazón,
> que sin gozar ves la alegría
> 20   y sin sufrir ves el dolor!
> Eres augusta, como el Ande,
> el Grande Océano y el Sol.
> Ese tu gesto que parece
> como de vil resignación,
> 25   es de una sabia indiferencia
> y de un orgullo sin rencor.

La excesiva grandilocuencia de su poesía y su verbalismo torrencial han reducido su popularidad.

Tenemos que trasladarnos a la Argentina para encontrar a otro gran artista: LEOPOLDO LUGONES (1874–1939). Su poesía ha oscilado entre muy varias tendencias, y no ofrece la unidad básica de los anteriores. Parece como si Lugones no se hubiera entregado a su arte con la misma fatal necesidad de Darío, Nervo y Silva. Mas el panorama poético de este gran argentino es amplísimo: la vida íntima, la nota sensual, el paisaje, lo agrio y lo dulce del vivir humano, el campo y sus gauchos. El lenguaje de Lugones es complicado, y no podemos dar muchas muestras de su poesía, sobre todo de su mejor poesía. Intentaremos hacer comprensible alguna de ellas por medio de resúmenes en prosa.

Una de sus composiciones más conocidas es «El Solterón». Nos
encontramos en un arrabal de Buenos Aires. Atardece. El crepúsculo
penetra en una habitación destartalada, en donde:

junto a una estancia precaria
meditando un hombre está.   5
Tendido en postura inerte
masca su pipa de boj,
y en aquella calma advierte
¡qué cercana está la muerte
del silencio del reloj!   10

Fuera vuelan las golondrinas; sus movimientos caprichosos parecen
dibujar letras sobre las nubes:

Allá por las nubes rosas
las golondrinas, en pos
de invisibles mariposas,   15
trazan letras misteriosas
como escribiendo un adiós.

La soledad oprime la existencia de nuestro hombre. Recuerda alguna
aventura de hace veinte años, amores que le hicieron creerse héroe y
poeta, y que terminaron sin saber por qué: 20

¡Cuán triste era su mirada,
cuán luminosa su fe
y cuán leve su pisada!
¿Por qué la dejó olvidada?
¡Si ya no sabe qué!   25

Avanza la oscuridad del crepúsculo, y el triste solitario piensa en
escribir a aquella mujer olvidada hace veinte años:

La pluma en sus dedos juega,
y el pliego tiene el doblez,
y su alma en lo azul navega.   30

Ya piensa en lo que será aquel amor fraternal con una mujer que
nunca había encendido su sensualidad:

Así está el hombre soñando
en el aposento aquel,
y su sueño es dulce y blando;   35
mas la noche va llegando,
y aun está blanco el papel.

206

Al final la carta no se escribe. La acción queda rota, tan rota como la sensibilidad de quien no sabe por qué ni para qué vive. También la sensibilidad de Lugones es a menudo agria, algo dura. No supo o no pudo establecer con su arte la armonía suprema que hemos encontrado en los
5 versos de Nervo. La poesía «El Solterón» es de 1905. Veinte años más tarde, Lugones publicó la «Elegía crepuscular», y en ella volvemos a hallar la misma emoción amarga:

> Pero y el día, irremediablemente,
> se va a morir más lúgubre en su calma:
10 > y más hundida en soledad mi alma,
> te llora tan cercana y tan ausente.

El análisis anterior no es bastante para caracterizar el arte del mayor poeta argentino. Hubiera sido preciso citar muchos más trozos, y no es posible. Su lenguaje y su radio poético son vastísimos. Véase, por
15 ejemplo, cómo describe al capataz de su estancia, en donde el poeta vivió de niño:

> Sumamente sagaz
> para el rastro y el monte, su tino
> de índole poco locuaz,
20 > prefería el renombre que se labra
> tras largo acierto y callada porfía,
> porque con doble mérito valía
> su silencio tanto como su palabra . . .
> A falta de hijos, educaba un loro,
25 > que se llamaba, claro está, Pico de Oro.

Habría que leer enteramente esta poesía para percibir sus altas cualidades.

La vida sin orden ni armonía de Lugones terminó con un suicidio; todo en él fue desorden y desasosiego, —su arte, sus ideas políticas
30 y sus veleidades de intelectual. Escribió acerca de muchas cosas, incluso sobre lingüística; nada de eso hizo bien, porque sólo era un gran poeta, lo cual es ya suficiente. Lugones es una figura mayor de la literatura hispánica.

Entre los poetas del momento actual merece destacarse el chileno
35 PABLO NERUDA (Naftalí Ricardo Reyes, 1904–   ), cuya intensa expresividad lírica no es reductible a un solo estilo. Modernista y tradicional en sus comienzos enriquece pronto su poesía con un

extraordinario caudal de imágenes y rompe con las normas del verso y la sintaxis, al acoger procedimientos y visiones propias del surrealismo. Su estilo es difícil, como lo es el de muchas de las obras de la poesía contemporánea. Ya a principios de este siglo Neruda veía el mundo con ojos desesperados. Vacilaban para el poeta los antiguos ideales, y no sabía bien con qué reemplazarlos. Neruda contempla así el agua y los trenes que pasan por un puente:

> enfermos de seguir un largo viaje,
> que principia, que sigue y nunca acaba.

Su absoluto negativismo se expresa en afirmaciones de muy positiva belleza:

> Me gustas cuando callas, porque estás como ausente,
> y me oyes desde lejos, y mi voz no te toca.
> Parece que los ojos se te hubieran volado,
> Eres como la noche, callada y constelada.
> Tu silencio es de estrella, tan lejano y sencillo.
> Me gustas cuando callas, porque estás como ausente.
> Distante y dolorosa como si hubieras muerto.
> Una palabra entonces, una sonrisa bastan.
> Y estoy alegre, alegre de que no sea cierto.

Su voz va perdiendo hermetismo, canta con inspirada convicción el pasado y porvenir de la América Hispana en su *Canto general*. Su estilo va haciéndose más sencillo en su obra posterior, sus temas enlazan con las ideas políticas de Neruda, o refieren simplemente a objetos cotidianos y elementales. He aquí lo que según Neruda es el diccionario de la lengua española:

> no eres
> tumba, sepulcro, féretro,
> túmulo, mausoleo,
> sino preservación,
> fuego escondido,
> plantación de rubíes
> perpetuidad viviente
> de la esencia,
> granero del idioma.
> Y es hermoso
> recoger en tus filas
> la palabra

de la estirpe,
la severa
y olvidada
sentencia,
5 hija de España,
endurecida
como reja de arado,
fija en su límite
de anticuada herramienta,
10 preservada
con su hermosura exacta
y su dureza de medalla.

Neruda puede darnos el nivel de la poesía iberoamericana y ser el segundo ejemplo, después de Rubén Darío, de un poeta admirado por la juventud
15 de toda Hispanoamérica; pero su obra es, además, representativa de los estilos poéticos llamados en Europa de «vanguardia», especialmente de los franceses y de los españoles. En aquella «vanguardia» destacaban los nombres del argentino Borges, el chileno Huidobro que da primacía poética a la imagen y la metáfora; y el cubano Nicolás Guillén, autor de
20 una poesía negra, o afrocubana de ritmos tradicionales y elaboración culta. No sabemos hasta qué punto se afirmará en el futuro el arte de Neruda; indudablemente ha sabido llenar con un gran volumen de belleza el gran vacío de su insatisfacción. Su poesía nos hace llegar a zonas profundas de sensibilidad, no expresada antes en la literatura de
25 Suramérica.

A esas profundas zonas descendió también como ningún otro poeta peruano, el mestizo CÉSAR VALLEJO (1892–1938), que arrastró por Madrid y París su pobreza y su humildad. Es considerado hoy uno de los poetas más personales e inimitables de la literatura hispana; aprovechó
30 las innovaciones introducidas por la poesía de su tiempo para dotar a sus poemas de gran libertad expresiva; a veces altera la sintaxis y la lógica para reflejar el mundo psíquico de un niño, o la dolorosa queja del afligido por su mal destino. La guerra civil española le inspiró sus últimos poemas transidos de amor a la humanidad («España, aparta de mi este cáliz»).
35 Tambien merece ser citado dentro de los nuevos rumbos de la literatura actual el ecuatoriano JORGE CARRERA ANDRADE (1903–   ). Su talento es principalmente descriptivo, y sabe convertirlo todo en símbolo y metáfora, que recuerdan mucho los de la poesía oriental.

He aquí en que se transmuta una nuez al pasar por la fantasía creadora de
Andrade:

> Nuez: sabiduría comprimida,
> diminuta tortuga vegetal,
> cerebro de duende   5
> paralizado por la eternidad.

La realidad más trivial adquiere existencia plenamente poética. Una
ventana es descrita de este modo:

> La ventana reparte entre todos los hombres
> una cuarta de luz y un cubo de aire.   10
> Ella es, arada de nubes,
> la pequeña propiedad del cielo.

Arte de reflejos y de proyecciones parciales, que no pretende sino
sugerir aspectos no previstos, sorprendentes; un arte que, no obstante
ser profundo, quiere producir la impresion de ser un juego. Así es   15
posible ver a una negrita:

> rayando con la tiza de sus dientes
> el barrio negro de Panamá.

El mejicano OCTAVIO PAZ (1914–   ), tan reflexivo como sensitivo,
une la meditación y la intuición poéticas en obras tan bien logradas como   20
Libertad bajo palabra.

De ejemplo de la presencia del sentir del poeta en su poesía puede
servir el siguiente fragmento, en donde el autor habla a su propia creación:

> Insiste, vencedora,
> porque tan sólo existo porque existes,   25
> y mi lengua y mi boca se formaron
> para decir tan sólo tu existencia
> y tus secretas sílabas, palabra
> impalpable y despótica
> substancia de mi alma.   30

Junto a notables poetas, Hispanoamérica posee algunas poetisas
que debemos mencionar. La influencia de la mujer es allá considerable,
aunque carezca del derecho a votar. La vida está poco mecanizada; las
emociones y la expresión de los sentimientos ocupan un lugar importante
en el mundo suramericano. La mujer tiene menos derechos políticos,   35
pero es más audaz que la norteamericana en cuanto a descubrir la intimidad

de su alma, por su doble tradición hispánica y católica. El más maravilloso caso de mujer artista es GABRIELA MISTRAL (1889–1957). Su libro más característico, *Desolación* (1922), expresa la angustia de una mujer que es todo ternura, y que siente vacío el mundo, porque ella misma se halla vacía de maternidad. El lugar del niño que no tiene, se ha convertido en albergue radiante y divino para todos los niños, para todas las injusticias necesitadas de ayuda y alivio:

> El mar sus millares de olas
> mece divino.
> Oyendo a los mares amantes
> mezo a mi niño.
> El viento errabundo en la noche
> mece los trigos.
> Oyendo a los vientos amantes
> mezo a mi niño.
> Dios Padre sus miles de mundos
> mece sin ruido.
> Sintiendo su mano en la sombra
> mezo a mi niño.

Gabriela Mistral es hoy una escritora panhispánica. Su alma noble se ha interesado por el niño y por el indio, y ha dado un nuevo aliento a cuantos trabajan, para que este mundo infeliz lo sea algo menos. En una de sus mejores poesías trazó la figura de la maestra rural, una pura, pobre y alegre mujer que, junto a ella difunde dulce humanidad. Mas lo artísticamente importante en ésta y en otras obras de Gabriela Mistral no es lo moral ni lo sentimental, sino la fuerte belleza de las metáforas:

> ¡Dulce ser! En su río de mieles, caudaloso,
> largamente abrevaba sus tigres el dolor.

Es decir, el dolor lanza sus tigres para que beban en la dulzura de esta pobre alma. Otro pasaje citaremos:

> Campesina. ¿recuerdas que alguna vez prendiste
> su nombre a un comentario brutal o baladí?
> Cien veces la miraste, ninguna vez la viste.
> ¡Y en el solar de tu hijo, de ella hay más que de ti!

Es decir, la madre rústica, cuyo hijo educa la maestra, tal vez hace observaciones frívolas acerca de la educadora de su hijo; no se da cuenta de que en el solar, en la vida de su hijo, la maestra ha puesto más que ella.

Así es como la artista chilena transforma en buena poesía lo moral y lo sentimental, aspectos que, en sí mismos, carecen de interés literario. Con plena justicia ha sido otorgado a Gabriela Mistral el premio Nóbel de literatura en 1945.

El Uruguay es tierra de grandes poetisas. JUANA DE IBARBOUROU 5 (1895–   ) se llamaba de soltera Juanita Fernández. Su poesía sirvió de prisma mágico a la pura belleza de un cuerpo y de un alma jóvenes. Sus versos directos, claros, sin angustia romántica, con interrogaciones que incluyen ya nuestra afirmación, poseen tan evidente encanto, que aceptamos su ingenuidad como si fuera una declaración de verdades 10 profundas:

> He bebido del chorro cándido de la fuente.
> Traigo los labios frescos y cara mojada.
> Mi boca hoy tiene toda la estupenda dulzura
> de una rosa jugosa, nueva y recién cortada.   15
> El cielo ostenta una limpidez de diamante.
> Estoy ebria de tarde, de viento y primavera.
> ¿No sientes en mis trenzas olor a trigo ondeante?
> ¿No me hallas hoy flexible como una enredadera?

El mérito de esta poesía consiste en que, estando al borde de toda 20 posible vulgaridad, ha sabido evitarla. El tema poético es declarar que «ella» —una voz modulada en cadencias rítmicas— es «ella», pues lo dicho aquí carecería de interés de no estar referido totalmente a la persona que habla. Sentimos cuán importante debe ser el frágil sujeto de esas triviales acciones, en la alegría y seguridad con que son realizadas; 25 sólo una mujer —desde el «Cantar de los Cantares»— puede jactarse de ser ella misma y nada más:

> He mordido manzanas y he besado tu labios.
> Me he abrazado a los pinos olorosos y negros.
> Hundí, inquieta, mis manos en el agua que corre...   30
> ¡Oh amado, no te irrites por mi inquietud sin tregua!
> ¡Oh amado, no me riñas porque cante y me ría!

Otra excelente poetisa del Uruguay es SARAH BOLLO, que en 1935 se dio a conocer con sus «Baladas del corazón cercano». Si en Juana de Ibarbourou la emoción se centra en la conciencia corporal de quien 35 habla, en Sarah Bollo la sentimos disuelta en la naturaleza y en la vida en torno:

El universo, tan bello;
blancas islas de narcisos
en el misterioso mar
desde que tú estás conmigo...
5 Arboledas en silencio,
conmovidas, como espadas
ávidas; en la penumbra
me están mirando las ramas...

La poesía de Sarah Bollo es también esencialmente femenina; en ella
10 se borra la línea entre su alma y la naturaleza que la cerca; la inspiración de
la artista se estremece como las flores o los vientos. En su arte delicioso
percibimos nuevos reflejos de la poesía femenina de todos los tiempos.

De la poetisa venezolana IDA GRAMCKO (1925–   ) dice Mariano
Picón Salas que «supera la habitual circunstancia amorosa en que se
15 confina, en la mayoría de los casos, el tema poético de las mujeres». Sus
Poemas contienen versos como éstos:

Inmenso espacio abierto,
intimidad.
Mano la nube hundiéndose en el viento,
20 viento la piel hundiéndose en el mar,
y mar, arenas de un fugaz desierto,
porque de pronto es otro y más allá,
bosque, furor enamorado cuerpo,
o sexo lejanísimo: amistad.
25 De pronto, ¡pronto, pronto! ¡Qué portento!
De pronto, ¡el mar, el mar!

No cabe en este breve resumen de la literatura iberoamericana citar
textos de otros poetas que gozan de merecido renombre. Nos limitamos,
por lo mismo, a mencionar a GUILLERMO VALENCIA (colombiano),
30 JULIO HERRERA Y REISSIG (uruguayo), ENRIQUE GONZÁLEZ MARTÍNES
(mejicano), BALDOMERO FERNÁNDEZ MORENO (argentino), EUGENIO
FLORIT (cubano), CARLOS PELLICER (mejicano), ANDRÉS ELOY BLANCO
(venezolano).[2]

Como un suplemento a lo anterior, hemos de mencionar ahora

---

[2] Sus obras y las de bastantes otros pueden hallarse en obras más extensas: *Antología de la poesía
española e hispanoamericana* (1882–1932) de Federico de Onís, Madrid, 1934; *Antología hispanoamericana* de Jorge Campos, Madrid, 1951; *Literatura hispanoamericana* de Enrique Anderson Imbert
y Eugenio Florit, Nueva York, 1960.

Esta escena bella y ejemplar tiene algo de rito sagrado, y puede acontecer en muchos lugares de Iberoamérica. La figura inclinada sobre el hombro y la voz del guitarrista se siente ser totalmente ella misma, sin alienarse a nada ni a nadie. Ni el cantor ni quien lo admira necesitan recurrir al engaño de ninguna droga, pues deben sólo a ellos mismos tanto su arte como su posibilidad de maravillarse.

la poesía gauchesca de la Argentina, no porque valga más que los poetas
cultos omitidos en este libro, sino por constituir un rasgo característico
de una gran nación, cuya vitalidad originaria está enlazada con la vida
gauchesca. Todos los poetas que se han citado, han escrito, como es
5 natural, en el lenguaje de las personas cultas. Pero en la Argentina,
durante el siglo XIX, se usó para cierta clase de poesía, la lengua hablada
por los campesinos incultos, por los gauchos (véase antes p. 126). Uno
de los poetas que cultivaron ese género, JOSÉ HERNÁNDEZ (1834–1886)
ha adquirido merecido renombre en todo el mundo hispánico con el
10 poema *Martín Fierro*, nombre de su personaje central. Martín Fierro,
como todos los gauchos, se adaptaba mal a la vida organizada. Las autoridades
lo persiguieron injustamente y lo obligaron a servir como soldado; se
escapa, lucha con la policía, y huye a refugiarse entre los indios, aunque
tampoco puede vivir entre ellos. Por fin regresa a su antiguo hogar, que
15 encuentra deshecho. La parte final de la obra encierra observaciones
morales y dichos sentenciosos de gran sabor y fuerza expresiva.

El habitante del campo representa aquí lo más vigoroso de la población
argentina, el impulso instintivo y rebelde, que influyó decisivamente en las
luchas por la independencia, y dió al país un carácter peculiar. Frente al
20 gaucho de Hernández se alzaba la sociedad organizada, poco respetable
hace un siglo, pues las ciudades en tiempo de Rosas estaban tan anarquizadas
como los ranchos de la pampa. Se trataba, en realidad, de la pugna entre
dos anarquías, una arriba y otra abajo. Cuando el gaucho lograba elevarse
en la escala social, procedía con sus inferiores lo mismo que quienes
25 perseguían a Martín Fierro.

Hernández prefirió este tema literario, porque su sensibilidad era
romántica; le atrajo la vida del gaucho próxima a la naturaleza y su
carácter libre, sin más ley que la voluntad y el instinto. Aunque desde
un punto de vista moral y social la exaltación del gaucho carezca de
30 sentido, el poema de Hernández está lleno de grandes bellezas, pues
al arte tiene poco que hacer con la moral y la sociología. Ante todo
admiramos en el *Martín Fierro* la unidad perfecta entre el personaje, sus
palabras y la misma forma del verso. Fierro, personaje literario, nos
parece ya perfectamente real, y no nos extraña que se exprese en verso.
35 La mayor parte del poema está escrita en estrofas de seis versos de ocho
sílabas:

> Tuve en mi pago en un tiempo
> hijos, hacienda y mujer;

> pero empecé a padecer,
> me echaron a la frontera,
> y ¡qué iba a hallar al volver!
> Tan sólo hallé la tapera.

Martín Fierro, por consiguiente, había tenido un rancho, mujer, 5 hijos, hacienda (ganado); lo mandaron a luchar a la frontera de los indios, y cuando volvío sólo encontró su rancho en ruinas (una tapera). El procedimiento artístico de Hernández consiste en ir aumentando la intensidad expresiva de cada verso, de modo que el sexto en cada estrofa contenga un pequeño «climax» o punto culminante. He aquí, por 10 ejemplo, la viva y pictórica descripción de un indio, a todo galope, blandiendo su lanza, mientras las crines del caballo vuelan al viento:

> Tiemblan las carnes al verlo,
> volando al viento la cerda,
> la rienda en la mano izquierda 15
> y la lanza en la derecha;
> donde endereza abre brecha,
> pues no hay lanzazo que pierda.

Se abre paso dondequiera que se encamina, y su lanza no pierde golpe.

No es posible citar los trozos más bellos y más llenos de vida en este 20 poema a causa de las complicaciones del lenguaje, una mezcla de palabras muy cultas con otras muy rústicas. Gentes rudas y primitivas luchan por salvar lo más elemental en sus vidas, y miran a los hombres y la naturaleza como adversarios igualmente peligrosos. La prudencia se convierte en astucia y egoísmo, y el valor en desesperación. Uno de los personajes más 25 célebres de la obra es el viejo Vizcacha, por los consejos que da a un hijo de Martín Fierro. Uno de ellos es éste:

> No te debes afligir
> aunque el mundo se desplome.
> Lo que más precisa el hombre 30
> tener, según yo discurro,
> es la memoria del burro,
> que nunca olvida *ande* [donde] come.

Muchos consejos están basados en las costumbres de los animales menos «distinguidos», los incapaces de luchar brava y heroicamente, como lo 35 hacen el león o el toro; los ejemplos de Vizcacha son el ratón, la vaca, el perro que se finge cojo, el burro, el cerdo, el zorro, el caballo que escapa, la hormiga. Pero algunos de estos consejos, formulados en expresiones

En un rancho de la pampa argentina dos mujeres machacan o trituran
con majaderos trigo en un mortero.

inolvidables, tienen la gracia de la antigua novela picaresca, en donde la astucia sustituía la falta de heroísmo:

> No andes cambiando de cueva,
> haz las que hace el ratón;
> consérvate en el rincón   5
> en que empezó tu existencia;
> vaca que cambia querencia,
> se atrasa en la parición.

Aunque hemos tenido que modificar algo el lenguaje para hacerlo más comprensible, el sabor y la viveza del estilo son visibles.   10

Muchos otros aspectos atraen nuestro interés. Todo el poema es una exaltación del gaucho, del hombre blanco que se ha hecho dueño del desierto en lucha tenaz contra la naturaleza y contra el salvaje. En lo cual los países del río de la Plata se asemejan más a la América anglosajona que a Méjico o al Perú. La peculiaridad argentina nació justamente de la 15 oposición entre el español y el indio, que aquí no convivió con los colonizadores. A esta lucha tradicional aluden los siguientes versos, que no hubieran podido escribirse en países de Hispanoamérica con gran población indígena:

> Es tenaz en su barbarie,   20
> no esperen verlo cambiar;
> el deseo de mejorar
> en su rudeza no cabe:
> el bárbaro sólo sabe
> emborracharse y pelear.   25
>
> El indio nunca se ríe.
> y el pretenderlo es en vano,
> ni cuando festeja ufano
> el triunfo en sus correrías.
> La risa en sus alegrías   30
> le pertenece al cristiano.

Hernández habla ahora como un hombre culto, y se olvida de la jerga de los campesinos. Por ese y otros muchos rasgos, el *Martín Fierro* penetra hondamente en el sentido de la historia y de la psicología de los argentinos. El poema, no obstante la rudeza de su forma, está lleno de 35 frases rápidas y tajantes. En él ha idealizado el poeta los orígenes de los pueblos del Río de la Plata; nos ha dado la impresión de su fuerza, de su originalidad, y también de sus posibles limitaciones.

LA NOVELA

En todas las modernas literaturas, y también en la de Hispanoamérica, tal vez no se tiene en cuenta que escribir hoy día una novela es una gran aventura, llena de riesgos. Esta venerable forma de poetizar en prosa el proceso de una imaginada vida humana (iniciada en realidad por
5 Miguel de Cervantes en 1605 con su *Don Quijote*), atrae a muchos ingenuos y audaces escritores en todos los países de occidente. No se piensa en que para ser un buen novelista, no basta con narrar o describir un suceso curioso o apasionante, o decir cómo se vive ahora o hace siglos. Todo eso puede entrar en la composición de una novela, pero la novela misma
10 consiste en la creación de personajes que nos den la impresión de seres vivos, cuya vida se imponga al lector como un proceso necesario e interesante, y ligado al destino del personaje. El poeta puede limitarse a expresar su propia sensibilidad en bellas imágenes; el novelista tiene además que dominar el mundo en que vive con entendimiento y profundo
15 sentido de la vida. Un poeta de genio no necesita forzosamente ni gran inteligencia ni gran cultura; un novelista moderno tiene que poseerlas ambas, y además ser un gran artista capaz de mudar en realidad poética las vulgaridades que todos sentimos, vemos o imaginamos. Pero en este nuestro mundo de ahora, ampliado visualmente hasta extremos increíbles,
20 muchos mediocres se lanzan a escribir libros de fantasía, y llaman novela a libros sin ninguna calidad artística. El vulgo los lee hoy, sobre todo si contienen obscenidades, muy fáciles y muy obvias para el autor y para el lector.

Antes del siglo XX se escribieron algunas obras que en su tiempo
25 gozaron de celebridad y que hoy valen sólo como documentos histórico-literarios. El argentino JOSÉ MÁRMOL (1818–1871) es autor de *Amalia*, descripción de la vida en Buenos Aires bajo la tiranía de Rosas (véase p. 122), Amalia es una viuda joven que recoge a un estudiante, se enamora de él y ambos sufren las persecuciones del tirano. El libro es
30 bastante difuso, pero contiene algunas buenas descripciones de aquella desdichada época.

Recordemos también *La gran aldea* de otro argentino, LUCIO V. LÓPEZ (1848–1894), en que se describe el Buenos Aires de hacia 1870, en el momento en que la riqueza y la presunción social comenzaban a hacerse
35 visibles. La novela de López, inspirada en modelos franceses, vale como dato para conocer las costumbres porteñas de aquel momento. Pero ni

219

esta obra, ni *María* del colombiano JORGE ISAACS (1837–1895), relato sentimental y romántico, con rasgos idílicos de gran finura, significan hoy mucho fuera de sus países de origen.

La primera novela que adquirió fama continental y europea fue *La gloria de don Ramiro* del argentino ENRIQUE RODRÍGUEZ LARRETA 5 (1873–1961). Se trata de una reconstrucción, medio histórica y medio poética, de la vida española de fines del siglo XVI, durante el reinado de Felipe II. La acción ocurre en Ávila, vieja ciudad castellana. Don Ramiro pertenece a una familia noble; en realidad es hijo de un morisco que sedujo a su madre, la cual casa luego con un caballero, muerto muy pronto 10 guerreando en Flandes. El tema de la novela es la aspiración de don Ramiro a adquirir gloria y a triunfar en amores; su principal interés consiste en la descripción del ambiente de la época, las costumbres de los moriscos españoles, que no fueron expulsados hasta 1609. Una hermosa muchacha mora se enamora de Ramiro, cuyo destino, dividido entre dos castas, 15 pone en su vida un sello trágico. Ocurren mil peripecias que no podemos detallar. Finalmente, la morisca amante de Ramiro es quemada por la Inquisición en Toledo, y él se retira a vivir como un anacoreta. No pudiendo soportar aquella vida, se marcha a América, y muere como un santo en el Perú. «Y esta fue la gloria de don Ramiro». 20

Larreta se esforzó por reconstruir y caracterizar los conflictos de castas en la Castilla de fines del siglo XVI; incluso pretendió imitar el lenguaje de aquella época, lo cual hizo que el estilo de la obra no sea ni antiguo ni moderno, sino simplemente artificioso. En la Argentina fue criticado Larreta por haber compuesto una novela de tema español y no 25 nacional. Pero a fines del siglo XX, ya no queda memoria de aquellos debates; vista a la luz de nuestro tiempo, *La gloria de don Ramiro*, como casi todas las novelas históricas, deja una impresión de ingenuidad. Lo en verdad auténtico en la novela de aquel aristócrata argentino, es el intento de evocar el recuerdo de sus orígenes españoles a un pueblo muy 30 mezclado étnicamente, y cuya habla dialectal y desconcertada se había alejado considerablemente del castellano de la época de Felipe II.

Grata impresión deja la lectura de *El hermano asno*, del chileno EDUARDO BARRIOS (1884–1963), aunque su asunto tampoco tenga nada que ver con peculiaridades localistas. Todo ocurre en un convento de frailes 35 franciscanos, entre los cuales el cuerpo, ese gran enemigo del espíritu, es llamado «el hermano asno». El personaje central es Fray Rufino, modelo de fraile humilde y virtuoso, a quien la opinión pública mira

como un santo. En el fondo la vida de Fray Rufino no es sino una lucha contra la implacable tentación de la carne, que lo persigue noche y día. Enflaquece, se azota, su cuerpo es una sombra de sí mismo. Un día Fray Rufino se encuentra solo en el locutorio con una linda chica, María
5 Mercedes, e intenta abusar de ella violentamente. La muchacha grita « ¡bestia, bestia!», y huye despavorida. Fray Rufino «exhala sin voz, semejante a un fuelle roto : — ¡Ya pueden escupirme! Yo, el «hermano asno». Yo, el inmundo, que personifica la lujuria». Fray Rufino, exhausto en su lucha con el pecado, muere.
10 La acción de la novela nos es narrada por otro fraile, Fray Lázaro, lo que da al relato un atractivo más. Toda la vida del convento se filtra a través de sus palabras, tocadas de ironía sutil. El estilo es exquisito, y todo el relato está lleno de vida profunda, de una vida no descrita, aunque hecha perceptible para el lector. Eduardo Barrios demuestra
15 que el tema en una novela es cosa secundaria, y que lo único importante es el talento novelístico del escritor. El lenguaje de la obra es perfecto, y recomendamos su lectura como un modelo de español.
  Hablemos ahora de novelas cuyo asunto es la tierra americana. En primer lugar, *Doña Bárbara*, del venezolano RÓMULO GALLEGOS
20 (1884–1969). El lugar de la acción son los ríos del interior de Venezuela y los llanos, con sus costumbres bárbaras, en donde no reina la ley, sino la fuerza y la astucia de los más hábiles. Dentro de las familias, las pasiones y los odios son feroces, y hasta los padres luchan con los hijos. Gallegos es un descriptor maravilloso. El autor nos hace sentir los modos de
25 vida en los valles y sabanas [llanos] del interior de su tierra, atroces y peculiarísimos, aunque los elementos que los integran pueden encontrarse en otros sitios. Doña Barbara es una preciosa muchacha mestiza, criada en las barcas que andan por el río Orinoco y sus afluentes. A los quince años le asesinaron al muchacho en quien había puesto su amor; en la
30 misma barca varios hombres la atropellan salvajemente. Doña Bárbara no sentirá ya nunca ternuras de amor, sino una sed insaciable de venganza contra el género humano. Su energía y su astucia le permiten hacerse dueña de extensas tierras. Mata o embrutece a los hombres que comparten su vida, y sus propiedades van extendiéndose a expensas de las de sus
35 vecinos. Mas tropieza con Santos Luzardo, que había dejado la vida campesina para estudiar en Caracas, y vuelve a sus tierras para recuperar lo que Doña Bárbara había arrebatado a su familia. La lucha entre ambos constituye el tema central de la novela.

Santos Luzardo viene al campo, a los llanos de Venezuela, con el espíritu del hombre de la ciudad. Piensa que hay que acabar con la barbarie, hacer que domine la ley: «es necesario matar al centauro que todos los llaneros llevamos dentro». Pero las condiciones de la lucha con Doña Bárbara le obligan a hacerse hombre de campo, duro y capaz 5 de todo. Para modificar aquel medio primitivo hay que meterse dentro de él, no actuar desde fuera. Santos al fin triunfa, no sólo porque tiene razón, sino porque adquiere fuerza bastante para dominar a sus enemigos. *Doña Bárbara* nos informa, mejor que ningún libro de historia, acerca de las condiciones de vida y del carácter de quienes han de padecerlas en 10 ciertas zonas de Iberoamérica.

Hay descripciones muy ricas de movimiento y visualidad, por ejemplo la de un rodeo: «Un clamoreo ensordecedor llenaba el ámbito de la llanura. Santos Luzardo contempla el animado espectáculo, con miradas enardecidas por los recuerdos de la niñez. Sus nervios que ya habían 15 olvidado la bárbara emoción, volvían a experimentarla . . . » Pero no puede citarse lo mejor de la descripción, por la dificultad de su lenguaje.

Este campo primitivo, con su salvaje belleza, se apodera del ánimo del lector. La tierra, los hombres, los animales se funden en una unidad creada poéticamente, no son simple elemento decorativo. En distintas 20 novelas ha querido Rómulo Gallegos abarcar la variedad de la naturaleza venezolana: *Cantaclaro*, los llanos; *Canaima*, la selva de la cuenca del Orinoco; *Pobre negro*, la costa de Barlovento; *Sobre la misma tierra*, las zonas petrolíferas, etc. Pero en estas novelas, como en las de otros autores, que vamos a analizar, el campo y su gente son protagonistas, y 25 no sólo un fondo inerte y pictórico. Las descripciones románticas de la naturaleza americana nos dejaban ya fríos; en *Doña Bárbara* y otras excelentes novelas, la tierra de la América brava siente y habla por sí misma.

Por eso merece también ser leída *La Vorágine* del colombiano JOSÉ 30 EUSTASIO RIVERA (1889–1928), una novela aún más trágica que *Doña Bárbara*. En ella los personajes humanos pasan a segundo término; el gran agente en esta obra es la selva americana entre Colombia y el Perú, región de espanto que acaba por destruir a los fascinados por el señuelo de sus riquezas. Esta selva no es ya la de los conquistadores del siglo XVI, 35 que sólo luchaban contra las fuerzas elementales del mundo natural; la selva ahora es mucho más temible, porque a ella se ha incorporado el espíritu de las empresas industriales. Las compañías anónimas explotan

la riqueza natural usando como intermediario al hombre, sometido mediante promesas ilusorias y con crueldad sin límites. Los trabajadores que caen en aquel medio siniestro son víctimas de otros hombres, de los agentes comerciales, de las autoridades que manejan al obrero como una
5 máquina para extraer el caucho de los árboles. Pero si *La Vorágine* no fuera más que eso, tendría el valor de un documento sociológico, de una protesta contra una de las mil iniquidades de que es víctima, siempre y en todas partes, un gran número de seres humanos. Entonces esta novela sería un escrito moral, que poco interesaría al arte. Lo que aquí nos
10 apasiona es la voz misma de la selva:

El huracán fue tan furibundo que casi nos desgajaba de las monturas, y nuestros caballos detuviéronse dando las grupas a la tormenta. Rápidamente nos desmontamos y, requiriendo los bayetones bajo el chaparrón, nos tendimos de pecho entre el pajonal. Oscurecióse el ámbito que nos separa-
15 ba de las palmeras, y sólo veíamos una, de grueso tallo y luengas alas, que se erguía como la bandera del viento, y zumbaba al chispear cual yesca bajo el relámpago que la encendía; y era bello y aterrador el espectáculo de aquella palmera heroica, que agitaba alrededor del hendido tronco las fibras del penacho flamante, y moría en su sitio, sin humillarse ni enmudecer.

20 He aquí otro significativo pasaje:

La selva trastorna al hombre, desarrollándole instintos infrahumanos; la crueldad invade las almas como intrincado espino, y la codicia quema como fiebre. El ansia de riqueza reanima el cuerpo ya desfallecido, y el olor del caucho produce la locura del oro. El peón sufre y trabaja con
25 deseo de ser empresario y poder salir un día a las capitales a derrochar la goma que lleva, a gozar de mujeres blancas y a emborracharse meses enteros, sostenido por la evidencia de que en los montes hay mil esclavos que dan sus vidas por procurarle esos placeres, como él lo hizo para su amo anteriormente... Esta selva sádica y virgen procura al ánimo la alucinación
30 del peligro próximo. El vegetal es un ser sensible cuya psicología desconocemos. En estas soledades, cuando nos habla, sólo entiende su idioma el presentimiento. Bajo su poder, los nervios del hombre se convierten en haz de cuerdas, distendidas hacia el asalto, hacia la traición, hacia la acechanza. Los sentidos humanos equivocan sus facultades: el ojo siente,
35 la espalda ve, la nariz explora, las piernas calculan y la sangre clama: «¡Huyamos, huyamos!»

La Vorágine es un gran libro más bien que una gran novela. No hay en ella un personaje central; hay varios episodios, que podrían ser el germen de otras tantas novelas. Como hemos dicho antes, el verdadero sujeto de la obra es la naturaleza, como fuerza cósmica y atroz. Rivera ha escrito una especie de poema en prosa; a través de la sensibilidad y de las ideas del autor asistimos a la lucha épica entre una naturaleza ciega y gigantesca y unos hombres sin más fuerzas que su codicia y su crueldad. Lo que no es eso en el libro, es un alegato moral, es decir, algo que no 5 es literatura.

La Vorágine y las novelas de Rómulo Gallegos abren el camino a una novelística inspirada por la sociedad y la naturaleza americanas, y muy atenta a la descripción paisajística. Estas obras ofrecen en muchos casos un testimonio casi antropológico y una crítica social y política del propio 10 país. En este camino se han destacado, entre otros, el ecuatoriano JORGE ICAZA (*Huasipungo*), el peruano CIRO ALEGRÍA (*El mundo es ancho y ajeno*), los argentinos ALFREDO VARELA (*El río oscuro*) y JUAN GOYANARTE (*Lago argentino*), el colombiano MANUEL ZAPATA OLIVELLA (*En Chimá nace un santo*) y el paraguayo AUGUSTO ROA BASTOS (*Hijo de hombre*). 15

El más destacado heredero de la novela indigenista ha sido el peruano JOSÉ MARÍA ARGÜEDAS (1911–1970), conocedor del folklore andino, autor de *Los ríos profundos* (1959) y *Todas las sangres* (1964).

La más célebre novela del Méjico moderno es *Los de abajo* por MARIANO AZUELA (1873–1952). Sus personajes se mueven en el ambiente de las 20 luchas revolucionarias iniciadas después de 1910. La confusión y la crueldad de aquella época de caos están bien reflejadas, y lo que es más importante, ese caos y esa confusión están convertidos en vida dentro del alma de los principales personajes. El más interesante de ellos es Demetrio Macías, un campesino de alma a la vez ingenua y bárbara, que abandona su 25 hogar, como infinidad de mejicanos, para luchar por la revolución. Es indudable que la novela de Azuela contiene descripciones y diálogos excelentes. Lo malo, sin embargo, es que en *Los de abajo* el aspecto político ahoga el literario. Y un libro tiene que ser literatura o crónica política. Ambas cosas juntas no producen buenos resultados, por muy 30 hábilmente que el autor las combine.

Así como *Martín Fierro* es una de las expresiones más auténticas de la poesía suramericana, *Don Segundo Sombra*, del argentino RICARDO GÜIRALDES (1886–1927), es una novela que merece leerse muy en primer término. Volvemos a encontrar de nuevo el tipo del gaucho, pero 35 ya encuadrado en un ambiente de civilización. Lo importante en Don Segundo no es tanto lo que él hace, como su persona misma. Su carácter es reservado, casi misterioso. En él, la mayor energía se une a una

Neuquén (Argentina). Lago al pie de unas estribaciones de los Andes y cerca de la Meseta de Patagonia. A esta región suelen llamarla la Suiza argentina a causa de la belleza de sus variados paisajes.

impasibilidad perfecta; sabe hacer todas las cosas del gaucho, afronta los trabajos y los peligros sin ser arrogante y sin jactarse de nada. Martín Fierro era hablador y quejumbroso; Don Segundo es el «caballero» de la pampa, dueño siempre de sí, preocupado de conservar su dignidad y 5 su ser interior.

El asunto cabe en pocas palabras. Un muchacho, Fabio Cáceres, vive sin conocer ni a sus padres ni su propio nombre. Después de una niñez desventurada, encuentra a Don Segundo, y siente la irresistible atracción de su persona. Fabio, a su lado, llega a ser un perfecto hombre de 10 campo, un resero hábil y enérgico; al fin, recibe la herencia paterna y se

225

convierte en un señor rico e instruido. Querría entonces conservar junto a sí a Don Segundo, que ha sido su verdadero padre. Pero éste necesita vivir como siempre vivió, como gaucho suelto y libre. Un buen día, montan a caballo, caminan juntos un trecho. «No hablábamos. ¿Para qué? Bajo el tacto de su mano ruda, recibí un mandato de silencio. Tristeza era cobardía. Volvimos a desearnos, con una sonrisa, la mejor de las suertes . . . Un momento la silueta se perfiló nítida sobre el cielo . . . Aquello que se alejaba era más una idea que un hombre».

La obra ofrece el obstáculo de muchas palabras del campo argentino, que el lector de fuera no comprenderá. Esto da sabor al estilo, pero reduce su alcance. Hay escenas de la vida de los ganaderos llenas de colorido y de intensidad. Mas el atractivo principal reside en Don Segundo, en el contraste entre su activa eficacia y su expresión silenciosa o retardada. Es un hombre que vive a la vez hacia fuera y hacia dentro de sí. Ahora bien, ese aire de misterio, de «sombra» que siempre lo envuelve, y que le presta interés dramático, tal vez disminuya su fuerza como personaje de novela. La novela, en cuanto género, gusta de lo humano más que de lo sobrehumano.

El espacio nos falta para hablar de las obras del uruguayo CARLOS REYLES, del argentino MANUEL GÁLVEZ, junto con las de otros autores de gran interés. De todos modos, algunas de las obras más importantes han sido notadas anteriormente, y obligan a reconocer la existencia de una literatura narrativa de gran valor.

Sólo de paso recordaremos a algunos escritores dramáticos de Iberoamérica. La obra capital del uruguayo FLORENCIO SÁNCHEZ (1875–1910) es Barranca abajo; su asunto, la tragedia del propietario de un rancho, padre de unas hijas indignas, el cual prefiere morir a soportar su deshonor. La espontaneidad primitiva de ese personaje central, Zoilo, recuerda la noble independencia de Martín Fierro. Los amantes de sus hijas lo despojan de su propiedad mediante engaños aparentemente legales. Zoilo, no obstante ser un campesino, siente y razona como un gran señor español, que prefiere morir a vivir sin honra y humillado por la fuerza legal de la injusticia. Es el eterno drama entre la conciencia individual y la presión social.

Ha adquirido gran reputación en Méjico como autor dramático RODOLFO USIGLI (1905–   ). Entre sus obras merece citarse Corona de sombra, cuyo asunto es la vida en Méjico del emperador Maximiliano y de su esposa Carlota. El emperador fue fusilado (véase p. 166) y Carlota perdió la razón. Otro drama de Usigli que ha sido muy discutido es *El gesticulador*, en donde alguien finge ser un jefe de la revolución mejicana; con este motivo el autor hace una dura crítica de ciertos aspectos del carácter mejicano que, según él, le son muy peculiares.

Aunque no sea un novelista, hay que mencionar al más célebre prosista peruano, RICARDO PALMA (1833–1919), autor de *Tradiciones peruanas*, en las que, en un estilo personalísimo y delicioso, refiere episodios de la vida colonial en el Perú, sobre todo en Lima. La riqueza y flexibilidad del español de Palma son magníficas. Mejor que en ninguna historia, sentimos aquí cómo era la vida en tiempo de los virreyes, algunos de los cuales olvidaban la gravedad de su cargo para entregarse a aventuras bastante escabrosas. Palma, con muy buen acuerdo, no intentó convertir en novela sus relatos; se limitó a ser un cronista lleno de viveza y de la mejor ironía, que en escenas breves hizo revivir el espíritu de los siglos coloniales. Damos, resumido, uno de esos relatos, titulado «Carta canta», por su abundante léxico:

Cuando los conquistadores se apoderaron del Perú, no eran en él conocidos el trigo, el arroz, la cebada, la caña de azúcar, lechuga, rábanos, coles, espárragos, ajos, cebollas, berengenas, hierbabuena, garbanzos, lentejas, habas, ni otros productos de la tierra que sería largo de enumerar.... Algunas de las semillas dieron en el Perú más abundante y mejor fruto que en España.

Don Antonio Solar formó en Barranca una valiosa hacienda. De España llegáronle semillas de melón, nísperos, granadas, cidras, limones, manzanas, albaricoques, membrillos, guindas, cerezas, almendras, nueces y otras frutas de Castilla no conocidas por los naturales del país. Llegó la época en que el melonar de Barranca diese su primera cosecha. El mayordomo escogió diez de los melones mejores; acondicionándolos en un par de cajones, los puso en hombros de dos indios, dándoles una carta para el patrón.

Habían avanzado los conductores algunas leguas, y sentáronse a descansar junto a una tapia. Como era natural, el perfume de la fruta despertó la curiosidad en los indios, y se entabló en sus ánimos ruda batalla entre el apetito y el temor.

—¿Sabes, hermano —dijo al fin uno de ellos en su dialecto indígena—, que he dado con la manera de que podamos comer sin que se descubra el caso? Escondamos la carta detrás de la tapia, que no viéndonos ella comer no podrá denunciarnos.

La opinión debió parecer acertada al otro indio, pues sin decir palabra, puso la carta tras de la tapia, colocando una piedra encima; y hecha esta operación, se echaron a devorar, que no a comer, la incitante y agradable fruta. Cerca ya de Lima, el segundo indio se dio una palmada en la frente diciendo:

—Hermano, vamos errados. Conviene que igualemos las cargas; porque si tú llevas cuatro y yo cinco, nacerá alguna sospecha en el amo. 5

—Bien discurrido —dijo el otro indio.

Y nuevamente escondieron la carta tras otra tapia, para dar cuenta de un segundo melón.

Llegados a casa de don Antonio, pusieron en sus manos la carta, en la cual le anunciaba el mayordomo el envío de diez melones. Don Antonio, 10 que había contraído compromiso con el arzobispo y otros personajes de obsequiarles los primeros melones de su cosecha, se dirigió muy contento a examinar la carga.

—¡Cómo se entiende ladronzuelos! ... —exclamó bufando de cólera—. El mayordomo me manda diez melones, aquí faltan dos—, y don Antonio 15 volvía a consultar la carta.

—Ocho no más, taitai —contestaron temblando los indios.

—La carta dice que diez, y ustedes se han comido dos por el camino. ¡Ea! Que les den una docena de palos a estos pícaros.

Y los pobres indios, después de bien zurrados, se sentaron mohinos en 20 un rincón del patio, diciendo uno de ellos:

—¿Lo ves, hermano? ¡Carta canta!

Alcanzó a oírlo don Antonio, y les gritó:

—Sí, bribonazos, y cuidado con otra, que ya saben ustedes que carta canta. 25

Y don Antonio refirió el caso a sus tertulios, y la frase se generalizó y pasó el mar.

OTROS GRANDES PROSISTAS

No es posible terminar este rápido análisis de las letras hispano-americanas sin mencionar a varios prosistas de gran importancia, que 30 no cultivaron la novela, pero que dejaron en sus escritos la huella de sus fuertes personalidades, junto con la inquietud por los mayores problemas de Hispanoamérica. Son libros que no corresponden a ningún género literario determinado; tienen carácter histórico, moral e ideológico; en parte caben dentro de la imprecisa categoría del «ensayo». 35

Es probable que la personalidad más vigorosa en toda la literatura de Hispanoamérica sea el argentino DOMINGO FAUSTINO SARMIENTO (1811–1888), autor de libros histórico-políticos y de artículos periodísticos. Sarmiento huyó de la Argentina durante la tiranía de Rosas,

y escribió sus mejores obras lejos de su patria. El tema de su vida fue
una lucha abnegada en pro de una mejor Argentina. Primero combatió a
Rosas con la pluma y con las armas; luego, la incultura de su país por
medio de la instrucción pública y de reformas económicas y democráticas,
5 inspiradas muchas veces en el ejemplo de los Estados Unidos. Sarmiento
llegó a ser presidente de la República.

El gran valor de Sarmiento reside en la ríqueza de su personalidad,
que vibra íntegra en sus escritos. No fue un intelectualista abstracto que
esperara cambiar la estructura de su patria con ideas frías. El, que
10 combatió la barbarie de los gauchos, a veces sentía la vida con el
apasionamiento de un gaucho. Esa complejidad interior da a su vida
y a su estilo brío e inquietud singulares.

Entre la masa voluminosa de su obra se destaca *Facundo* (1845), es
decir, la biografía de Facundo Quiroga, el gaucho y el caudillo de que
15 hablamos anteriormente. Para Sarmiento, Facundo simboliza la bárbara
rudeza de la tierra argentina en el momento de la independencia. Pero
Facundo no constituye sino el primer término de su crítica. El verdadero
blanco de su ataque es el tirano Rosas y los horrores de su bárbaro
gobierno. Con este libro admirable Sarmiento contribuyó a derribarlo.
20 *Facundo*, obra de lucha política, encierra descripciones y escenas
apasionantes.

He aquí, por ejemplo, el relato de cómo Facundo logra librarse de la
acometida de un tigre:

Es el bramido del tigre un gruñido, como el del cerdo, pero agrio,
25 prolongado, estridente, y que sin que haya motivo de temor, causa un
sacudimiento involuntario en los nervios, como si la carne se agitara ella
sola al anuncio de la muerte. Algunos minutos, el bramido se oyó más
distinto y más cercano; el tigre venía ya sobre el rastro, y sólo a una larga
distancia se divisaba un pequeño algarrobo. Era preciso apretar el paso,
30 correr en fin; porque los bramidos se sucedían con más frecuencia, y el
último era más distinto, más vibrante que el que le precedía. Al fin, arrojando
la montura a un lado del camino, dirigióse el gaucho al árbol que había
divisado; y no obstante la debilidad de su tronco, felizmente bastante
elevado, pudo trepar a su copa y mantenerse en una continua oscilación,
35 medio oculto entre el ramaje. Desde allí pudo observar la escena que tenía
lugar en el camino: el tigre marchaba a paso precipitado, oliendo el suelo,
y bramando con más frecuencia a medida que sentía la proximidad de su
presa. Pasa adelante del punto en que ésta se había separado del camino, y
pierde el rastro; el tigre se enfurece, remolinea, hasta que divisa la montura,

que desgarra de un manotón, esparciendo en el aire sus prendas. Más irritado aún con este chasco, vuelve a buscar el rastro, encuentra al fin la dirección en que va, y levantando la vista, divisa a su presa haciendo con el peso balancearse el algarrobillo, cual la frágil caña cuando las aves se posan en sus puntas. Desde entonces ya no bramó el tigre: acercábase a saltos, y en 5 un abrir y cerrar de ojos, sus enormes manos estaban apoyándose a dos varas del suelo sobre el delgado tronco, al que comunicaban un temblor convulsivo que iba a obrar sobre los nervios del mal seguro gaucho. Intentó la fiera dar un salto impotente; dió vuelta en torno del árbol midiendo su altura con los ojos enrojecidos por la sed de sangre; y al fin, bramando de 10 cólera, se acostó en el suelo batiendo sin cesar la cola, los ojos fijos en su presa, la boca entreabierta y reseca. Esta escena horrible duraba ya dos horas mortales: la postura violenta del gaucho, y la fascinación aterrante que ejercía sobre él la mirada sanguinaria, inmóvil, del tigre, del que por una fuerza invencible de atracción no podía apartar los ojos, habían empezado 15 a debilitar sus fuerzas; y ya veía próximo el momento en que su cuerpo extenuado iba a caer en su ancha boca, cuando el rumor lejano de galope de caballos le dio esperanza de salvación. En efecto, sus amigos habían visto el rastro del tigre, y corrían sin esperanza de salvarlo. El desparramo de la montura les reveló el lugar de la escena, y volar a él, desenrollar sus lazos, 20 echarlos sobre el tigre... ciego de furor, fue obra de un segundo. La fiera, estirada a dos lazos, no pudo escapar a las puñaladas repetidas con que, en venganza de su prolongada agonía, la traspasó el que iba a ser su víctima. 'Entonces supe lo que era tener miedo,' decía el general D. Juan Facundo Quiroga, contando a un grupo de oficiales este suceso. 25

También a él le llamaron el *Tigre de los Llanos,* y no le sentaba mal esta denominación a fe... Facundo, porque así lo llamaron largo tiempo los pueblos del interior; el general D. Facundo Quiroga, el Excelentísimo Brigadier general D. Juan Facundo Quiroga, todo eso vino después, cuando la sociedad lo recibió en su seno, y la victoria lo hubo coronado de laureles. 30 Facundo, pues, era de estatura baja y fornida; sus anchas espaldas sostenían sobre un cuello corto una cabeza bien formada, cubierta de pelo espesísimo, negro y ensortijado. Su cara un poco ovalada estaba hundida en medio de un bosque de pelo, a que correspondía una barba igualmente espesa, igualmente crespa y negra, que subía hasta los juanetes, bastante pronunciados 35 para descubrir una voluntad firme y tenaz. Sus ojos negros, llenos de fuego y sombreados por pobladas cejas, causaban una sensación involuntaria de terror en aquellos sobre quienes alguna vez llegaban a fijarse.

El autor odia a Facundo y a Rosas, y al mismo tiempo experimenta la fascinación de su grandeza siniestra. Sarmiento entero se vierte en las 40 páginas de esta obra apasionada y apasionante, que deben leer cuantos aspiren a penetrar en las profundidades del alma hispanoamericana y en las dificultades de su historia. *Facundo* representa el punto en que se articulan la Argentina bárbara del gaucho y la Argentina culta y progresiva de nuestros días.

5 Merece una palabra el ecuatoriano JUAN MONTALVO (1832–1889), escritor muy distinguido, que en sus días gozó de renombre internacional, hoy algo disminuido. Montalvo también luchó contra los tiranos de su país. Cuando el dictador García Moreno cayó asesinado, Montalvo pudo exclamar « ¡Mi pluma lo mató!» Pero si en Sarmiento el escribir era
10 una manera, entre otras, de arrojar su vida entera en medio de la vida de su tiempo, en Montalvo el escribir fue a veces un ejercicio retórico, sin vida interior, especialmente en su libro *Capítulos que se le olvidaron a Cervantes*. El estilo de Sarmiento es a menudo incorrecto; el de Montalvo recuerda el lenguaje de los autores españoles del siglo XVII. En Sarmiento
15 sentimos el latido de su existencia; en Montalvo percibimos el vestido elegante y correctísimo de una cultura superpuesta.

La obra principal de Montalvo son *Siete tratados*, ensayos diríamos hoy, cuyos temas son las ideas de nobleza y belleza, los héroes de la independencia americana, Cervantes, etc. Fue Montalvo un digno y muy bien intencionado
20 escritor, que difundió ideas nobles y humanas, y deseó para Hispanoamérica la luz de la cultura y de la democracia. En una época de animosidad contra la antigua dominación española, Montalvo escribe: « ¡España! ¡España! lo que hay de puro en nuestra sangre, de noble en nuestro corazón, de claro en nuestro entendimiento, de ti lo tenemos, a ti te lo debemos». La
25 admiración de Montalvo por Cervantes le llevó a escribir una obra que aspira a ser la continuación del *Quijote*. Lo más admirable en esta gran personalidad ecuatoriana es su intento de universalizar la cultura de Hispanoamérica; para conseguirlo, Montalvo comprende y ama, en lugar de odiar y dividir. Para él, Hispanoamérica ha de integrarse en su
30 pasado racial, en los antecedentes españoles y en lo mejor de la cultura extranjera.

El uruguayo JOSÉ ENRIQUE RODÓ (1872–1918) daba la impresión a comienzos de este siglo de ser el prosista hispanoamericano de más exquisita forma (más tarde surgieron otros dignos de tanta loa como
35 Rodó, por ejemplo, el mejicano Alfonso Reyes). En todos los países de lengua española se considera a Rodó como un clásico del idioma, por la belleza de su buen decir y por la viva actualidad de algunos de sus temas. Sus libros principales son *Ariel* y *Motivos de Proteo*, en los que trata

231

de problemas relacionados con la historia de la cultura y con el sentido de la vida humana. Rodó es un antimaterialista; su espíritu delicado y constructivo reacciona contra la vulgaridad de la masa, contra todo lo que puede convertir a las sociedades humanas en un hormiguero o en una tribu enriquecida: «La ciudad —dice en *Ariel*— es fuerte y hermosa 5 cuando sus días son algo más que la invariable repetición de un mismo eco . . . cuando hay algo en ella que flota por encima de la muchedumbre . . . Ciudades regias, soberbias aglomeraciones de casas, son para el pensamiento un cauce más inadecuado que la absoluta soledad del desierto, cuando el pensamiento no es señor que la domina». 10

Rodó continuó, en cierto modo, el tema iniciado por Montalvo, pero con un sentido más profundo y más real de las cuestiones que trata. A Rodó le preocupaba el destino de América, de ambas Américas. El ha sido, en realidad, quien más intensamente ha pensado Hispanoamérica como una gran entidad de cultura, como algo que puede salvarse o 15 puede hundirse independientemente de la riqueza y del progreso material. La historia seguirá, desde luego, su curso inevitable, que ni uno ni cien escritores pueden variar por sí solos. Pero lo que el escritor puede y debe hacer es dar un valor a esos caminos del porvenir, y preveer cuáles serán sus posibles resultados. 20

Antes de Rodó las repúblicas del Sur habían imitado a los Estados Unidos en su organización política, y al mismo tiempo presenciaban con temor su expansión imperialista. Rodó, en *Ariel* (1900), intentó valorar, por vez primera en español, la civilización norteamericana, poner de relieve la enorme importancia de su progreso material y social, y señalar 25 sus limitaciones. La principal, según él, es que la presión de la masa ahoga la potencia y la independencia espiritual de los individuos. Después de Rodó se ha convertido en un trivial lugar común decir que los norteamericanos poseen sentido social, en tanto que los iberoamericanos son individualistas a causa de su ascendencia hispanoportuguesa. Se dice 30 también que los primeros son materialistas y están mecanizados, y que los segundos viven olvidados de la materia y cultivando los valores espirituales. Al finalizar este libro conviene revisar dichos conceptos, tan cómodos como imprecisos.

La oposición entre Ariel y Calibán ideada por Rodó, al pronto seduce; 35 aquel escritor poeta se sentía llevado por las alas levísimas de Ariel, mientras allá, en el Norte, unas masas humanas se apegaban pesadamente a los intereses prácticos y materiales, sin futuro de eternidad. Rodó

oponía el idealismo del Sur (es decir, el de su persona) al materialismo de todo un pueblo. Pero las naciones y los pueblos no pueden caracterizarse mediante conceptos genéricos y abstractos, si éstos no enlazan con la vida misma. Por otra parte, toda forma de civilización descansa sobre un ideal,
5 puesto que sin él no existiría, o carecería de validez histórica. Ambas Américas descansan sobre un ideal que, más bien que oponer, hay que tratar de determinar.

Norteamérica aspiraba en 1900 a construir y a sostener grandes estructuras humanas, a objetivar la conciencia personal en la conciencia
10 colectiva, a hacer posible la convivencia de muchos millones de gentes, sin que una minoría obligara a la mayoría, usando la fuerza bruta, a servir a esa minoría, y secundariamente a la comunidad. El mundo norteamericano recordaba, en cierto modo, las formas de vivir de la Edad Media (de una Edad Media ya secularizada, naturalmente); la
15 persona aislada carecía entonces de plena realidad, pues todo hombre formaba parte de una iglesia, o de una clase social, o de un gremio. En esas agrupaciones vivía, y a través de ellas se expresaba. (No pensamos, por supuesto, que la Edad Media fuera sólo una época de oscura ignorancia según cree el vulgo. Quienes conocen la civilización europea entre los
20 siglos XI y XV saben que en ella se encuentran los gérmenes del pensamiento y de la ciencia actuales.)

Pero el orden y los enlaces colectivos que Rodó observaba en los Estados Unidos en 1900, se fundaban en circunstancias y leyes seculares (la Constitución americana, las leyes votadas democráticamente). El
25 americano del norte (a tono con los demás pueblos del occidente europeo) tenía libertad para pensar y hacer cuanto no infringiera la Constitución y las otras leyes; para los iberoamericanos y los españoles del siglo XIX las Constituciones eran fórmulas aparentes sin fuerza efectiva. Durante la época colonial los súbditos de los reyes estaban ligados unos a otros por
30 el exclusivismo de su fe católica, mantenido por la Inquisición, y por la reverencia debida a la persona del rey. A consecuencia de todo ello, el «personalismo» del norteamericano y del iberoamericano eran muy diferentes, por razones que Rodó no podía aún conocer en 1900. No pretendemos ahora decir qué es mejor, o qué es peor, ni qué debe
35 hacerse o dejar de hacerse. Aspiramos, sencillamente, a adquirir algunas nociones acerca de cómo es la vida en el Norte y en el Sur del continente americano.

El norteamericano goza erigiendo y contemplando magnitudes colosales, y no pretende descollar él, personalmente, sirviéndose de la sociedad como de un pedestal. El habitante de la aldea medioeval también reposaba su ánimo al contemplar la altura, inmensa para aquel tiempo, de los templos y los castillos, símbolos del poder espiritual y material de la colectividad, destacados sobre el exiguo nivel de las viviendas del hombre 5 común. Las estructuras colectivas en Norte América son, en realidad, entidades santificadas, a las cuales se ofrendan valiosos y abnegados sacrificios. Andrew Carnegie ofrendó a la «divinidad» social 350 millones de dólares, lo mismo que, siglos atrás, los reyes donaban a las órdenes religiosas villas y dominios extensísimos. Son legión quienes contribuyen 10 con su dinero y con su trabajo a sostener el ideal norteamericano de la trabazón social.

Como en todo sistema de creencias, la santidad máxima y central se subdivide en porciones menores de santidad, a las cuales rinden fervoroso culto los fieles interesados en su prestigio. Tal es la función desempeñada 15 en los Estados Unidos por las diferentes religiones, y por las universidades, las bibliotecas públicas, las instituciones de beneficencia, etc. Los ciudadanos contribuyen a la erección y sostenimiento de dichas instituciones, como en la Edad Media millares de gentes anónimas ayudaban a construir las catedrales en largos años de devotos esfuerzos. Mientras Inglaterra 20 ha conservado el esquema de la jerarquía nobiliaria de la Edad Media, los Estados Unidos han vivido, desde sus comienzos hasta ahora, inclusos en un marco que recuerda el colectivismo popular de la Iglesia y del pueblo medioevales; cierto que dentro de ese marco encontramos una vida sin mística y sin gran expresividad, sin ardiente diálogo entre el 25 alma y Dios. Unicamente percibimos un tenue soplo espiritual, que comienza y termina en este mundo.

En una sociedad así, las cosas tangibles y visibles habían de adquirir forzosamente enorme importancia, pues las cosas son un común denominador que ata a las personas, y neutraliza la tendencia a ser distinto 30 y disidente. El norteamericano se objetiva en ese reino de las «cosas», que abarca desde los innumerables artefactos, los billones de latas de conservas, los frascos de todas formas y colores, hasta la Fundación Rockefeller y la maravillosa Biblioteca Pública de Nueva York. El individuo se sumerge en las organizaciones colectivas, que le sirven de 35 sostén y común denominador; o se complace en acumular superlativos de cantidad y cualidad («el mayor, el mejor del mundo»), porque esos superlativos ciñen como un círculo, totalizan y anulan lo particular y diferente.

Nótese, sin embargo, que las cosas materiales son un medio y no un fin; son un medio para realizar un cierto tipo de vida fundado en una callada emoción moral, y animado por una tenue y poco expresada religiosidad. Por leves y tenues que sean la emoción y la religiosidad,
5 ellas son las que integran el vivir de la inmensa mayoría de los norte-americanos, —aunque los extranjeros no lo perciban ni lo sientan fácilmente. Para mantener esas tan arraigadas moral y religiosidad sociales, el norteamericano es capaz de arriesgar su bienestar y su vida si la ocasión lo exige. Si los japoneses y los alemanes hubiesen tenido ideas más exactas
10 sobre los norteamericanos, nunca habrían pensado en aniquilar a los Estados Unidos.

La gran mayoría de los norteamericanos acomodados (con casa y automóvil propios, con hijos en la universidad) vive mucho más austeramente que los iberoamericanos de su mismo nivel económico
15 (digamos con un ingreso anual de quince a veinte mil dólares). Comparados en este plano, la gente del Sur resultaría más epicúrea y materialista, si tomásemos el punto de vista de Rodó. El porteño o mejicano de esa clase económica tiene criados o criadas, siempre al alcance de su voz o de un timbre eléctrico; come, normalmente, platos bien cocinados y
20 apetitosos, aquí sólo accesibles como un lujo en ciertos restaurantes de Nueva York; bebe en sus comidas un vino de buena marca; tiene varios y elegantes trajes hechos a su medida; suele ir a una tertulia todos los días en donde conversa largamente con sus amigos, sólo por el placer de hacerlo; las comidas para sus invitados constan de varios platos y se
25 preparan en una cocina a donde el señor no entra nunca, y la señora casi nunca, etc., etc. Para conocer una vida así en los Estados Unidos hace falta ser inmensamente rico, o ir a verla en la pantalla del cinematógrafo.

Aunque la vida norteamericana tenga como finalidad declarada el ser feliz, gozar de bienestar y ganar dinero, el uso del dinero se subordina a
30 las normas morales y sociales que ciñen la vida colectiva, y limitan considerablemente los placeres. El cinematógrafo presenta un cuadro de vida norteamericana bastante irreal; la gente va a ese espectáculo, como los chinos a un fumadero de opio; en la pantalla se descargan violentamente las pasiones y los anhelos que el buen burgués mantiene
35 muy callados en el fondo de su alma, porque si les diera suelta, la organización social se resquebrajaría. Sólo un pequeño grupo se permite la libertad de hacer «lo que le da la gana». Los ingresos de cada uno están limitados por la obligación de contribuir al sostenimiento de las instituciones sociales de asistencia pública y de otra clase, lo mismo

que por los impuestos, recaudados en una forma inaplicable a Iberoamérica.

No opongamos polémicamente una y otra América, según hizo Rodó. Cada una de ellas resultaría materialista o espiritualista, como una consecuencia del criterio adoptado y de los aspectos que comparásemos. 5 Se pregunta el uruguayo Zum Felde, examinando la doctrina de *Ariel*, si la América del Sur, espiritualista según su compatriota Rodó, puede presentar en el siglo XIX figuras comparables a estas cuatro de Norteamérica: Emerson, Edgar Poe, Walt Whitman y William James. El que ahora no existan escritores del mismo rango, no invalida el argumento de 10 Zum Felde, porque Rodó escribía en 1900. No intentemos, pues, rebajar a una América para ensalzar a la otra, en un pugilato bastante ingenuo después de todo. El delicioso librito de Rodó nos lleva a un callejón sin salida. (Algo más se dirá sobre tan importante problema al final de este libro.) 15

Conviene recordar ahora a otros escritores, conocidos sobre todo por sus obras en prosa, aunque ocasionalmente hayan compuesto versos, ya que la poesía es casi un modo normal de expresión en Hispanoamérica. La preocupación por los problemas nacionales es el estímulo que ha movido a la mayoría de estos prosistas, muy especialmente a JOSÉ MARTÍ 20 (1853-1895), el héroe de la independencia cubana, a quien sus compatriotas han convertido en ídolo y símbolo de su patria. Su obra está fragmentada en multitud de cartas, artículos de periódico y ensayos publicados en revistas. Este gran idealista hablaba románticamente de la libertad; su interés por todo lo humano le llevó a escribir sobre cosas y personas de 25 Europa e Hispanoamérica, y también de los Estados Unidos. Nadie como Martí tuvo conciencia, en el siglo XIX, de la unidad cultural de Hispanoamérica; hijo de españoles, luchó contra España sin odiarla, porque la política era para él un aspecto y no la totalidad de lo humano:

> Estimo a quien, de un revés, 30
> echa por tierra a un tirano;
> lo estimo, si es un cubano;
> lo estimo, si aragonés.

Con justicia pudo decir Martí, con acento romántico:

> Yo vengo de todas partes, 35
> y hacia todas partes voy;
> arte soy entre las artes;
> en los montes, monte soy.

El mejicano JOSÉ VASCONCELOS (1882–1959), autor de *La raza cósmica* y de *Indología*, representa el mayor esfuerzo para incorporar a los mejicanos de raza india al progreso y a la cultura. Como ha dicho el filósofo mejicano Samuel Ramos: «Vasconcelos proclama la unidad
5 étnica y cultural de los pueblos ibéricos de la América, que nos da ante el mundo una personalidad propia». Opuesto a la preponderancia de la raza anglo-sajona, se esfuerza por preparar un futuro mejor a las gentes de su patria. Muy a mal con la preponderancia de los anglo-sajones, opuso a éstos el sueño anhelante de un mundo regido por la gente hispana.
10 La nota estética y humanística caracteriza la obra de ALFONSO REYES (1889–1959). Su *Visión de Anáhuac* describe en prosa tersa y bellísima el Valle de Méjico. Además de artista, Reyes hace sentir los inquietantes temas de su tierra mejicana sin aludir directamente a ellos. En su obra se combinan la tradición griega, el culto a la tradición española, y el
15 espíritu de la Europa más moderna. Reyes ama la mesura, la ironía y toda forma de elegancia expresiva. Sus cualidades artísticas no se concentran en una creación única que valga por su forma y sentido autónomos, pues corren, como una grata fluencia, a través de todas ellas.

No es posible en un libro como este analizar y valorar debidamente la
20 obra múltiple de Alfonso Reyes. El humanismo de su visión literaria le llevó a interesarse en el estudio de las humanidades clásicas, en criticar sutilmente la literatura española, tanto la antigua como la moderna. El número de volúmenes de sus *Obras completas*, en vías de publicación, refleja la curiosidad sin límites de quien nunca trazó una frontera definida
25 entre las zonas del pensamiento y de la sensibilidad. Su figura es única en la historia de la cultura iberoamericana.

Entre los prosistas de Méjico destaca el poeta OCTAVIO PAZ (1914–   ) con *El laberinto de la soledad*. Como tantos otros en Méjico, se afana por encontrar la peculiaridad de lo que allá llaman «lo mejicano», en una
30 busca agónica de sí mismos que enlaza con muy antiguas inquietudes hispánicas. Hay en este libro frases significativas: «Nuestra impasibilidad recubre la vida con la máscara de la muerte; nuestro grito desgarra esa máscara y sube al cielo hasta distenderse, romperse y caer como derrota y silencio. Por ambos caminos el mejicano se cierra al mundo: a la vida y a
35 la muerte». Paz es también autor de un excelente volumen de poemas, *Libertad bajo palabra*.

Ciertas obras literarias tales como *Casi el Paraíso* (1956) de LUIS SPOTA o *La región más transparente* (1958) de Carlos Fuentes muestran la tendencia a flagelar la sociedad mejicana en su nivel más alto. En la primera de ellas un aventurero italiano, merced a un fingido título de príncipe, consigue situarse en los círculos oligárquicos, en donde el esnobismo y la escasa inteligencia impiden descubrir su auténtica personalidad. Es significativo que en esta novela sea la policía americana (el FBI) quien tenga que 5 desenmascarar al impostor y entregarlo a las autoridades mejicanas.

MIGUEL ANGEL ASTURIAS (1899–   ), guatemalteco, intérprete exquisito del espíritu del pueblo maya, ha escrito además obras de carácter político-social que le han valido la concesión del Premio Nóbel en 1967. Desde su primer libro, *Leyendas de Guatemala*, traducido al 10 francés y prologado por Paul Valéry, hasta los recientes *Mulata de Tal* y *El espejo de Lida Sal*, no hace sino recrear un mundo mágico y poético en el que se aúnan nuevas interpretaciones de los mitos prehispánicos con las vivas descripciones de los campesinos de hoy día. Su novela más conocida, y una de las más importantes de Hispanoamérica, es *El señor* 15 *Presidente*, visión caricaturesca y esperpéntica de una dictadura centro-americana, en la que adquiere valor literario el feroz espectáculo de la vida política de Guatemala hace algunos años. Más tarde y en un estilo más sencillo, trató de la vida política de su país con motivo de la encubierta intervención americana en 1954 (*Weekend en Guatemala*, etc.). 20 La prosa de Asturias es a veces difícil; el autor juega con sus vocablos, crea neologismos e incluso recurre a onomatopeyas. Su lenguaje brillante y fantástico en muchos casos, es de difícil entendimiento para el lector no habituado a esas complicaciones de estilo.

He aquí una breve muestra de su extraña y fascinante prosa: 25

> Y esto ocurre en un país de paisajes dormidos. Luz de encantamiento y esplendor. País verde. País de los árboles verdes. Valles, colinas, selvas, volcanes, lagos verdes, verdes, bajo el cielo azul sin una mancha. Y todas las combinaciones de los colores florales, frutales y pajareros en el enjambre de las anilinas. Memoria del temblor de la luz. Anexiones de agua y cielo, 30 cielo y tierra. Anexiones. Modificaciones. Hasta el infinito dorado por el sol.

En la obra poética y narrativa de JORGE LUIS BORGES (1899–   ) se combinan la tradición popular de la Argentina (los gauchos) y el interés por las formas más nuevas de la poesía de su tiempo (*Fervor de* 35 *Buenos Aires, Luna de enfrente*). Borges fundó la revista *Martín Fierro*, y colabora en *Sur*, la revista de carácter más internacional en la Argentina,

dirigida por Victoria Ocampo (una escritora de gran distinción que ha contribuido delicada y eficazmente al progreso intelectual de Buenos Aires). Borges es estimado en Hispanoamérica sobre todo por sus llamados cuentos «metafísicos» (*Ficciones, El Aleph*), en realidad, narraciones en
5 las cuales lo fantástico y lo más abstracto aparecen como cosa normal. En este sentido. Borges recuerda a Kafka, aunque haya en él algo peculiar, el intento de armonizar y fundir las actitudes más extremas en una suprema unidad estética. En uno de sus mejores cuentos, *La casa de Asterión*, un monstruo aguarda ansiosamente a quien lo venza y aniquile; evoca
10 Borges la figura de Teseo, que ayudado por Ariadna, logró vencer al monstruoso Minotauro: «¿Lo creerás, Ariadna? El Minotauro apenas se defendió». Borges es un artista refinado, y su obra mejor, un eco de las inquietudes morales e intelectuales del tiempo presente.

Hoy no aparece Borges como un escritor aislado en su laberinto
15 intelectual. Narradores que se apartan mucho de él en los temas o en el modo de tratarlos, han emprendido, sin embargo, caminos literarios abiertos por el arte de Borges. Merecen citarse en este caso los argentinos ERNESTO SÁBATO (*El túnel, Sobre héroes y tumbas*) y JULIO CORTÁZAR en sus primeros cuentos.

20 A la novela llamada criollista, o «de la tierra», sucede —aunque coexistiendo con ella— un nuevo tipo de relato que no sigue la forma lineal y cronológica de la novela realista. Maestros de estos innovadores han sido John dos Passos, Joyce, Faulkner, Proust, Céline y, en general, cuantos han intentado renovar la estructura de la novela como forma
25 literaria. Entre los nombres más destacados de este grupo de novelistas que cultivan la llamada «nueva novela hispanoamericana», figuran JUAN RULFO, quien, en *Pedro Páramo*, reconstruye la vida de un personaje y de una región en planos a primera vista inconexos, en los que se entrecruzan el pasado y el presente, la muerte y la vida, la realidad y la fantasía. Mejicano
30 como el anterior, CARLOS FUENTES, en una ambiciosa novela, *La región más transparente*, abarca la totalidad de un Méjico en donde coexisten el espíritu azteca, latente en el pueblo bajo, con un pretencioso cosmopolitismo en las clases enriquecidas con la Revolución.

El colombiano GABRIEL GARCÍA MÁRQUEZ (1928–   ) nos sitúa en un
35 país imaginario, Macondo, en el que suceden cosas fantásticas, sin que lo maravilloso borre nuestra noción de la tierra colombiana. *Cien años de soledad* es la más voluminosa y completa parte de esa saga a la que hay que unir otras piezas del rompecabezas, *La mala hora* y *Los cuentos de la*

mamá grande. El peruano MARIO VARGAS LLOSA (1936–   ) expone en forma bastante cruda la vida en un colegio paramilitar, *La ciudad y los perros*. Es también sugestiva su narración, *La casa verde*, en que la vida primitiva y la de la ciudad se alternan formando extrañas combinaciones. Igual perfección técnica muestra su última novela, *Conversación en la* 5 *catedral* (1970), retrato de El Perú en los años del gobierno del presidente Odría.

En la Argentina, JULIO CORTÁZAR, (1916–   ), traductor de la obra de Edgar Allan Poe y cuentista fantástico, llega en *Rayuela* a presentar la vida humana jugando burlonamente con las formas de novelar, e 10 incluso con las del lenguaje: doble orden de los capítulos, saltos en la acción, monólogos interiores, superposición de relatos en líneas alternadas, palabras carentes de significación, textos tomados a otro autor o a un documento, todo ello como en un rompecabezas. El cubano JOSÉ LEZAMA LIMA (1912–   ), maestro de poetas, se une a este 15 movimiento con *Paradiso*, novela complicada, muchas veces mas poesía que prosa, en la cual revive la Habana de sus años de niñez y adolescencia. Podrían añadirse algunos nombres más, y seguir las huellas que conducen a este momento que florece en las audacias novelísticas de los argentinos ROBERTO ARLT o el LEOPOLDO MARECHAL de *Adán Buenosayres*, o en el 20 camino buscado en sus novelas por el mejicano AGUSTÍN YÁÑEZ o el chileno ENRIQUE LAFOURCADE.

Otra gran figura, que ha caminado por senderos propios, aunque coincida con los rumbos de la novela más actual, es ALEJO CARPENTIER, (1904–   ), cubano, exiliado en Venezuela durante varios años. Su 25 sólida formación musical y las preocupaciones folkloristas de su juventud se hacen visibles en novelas con diversidad de estilo, que no privan de unidad el conjunto de su obra. El barroquismo explosivo de su última novela, *El siglo de las luces*, logra hacer revivir el ambiente de los países antillanos sacudidos por la Revolución Francesa y el imperio napoleónico. 30 En la misma circunstancia histórica se inspira *El reino de este mundo* —una sucesión de estampas desbordantes de luz y colorido. En *Los pasos perdidos*, el protagonista —en busca del origen de la música— camina desde las zonas de la más alta civilización a las más primitivas. En estas últimas halla la más perfecta felicidad; por desgracia para él tiene que 35 alejarse de aquel paraíso, y cuando intenta retornar, sus pasos se pierden en la selva, y le es imposible encontrar la senda escondida que conducía al lugar en donde había logrado hallar la última razón de su existencia.

240

IX

Conclusión

En las páginas anteriores se ha puesto al día, en forma sucinta, la situación política y literaria de Iberoamérica. Hemos intentado dar una idea, lo más clara posible, de la personalidad de quienes, en América, se expresan en español y en portugués, de sus ideales, de sus problemas, de
5 su lucha por existir de acuerdo con su tradición y con las circunstancias en que su destino natural y humano les ha situado. Quien lea a Sarmiento, a Rodó, a Vasconcelos, a Martí, a Reyes y a otros más modernos, y quien con eso combine la lectura de los grandes clásicos de Norteamérica, entenderá cómo son ambas Américas. Para el norteamericano, primero
10 son las cosas y luego las personas; entendemos por «cosas», forzando un poco el sentido de la palabra, tanto un artefacto, como la reunión de tres mil profesionales en la asamblea que celebran todos los años. Una persona sin cosas que hacer, sin algo de función colectiva, carece de sentido en Norteamérica. Para el iberoamericano las personas tienen un
15 valor absoluto, y existen recorriendo una órbita que comienza y termina en ellas mismas.

Llamar individualismo a tal modo de ser se presta a muchos equívocos. Individualista es el inglés del siglo XIX, para quien la sociedad consistía en una suma de unidades, de actividades individuales, en una «división
20 individual» del trabajo social. La economía individualista era partidaria de la libre concurrencia y del libre cambio. El individualismo, en último término, es resultado de una reflexión que pone el acento sobre la capacidad constructiva de la persona; el auténtico artista y el pensador original son por esencia individualistas. Lo son también quienes cultivan,
25 como si fuera su propio huerto, la industria o la ciencia creadoras de «cosas» impersonales.

Los hispanos e iberoamericanos, si son individualistas, lo son sobre la base de lo espontáneamente sentido, pues rara vez intentan trabajar con fines científicos con miras a conocer lo todavía ignorado en el campo de la teoría o de la técnica práctica. De ahí que su cultura sea rica en lo que puede conseguirse sin dialogar problemáticamente con lo aún desconocido : heroísmo, dignidad personal, riqueza de vida interior expresada con 5 belleza, distinción o gracia; religiosidad, poesía, toda forma de arte popular (tejidos, cerámica, canciones, bailes). En una palabra, todo cuanto puede hacerse sin necesidad de salir de uno mismo. Más bien que individualista, tal forma de vida debiera llamarse personalista e integral. Las personas, repetimos, tienen un valor absoluto ; el trabajo 10 para modificar la naturaleza y función de las cosas en torno a él no es actividad importante en la vida del iberoamericano.

El iberoamericano se interesó por la cultura relacionada con la experiencia de la propia vida, pero no con la que incita a luchar intelectual e ingeniosamente con las cosas. El argentino Sarmiento poseía vasto saber 15 en todo cuanto afectaba a la vida y a la conducta humana; su *Facundo* es una aplicación original de las ideas del alemán Hérder, un filósofo de la historia, porque esas ideas ayudaban a expresar la propia existencia de Sarmiento. Pero no hubo un solo argentino en aquel tiempo que hiciese alguna original aplicación de la física, la mecánica o la medicina 20 contemporáneas, lo cual, si se mira bien, no hubiera significado más esfuerzo de inteligencia que extraer *Facundo* del pensamiento de Hérder. Y es que no se trata de un problema de inteligencia, sino de manera de ser. Es justamente lo contrario de lo que acontece en el mundo de lengua inglesa, en el cual hay, pero no son frecuentes, estudios literarios dotados 25 de gracia y sentido artísticos. El iberoamericano tiene que importar ciencia y métodos industriales, lo mismo que los ingleses han tenido que importar las historias de la literatura o de la lengua inglesas escritas por extranjeros.[1]

Estamos ahora en el centro del problema. Las cosas forman parte de 30 la sustancia humano-social del norteamericano ; las cosas para el iberoamericano son como un vestido que se pone ; la función social dirige la vida del primero, y la conciencia de estar existiendo determina la del segundo. El primero se vestirá como todo el mundo ; subordina su

---

[1] Para no incurrir en una injusticia habría que añadir que los estudios de crítica literaria con valor artístico son relativamente modernos en el mundo hispánico ; y que la primer historia de la literatura española fue obra del americano George Ticknor (1849), porque nadie en España había sido capaz de escribir una. De todos modos la sensibilidad artística de Ticknor era mínima.

persona a la «cosa» traje, que venden ya hechos en los almacenes; el segundo subordina el traje a su persona, y a poco dinero que tenga, busca un buen sastre que se lo haga a su medida. Se dice en español que alguien «lleva bien o mal el traje», expresión intraducible al inglés.
5 En Norteamérica las cosas llevan a los hombres; en el Sur, son los hombres quienes traen y llevan las cosas; las compran, las imitan, las aplican. Si no tienen cosas, se quedan sin ellas, solos, acompañados de su propia persona y de sus valores, muchos, pocos o ningunos. Los tipos hispánicos que han influido en la cultura universal son grandes artistas y
10 escritores, conquistadores, santos, caballeros, aventureros. El gaucho argentino, solo en su pampa, sin más mundo que su coraje, su cielo, su caballo, su guitarra y sus canciones, su facón y un horizonte ilimitado que despierta anhelos de infinitud y eternidad, ese gaucho es una figura bien hispánica.

15 Como consecuencia ineludible de ser como son ambas Américas, los norteamericanos del futuro han de procurar entender y estimar a sus vecinos del sur, si aspiran a ser considerados: a) como amigos inteligentes, capaces no sólo de utilizar las riquezas naturales de los otros americanos, sino de colaborar con ellos en la creación de un mundo futuro menos
20 desunido; b) como seres humanos abiertos a maneras de vida distintas de las suyas.

Las circunstancias históricas han obligado a los norteamericanos a salir de su tradicional aislamiento. Muchos, sin embargo, van al extranjero simplemente para divertirse o para hacer buenos negocios, y se limitan a
25 considerar a los otros pueblos como «natives», como un espectáculo curioso, o a servirse de ellos como de un medio para sus fines materiales, económicos o políticos. La actitud del hombre instruido universitaria-mente no puede ser ésa.

Los norteamericanos están habituados a considerar a todos sus
30 compatriotas como iguales, como igualmente capaces de hacerlo todo, y tienden cada vez más a suprimir o a nivelar las diferencias humanas, de cualquier clase que sean. El sistema es excelente para vivir en Norte-américa y entre norteamericanos; es menos útil, sin embargo, para entender a quienes, cultural y socialmente, son muy distintos de ellos.
35 En las repúblicas del sur, no obstante los generosos esfuerzos realizados en el siglo XX, persiste el contraste entre minorías cultas, y socialmente muy distinguidas, y masas poco instruidas y pobrísimas.

En algunos países de Iberoamérica, muy distintos entre sí, han ocurrido cambios en la organización social—en Méjico y en la Argentina sobre todo. A consecuencia de ellos las clases altas han perdido muchos de sus privilegios tradicionales, y se está creando una clase media y acomodada con elementos populares, tanto ciudadanos como campesinos. De todos modos, los iberoamericanos no llevan camino de nivelar su sociedad en la forma que 5 acontece en los Estados Unidos, puesto que siguen siendo muy fuertes las diferencias creadas por la posición económica y por la distinción personal de cada individuo. En general puede decirse que la superioridad intelectual (hablar, escribir, y pensar con alguna distinción) crea una conciencia de refinamiento aristocrático; un norteamericano considerará la expresión 10 personal de sentirse diferente, y el servirse de ello para subrayar la distancia y la superioridad respecto del prójimo, como una manifestación de arrogancia y de falta de humana caridad. Podemos decir, sin embargo, que una gran diferencia y un gran motivo de incomprensión entre ambas Américas se han creado precisamente por la razón que acabamos de 15 enunciar, a saber: el americano no se expresa respecto de sí mismo y de sus prójimos en la misma forma que el iberoamericano, incluso en los casos en que ambos poseen igual volumen de cultura y de inteligencia.

Quienes visitan Iberoamérica viniendo del norte, se sorprenden de la poca importancia que allá tienen la cohesión social, la solidaridad y la 20 caridad interhumanas. Los iberoamericanos inteligentes y cultos se sorprenden, a su vez, del poco interés que ofrecen las conversaciones con americanos cuando se sale del tema de los negocios, o de los asuntos comunes y al alcance de cualquiera. No comprenden que el americano se encoge interiormente cuando llega el momento de decir «yo», y de 25 expresar opiniones y juicios que le hacen sentirse personalmente importante, como un individuo aislado, y no como miembro de su país o de cualquier institución colectiva. El iberoamericano piensa entonces que es tontería e incapacidad de expresión, lo que en realidad procede de reserva y modestia, fomentadas por una tradición religiosa y social. Se 30 crean así graves incomprensiones, casi nunca aclaradas. Parece evidente, sin embargo, que el abismo entre el norte y el sur (mucho mayor de lo que se cree) podrá salvarse mediante un esfuerzo de «cultura», es decir, conociéndose uno mismo y conociendo al prójimo. La cultura del norteamericano y la del iberoamericano deben hacerse mutuamente accesibles 35 y comprensibles. No todos los hombres del sur son inhumanos, ni están desprovistos de virtudes sociales; no todos los norteamericanos son materialistas, ingenuos intelectualmente e inexpresivos. Si este libro pudiera contribuir en algún modo a esclarecer las confusiones que dividen a ambas Américas y a acortar las distancias que las separan, el autor de estas páginas creería que no ha perdido completamente su tiempo.

PALABRAS FINALES

Las relaciones y los problemas entre la América del Norte e Iberoamérica son en este momento muy diferentes. Cuba es hoy un país enemigo a corta distancia, y que sabe utilizar las tensiones entre los Soviets y la China comunista en provecho del régimen cubano y en contra de los Estados Unidos. Las repúblicas del sur no sienten el mismo respeto o el mismo temor que antes, por el llamado «coloso del norte». En el Perú han nacionalizado fábricas y propiedades americanas en una forma que antes no habría sido posible. En esa y en otras repúblicas del Pacífico pretenden ampliar a 200 o 300 millas la extensión de sus aguas juris- diccionales; se trata en realidad de dificultar las actividades pesqueras de los barcos americanos. Uno de éstos fue apresado y obligado a ir al Perú por una cañonera de aquel país.

En vista de estos y otros hechos, el presidente Richard Nixon envió a Iberoamérica como un mensajero de paz y amistad a Nelson Rockefeller, gobernador del estado de Nueva York. El emisario del presidente americano es una figura de alto prestigio, no sólo por su nombre y su fortuna; habla español, conoce bien Iberoamérica, y ha realizado en Venezuela una obra social tan humanitaria como inteligente. No obstante, Rockefeller no fue acogido con simpatía en algunos países, y no parece que su misión pueda influir mucho en las relaciones entre ambas Américas.

Todo lo anterior no significa que la presencia económica y cultural de los Estados Unidos en Iberoamérica no siga siendo muy importante. Se trata únicamente de llamar la atención sobre los efectos que van causando en Iberoamérica los extraordinarios acontecimientos de esta época, decisiva para el futuro de la humanidad. Lo extraordinario en tales acontecimientos consiste en haber afectado tanto a Norte América como a Iberoamérica. Los Estados Unidos no pueden prestar hoy la misma atención de antes a la otra América, a causa de la guerra en Asia y de los conflictos violentísimos planteados, al mismo tiempo, por la población negra y por la juventud blanca en las universidades y en otras partes. Pero precisamente por ser las cosas como son, es más necesario que nunca antes no perder de vista a la América hispano-portuguesa. Porque esa otra América ha de estar, no sometida, pero sí coordinada con nuestra América, en el terreno de la cultura aún más que en el de la economía. Y cultura significa en este caso ofrecer a los jóvenes una razón y un sentido para su existencia. Esa razón y ese sentido pueden orientarse hoy hacia el Oriente o hacia el Occidente; o hacia dictaduras místicamente 5 colectivizadas, o hacia democracias que hagan posible a la persona individual seguir siéndolo, sin perder de vista la necesaria conexión entre el individuo y la sociedad.

La mayoría de las repúblicas iberoamericanas están regidas por gobiernos que, en una u otra forma, son dictaduras sostenidas por el 10 ejército, y están agitadas invisiblemente por fuerzas organizadas y dirigidas por un comunismo oriental en una u otra forma. Hasta ahora el gobierno americano no había encontrado más forma de intervenir políticamente en Iberoamérica que la de sostener las dictaduras (Trujillo, Batista, etc.). El precio pagado por tamaño error ha sido una Cuba comunista a dos pasos 15 de la costa americana. Pero el mejor modo de defender los intereses americanos en Iberoamérica sería contribuir a que disminuya en aquellas repúblicas el número de quienes ni pueden ni saben cómo ganarse la vida; hay demasiados limpiabotas, vendedores de helados, gentes que no saben hacer nada, y que todo lo esperan del paternalismo burocrático 20 del Estado. Muchos «burgueses» en Iberoamérica dirigen hoy sus ojos más hacia Europa que hacia Norteamérica; los desheredados, los desesperados por su miseria dirigen sus ojos hacia el maoísmo o hacia cualquier otra forma de subversión social. El ejemplo de Cuba ofrece buen material de propaganda, y la tendencia a dejarse llevar por 25 mesiánicas utopías hace el resto. Surgen entonces las guerrillas en Guatemala, Colombia, Bolivia, en dondequiera que sea posible organizarlas.

El tema aquí tratado ofrece aspectos que eran insospechables al terminar la última guerra mundial. Pero hoy día no cabe ya tratar de 30 Iberoamérica desde puntos de vista meramente eruditos, o pensando en su interés comercial o industrial. En una u otra forma, lo que acontezca en Iberoamérica afectará al futuro de los Estados Unidos. De ahí que sea importante darse bien cuenta de lo que allá está aconteciendo.

APÉNDICE SOBRE CHILE

En noviembre de 1970 ocupó la presidencia de la república el Dr.
Salvador Allende, un médico de filiación marxista, que había sido
5 elegido en forma democrática y constitucional. Como se trata de un
hecho sin precedente y de gran alcance, sin intervención del ejército ni
alteración del orden público, conviene comentarlo en pocas palabras y
teniendo presente lo dicho antes (p. 138): «...la política chilena se ha
caracterizado siempre por una nota de moderación».

10 El anterior presidente, Eduardo Frei, jefe del partido demócrata
cristiano, estaba lleno de buenos propósitos, pero no consiguió cambiar
la inhumana estructura de la sociedad chilena: el 75% de la superficie
habitable en una nación de nueve millones y medio de personas, pertenece
a 2.800 propietarios. El presidente Frei —por motivos históricos y largos
15 de explicar ahora— no pudo hacer en Chile lo llevado a cabo en el siglo
XX por Escandinavia, Holanda, Inglaterra y otros países. La política
reformadora de Frei fue obstruida por los poderosos terratenientes, por
las compañías extranjeras que explotan las minas de cobre y de otros
minerales; y también por ciertas empresas bancarias.

20 El ejemplo de la Cuba de Fidel Castro, la potencia nuclear y tec-
nológica de los Soviets, juntamente con la fuerza numérica y el fanatismo
de la China maoísta, avivan hoy las esperanzas de todos los oprimidos y
desesperados por su miseria. A estos desventurados se les dice que todo lo
comunista es perfecto, y que todo lo americano es infame, sin añadir que
25 de los Estados Unidos puede marcharse el que lo desee, cosa imposible en
los estados comunistas. Aunque conviene recordar la conocida frase del
papa Pío XII: « Quienes buscan su salvación en el comunismo, no tienen
razón pero tienen motivos».

Esta «explosión» marxista, democráticamente preparada y llevada
30 a cabo en una república iberoamericana, se ha producido en un momento
de graves preocupaciones en Norte América, tanto internacionales como
nacionales (Vietnam, negros desmandados, población blanca aferrada a
sus antipatías raciales, jóvenes universatarios desorientados y rebeldes).
Se subrayan estos hechos, porque una de las finalidades de este libro
35 sencillo y elemental, es hacer sentir al joven americano la interpendencia
de ambas Américas, no sólo en el campo de los intereses económicos,
sino además en el de la cultura y la sensibilidad moral. Si los americanos
se hubieran hecho cargo de los motivos que hacían combatir a Fidel

Castro en Sierra Maestra, si hubieran comprendido las razones que impulsaban a Eduardo Frei a cambiar el régimen de la propiedad territorial y minera en Chile, puede ser que no hubiera hoy un presidente comunista en Cuba y otro en Chile. Todo esto puede parecer retórica inútil, aunque ha de tenerse presente que las naciones no son entidades aisladas; influye 5 en ellas lo que otras naciones hacen con ellas. Vietnam del Norte está hoy muy presente en la vida de los americanos.

El porvenir de Chile va a depender de que Allende pueda o no pueda mantener un equilibrio entre las pretensiones de una masa obrera mal pagada con una moneda en desnivel con la inflación de los precios, y las 10 presiones antirrevolucionarias de quienes han de oponerse a que Chile sea sometido a un sistema de fronteras herméticas y de plumas y bocas amordazadas.

En el primer gobierno formado por Allende los comunistas sólo ocupan los ministerios de Hacienda, Obras Públicas y Trabajo. Las 15 restantes carteras han sido dadas a cuatro socialistas, tres socialdemócratas y tres radicales. Es importante notar que, de acuerdo con la buena tradición chilena, el ejército no está interviniendo en la política del nuevo presidente. Elementos reaccionarios han asesinado al general René Schneider, jefe supremo del ejército, sin que este bárbaro crimen 20 haya alterado el orden público, ni afectado a las relaciones de las fuerzas armadas con el Estado. Por su parte el nuevo presidente, aunque no es católico, ha visitado al arzobispo de Santiago y hablado con él muy cordialmente. Parece, pues, que el nuevo régimen chileno nace bajo el signo de la cordura. Allende da la impresión de poseer gran sentido 25 político, de estar tratando de amoldar la ideología marxista a las circunstancias y tradiciones de su país, en la medida que esto le sea posible. El nuevo primer mandatario ha de tener en cuenta que la democracia cristiana y su jefe Eduardo Frei, no obstante haber tenido menos votos que él, son una gran fuerza política, por su número y por su modo de 30 enfocar ciertos problemas socioeconómicos. Inesperadamente Chile se ha convertido en un serio problema que va a preocupar a ambas Américas, y también al viejo mundo europeo.

Vocabulario

This vocabulary is intended as an aid to students in understanding the text. Omitted from it are cognates, easily recognizable words whose spelling approximates English, numerals, adverbs ending in **-mente** if the adjectival form appears, diminutives and superlatives, present and past participles except when used with special meanings. Adjectives are listed only in masculine form. Gender of nouns has not been indicated except in special cases. Idioms containing nouns will be found under the first noun and verbal idioms under the verb.

The following abbreviations have been used:

adj.	adjective	*m.*	masculine
adv.	adverb	*Mex.*	Mexican
Arg.	Argentine	*n.*	noun
Cub.	Cuban	*p.p.*	past participle
f.	feminine	*Per.*	Peruvian
fig.	figurative	*pl.*	plural
impers.	impersonal	*Port.*	Portuguese

A

a to, on, at, by, in, of, from

abajo under, underneath, below; **de abajo arriba** from the bottom up(ward); **los de abajo** the underdogs

abandonar to abandon, leave, forsake

abarcar to embrace; to include; to comprise; to contain

abate *m.* abbot

abdicar to abdicate

abierto *see* **abrir**; open, opened

abigarrado variegated

Abisinia Abyssinia, Ethiopia

abismo abyss

abnegado self-denying

abolir to abolish

abono fertilizer

aborígenes *pl.* aborigenes, natives

abrazar to embrace

abrevar to give to drink; to water (*cattle*)

abrir to open; to cut open

absoluto absolute; despotic; **en absoluto** absolutely, absolutely not

absorbido absorbed

abstener to abstain, refrain

abstracción abstraction

absurdo absurd; *m.* absurdity

abuelo grandfather; ancestor; **abuela** grandmother

abundancia abundance

abundar to abound

abusar to exceed; **abusar de** to abuse, take undue advantage of

abuso abuse

acabar to finish, end, complete; to achieve; **acabar con** to do away with;

acabar de to have just (done something); **acabar por** to end by

acariciar to caress

acarrear to carry, transport; to bring about

acaudalado wealthy

acaudillar to command, lead

acceso access

acechanza ambushing

acelerar to accelerate, speed up

acento accent

acentuar to accentuate, emphasize

aceptar to accept

acera sidewalk

acerado made of steel; steely, mordant, keen

acerbamente cruelly, harshly

acerca de about, with regard to

acercarse to draw near, approach

acero steel

acertado wise, correct

acicate *m.* spur

acierto correct judgement; skill; good hit

aclarar to clarify, explain; to become light in color

acoger to welcome; to receive; to accept

acogida welcome, reception

acometer to attack

acometida attack, assault

acomodado well-to-do

acompañante *m.* attendant

acompañar to accompany

acondicionar to arrange

aconsejar to advise

acontecer to happen, come about, occur

acontecimiento event, happening

iii

acordarse (de) to remember
acorralar to herd
acortar to shorten; to lessen
acostarse to lie down
actitud attitude
actividad activity
acto act, action; acto de fuerza act of violence, sheer violence; en el acto at once
actual present, of the present time, timely
actualidad present time
actualmente at present, at the present time
actuar to act
açúcar m. Port. sugar
acueducto aqueduct
acuerdo accord, agreement; resolution, determination; opinion; buen acuerdo agreement; de acuerdo in agreement, in accordance
acumular to accumulate
acusar to accuse
achacar to attribute
adaptar to adapt; adaptarse to adapt oneself
adelantado advanced, moved ahead
adelante ahead; forward; before; en adelante henceforth; más adelante farther on
adelanto advance, progress
ademán m. gesture, attitude
además moreover, besides; además de besides, in addition to
adicto addicted, devoted
adiestrado trained
adinerado wealthy
adiós good-bye
administrar to administer
admirar to admire; admirarse to be surprised, amazed
admitir to admit
adobe m. adobe, unburnt brick
adolescencia adolescence
adoptar to adopt; to take up (a cause)

adorar to adore, worship
adorno adornment, ornament
adquirir to acquire, obtain, get
aduana customhouse
advenimiento coming, rise (to power)
advenir to come into existence
adversario adversary
advertir to notice, observe; to warn
advocación appellation
aéreo air
aeródromo airfield
aeroplano airplane
afán m. anxiety, eagerness
afanarse to exert oneself
afanoso eager, anxious
afear to make ugly; to impair
afección disease
afectación affectation
afectar to affect
afectivo emotional
afecto fond, inclined; attached; m. fondness
afeite m. make-up (for women), cosmetic
afirmar to affirm; to make fast, secure
afligir to grieve, lose heart; to afflict
afluencia affluence, plenty
afluente m. tributary (river)
afluir to flow into
afortunado fortunate, lucky
africano African
afrocubano Afro-Cuban
afrontar to confront, face
afueras outskirts
agente m. agent, solicitor
agitar to agitate; to stir
aglomeración agglomeration, congestion
aglutinar to agglutinate, merge
agonía agony
agónico agonizing, dying
agosto August
agotar to exhaust
agradable agreeable, pleasant
agrario agrarian
agravante aggravating circumstance

agravarse to aggravate; **agravarse** to become worse, get worse

agrícola *adj., m. & f.* agricultural

agricultura agriculture

agrio sour

agropecuario pertaining to agriculture and cattle raising

agrupación cluster, group

agrupar to group, cluster; to round up

agua water

aguardar to expect; to wait for, await

agudo sharp, acute

águila eagle

agujero hole

agustino Augustinian *(monk)*

ahí there, yonder; **de ahí** thence, therefore; **de ahí que** with the result that

ahogar to choke, smother

ahondar to deepen

ahora now; **ahora bien** now then; **hasta ahora** hitherto

ahorcar to hang

aimará Aymara *(Peruvian Indian race)*

aire *m.* air; atmosphere; **aires de fuera** influences from abroad

aislado isolated

aislamiento isolation

ajeno foreign, another's; alien

ajo garlic

ajustar to adjust, adapt

ala wing

alabanza praise

alarde *m.* boasting, vanity

alargar to lengthen, extend

albaricoque *m.* apricot

albergue *m.* lodging, shelter, asylum

alcance *m.* reach, scope; **al alcance de** within reach of

alcanzar to attain, obtain; to reach; **alcanzar a oír** to happen to hear

aldea village, hamlet

aleccionar to teach; to coach

alegato allegation, plea

alegre merry; light-hearted; cheerful

alegría mirth, merriment, joy

alejado far-off, distant

alejamiento distance

alejar to withdraw; **alejarse** to recede, move away

alemán German

alentar to encourage

alerta vigilance

Alfonso VI king of Leon (1065–1109) and Castile (1072–1109); **Alfonso VI** king of Portugal (1643–1683); **Alfonso Henríquez** first independent king of Portugal (1143–1185)

algarrobo carob tree

algo some, something; somewhat

algodón *m.* cotton

algún, alguno some, any

aliado ally

alianza alliance

aliar to ally

aliento breath, vigor

alimentar to feed, nourish

alimenticio food; **materias alimenticias** things to eat, eatables

alimento nourishment, food

alivio relief, improvement

alma soul; *pl.* inhabitants

almena merlon of a battlement *(the raised part between two openings of a parapet)*

almendra almond

almirante *m.* admiral

alojado lodged

alojamiento lodging

alquilar to let; to rent

alrededor around; **alrededor de** about, around; *m. pl.* outskirts, environs

altar *m.* altar; **altar mayor** high altar

alterar to alter, change

alternar to alternate

altibajos vicissitudes

altisonante high-sounding

alto high; eminent, great; **en alto** up high, on high

altura height, stature, altitude

alucinación hallucination
alucinado deluded
aludir to allude, refer
alumbrar to light, illuminate
alumbre *m.* alum
alzamiento uprising, insurrection
alzar to raise; **alzarse** to rise
allá there; thither; to that place; **más allá** beyond, farther on
allí there
amable amiable, affable
Amadís: Amadís de Gaula *an anonymous novel of chivalry generally attributed to Garci Rodríguez de Montalvo who prepared the edition of 1508*
amanecer to dawn; **amanece el sol** the sun rises
amante *m. & f.* beloved, lover
amar to love
amargado embittered
amargo bitter
amarillento yellowish
amarillo yellow
amazona Amazon
Amazonas *m. sing.* Amazon *(river)*
ambición ambition; greed
ambicioso ambitious, covetous, greedy
ambiente *m.* atmosphere, environment
ámbito contour, inclosure
ambos both
ambulante *adj.* strolling, itinerant
amenaza threat
amenazar to threaten
América the American continent
amigo friend
amistad friendship
amistoso friendly
amo master; boss
amoldar to mould; to adjust
amontonamiento heaping
amor *m.* love; *pl.* love affairs
amoroso tender, sweet
amotinar to incite to rebellion; **amotinarse** to riot
ampliar to amplify, extend

amplio ample, extensive
amplitud extent, fullness
anacoreta *m.* anchorite; hermit
Anáhuac *ancient name of valley of Mexico*
analizar to analyze
análogo analogous
anarquía anarchy
anárquico anarchic
ancho wide, broad
anchura width, breadth
andar to walk; to go; to travel; to be; walk; passing *(of time)*
andas litter, sedan-chair
ande *Arg.* = **donde** where
Ande, Andes Andes Mountains
andino Andean
anexión annexation
anexionar to annex
anglicismo Anglicism
anglosajón Anglo-Saxon
angosto narrow
angustia anguish
angustioso distressing
anhelo eagerness, craving
anhelante eager
anilino aniline *(chemical used in dyes)*
animar to animate; to excite; to encourage
ánimo spirit, soul; mind; courage; intention; **con ánimo de** with the intention of
animosidad animosity
aniquilamiento annihilation, destruction
aniquilar to annihilate; to destroy
aniversario anniversary
anónimo anonymous; *m.* anonymous (author)
ansia anxiety; longing; greediness
ansiedad anxiety
ansiosamente anxiously
antártico antarctic
ante before; in the face of; **ante todo** above all, first of all
antecedente *m.* antecedent
antepasado ancestor, predecessor

anterior anterior; former; above; preceding
anteriormente previously
antes before; formerly; previously; **antes de** before
anticuado antiquated
antigüedad antiquity; ancient times
antiguo ancient, old; *m. pl.* the ancients
antillano West Indian
Antillas Antilles *(West Indies)*
antimaterialista *m.* an enemy of materialism
antipatía antipathy, dislike
antiquísimo very old
antirracial antiracial
antitético antithetical
antología anthology
antropofagia cannibalism
antropología anthropology
antropológico anthropological
anular to annul
anunciar to announce, proclaim
anuncio announcement
añadir to add
añejo old
año year; **al año** per year
añorar to miss, long for
aparecer to appear
aparejar to get ready; to prepare
aparente apparent, evident, outward
aparición appearance
apariencia appearance
apartar to remove, take away
aparte de aside from, apart from
apasionado passionate, impassioned
apasionamiento passion
apasionar to impassion, move
apatía apathy
apático apathetic
apellido family name
apenas scarcely, hardly
apetito appetite
apetitoso appetizing
aplastar to crush, flatten, smash
aplauso applause, acclaim

aplicar to apply
apodado nicknamed
apoderarse to take possession
apogeo apogee, height
aportación contribution
aportar to bring, contribute
aposento room
apóstol *m.* apostle
apoteosis *f.* deification
apoyar to rest, support; **apoyarse** to rest, lean (on)
apoyo support; aid
Apra = Alianza Popular Revolucionaria Americana *a Peruvian political party*
apreciar to appreciate, esteem
apremiante pressing
aprender to learn
apresar to capture
apretar to tighten; to squeeze; to urge; to hasten
aprismo political doctrine of **Apra**
aprista partisan *or* member of **Apra**
aprobar to approve
aprovechamiento utilization, exploitation
aprovechar to profit by, make use of
aproximado approximate(d)
aproximar(se) to approach
aptitud aptitude, fitness, ability
apuntar to point, aim
aquel, aquella that; *pl.* those
aquello that *(idea or thing)*
aquí here, hither; **he aquí** here is; **por aquí** here, this way
árabe Arabic; *m. & f.* Arab
arado plow
aragonés Aragonese
aranha-céus *Port.* skyscrapers
arar to plow
Araucana, La *epic poem by Alonso de Ercilla y Zúñiga, published in two parts (1569 and 1589)*
araucano Araucanian; Indian of southern Chile and his language

arbitraje *m.* arbitration
arbitrariedad arbitrariness, arbitrary act
arbitrario arbitrary
árbol *m.* tree
arboleda grove
arcaico archaic
arcaísmo archaism
arco arch, bow
archimoderno extremely modern
ardiente ardent, burning
arduo arduous
arena sand
argamasa mortar
Argel Algiers (*North African port*)
argentinidad "Argentineness"
argentino Argentine
argumento argument (*reason*); plot
Ariadna Ariadne (*in Greek mythology she helped the hero Theseus escape from the labyrinth*)
aridez *f.* barrenness, sterility
árido arid, dry
Ariel *title of a major work by José Enrique Rodó (1871–1917)*
Ariosto, Ludovico (*1474–1553*) *famous Italian poet, author of the epic poem* Orlando furioso
arisco surly; shy
aristócrata *m. & f.* aristocrat
aristocratismo aristocratic way of life
aristotélico Aristotelian
aritmético arithmetical
arma weapon, arm; *pl.* troops, armies; **armas de fuego** firearms
armado armed
armonía harmony
armónico harmonious
armonizar to harmonize
arpa harp
arqueología archaeology
arqueólogo archaeologist
arquitecto architect
arquitectónico architectonic; architectural

arquitectura architecture
arrabal *m.* suburb
arraigado rooted
arraigar to take root; to settle
arraigo the fact of being rooted
arrancar to pull out, draw out, root out
arranque *m.* impulse; sudden start
arrasar to level, raze
arrastrar to drag; to drag on
arrebatar to snatch
arreglar to settle
arreglo arrangement
arriba above, high; on high; **hacia arriba** upward
arribar to reach the shore
arriesgar to risk
arrogancia arrogance, pride
arrojar to throw (out), fling, hurl
arrojo boldness
arrollar to sweep away
arroz *m.* rice
arruga wrinkle, crease
arruinar to ruin
arte *m. & f.* art; craft; trade; profession; **bellas artes** fine arts
artefacto artifact, handiwork
artesano artisan, craftsman
articular to articulate
artículo article; **artículo periodístico** newspaper article; **artículos de primera necesidad** primary commodities
artificialmente artificially
artificio artifice; ruse
artificioso ingenious
artista *m. & f.* artist
arzobispal archiepiscopal
arzobispo archbishop
asaltar to attack
asalto assault, attack
asamblea assembly, convention
ascendencia line of ancestors, origin
ascendente *adj.* ascending, rising
ascender to ascend; to be promoted

asegurado assured
asemejar to resemble
asentar to place; to found, establish
asesinar to assassinate, murder
asesinato assassination
asesino assassin, murderer
así so, thus; of this sort; **así como** just as
asiático Asiatic
asiento seat
asimilar to assimilate
asistencia assistance, attendance
Asís Assisi *(town in Italy)*
asistir to assist; **asistir a** to attend, be present at
asno donkey, ass
asociado associated
asomar to begin to appear; to loom; **asomarse a** to look out of; to lean out of
asombrar to astonish, amaze; **asombrarse de** to be astonished at
asombro amazement
asombroso amazing
aspecto aspect; view
áspero rough, harsh
aspirar to aspire
astillero shipyard
astronomía astronomy
astronómico astronomical
astucia cunning, shrewdness
asumir to assume
asunto matter, affair; subject
atacante *m.* attacker
atacar to attack
ataque *m.* attack
atar to tie
atardecer *m.* the latter part of the afternoon; **atardece** night is coming on
atender to attend; to take care of
atenerse a to rely *or* depend on
atento attentive
atenuar to attenuate, make less serious
aterrado frightened, terrified

aterrador terrifying
aterrante awful, terrifying
atlántico Atlantic
atmósfera atmosphere
atomismo tendency to split up
atomización disintegration
atractivo attractive; *m.* attraction
atraer to attract
atrás back, backward, previously
atrasado backward
atrasar to retard, delay; **atrasarse** to be late
atraso backwardness
atravesar to cross
atreverse a to dare
atrevimiento boldness
atribuible ascribable
atribuir to attribute
atropellar to trample; to insult; to violate
atroz atrocious
audacia audacity, boldness
audaz bold, fearless
audiencia audience; high court
augusto magnificent
aumentar to augment, increase
aumento increase
aun even, still, also; **aún** still, yet
aunarse to join, unite
aunque though, even if
ausencia absence
ausente absent
auspicioso auspicious, favorable
austeramente austerely
auténtico authentic
autobiografía autobiography
autobús *m.* bus
autodidacta self-taught
automóvil *m.* car, automobile
autónimo autonomous
autor *m.* author
autoridad authority
autoritario authoritarian, dictatorial
autorizado authorized
auxiliar *m.* aide, assistant

auxilio aid, help
avance *m.* advance
avanzar to advance
ave *f.* bird; **ave de rapiña** bird of prey
Ave María Hail Mary
avenida avenue
aventura adventure
aventurero adventurer
avergonzar to shame
averiguar to inquire, ascertain, find out
ávido eager, anxious
¡ay! alas!
ayer yesterday
ayuda help, aid
ayudar to help, aid
ayuntamiento municipal government
azar *m.* accident, chance, hazard
Azores: Las Azores the Azores
   Islands
azotar to whip, horsewhip; to beat; to
   flog
azote *m.* whip; scourge
azteca Aztec, Mexican Indian race
azúcar *m. & f.* sugar
azucarero *(pertaining to)* sugar
azul blue
azuloso bluish

B

Babilonia Babylonia
babilonio Babylonian
bahía bay; **Bahía de Cochinos**
   Cochinos Bay *(see* **cochino***)*
bailar to dance
baile *m.* dance
bajar to descend, come down; to drop
bajo low; common, humble; short;
   under, underneath, below; **por bajo**
   de below
balada ballad
baladí frivolous, trivial
balancear to swing; **balancearse** to
   rock, roll

balsa raft
baluarte *m.* bulwark
bancarrota bankruptcy
banco bank; bench
bandera flag, banner
bandidaje *m.* banditry
bandido bandit
bandolerismo banditry
baño bath
barato cheap
barba beard
barbarie *f.* barbarity, barbarism
barbarizado barbarized, barbarous
bárbaro barbarous; *m.* barbarian
barbero barber
barca boat, barge
barco boat, ship; **barco de guerra**
   warship; **barco de vela** sailing
   vessel
barquito little boat
barra bar; sandbar
barranca cliff, ravine
barrer to sweep
barrera barricade, barrier
barril *m.* barrel
barrio district, suburb
barro clay, mud
barroco baroque
barroquismo baroque style, extravagant
   style
basalto basalt
basamento base, pedestal
basar to base, found
base *f.* base, basis; **a base de** on the
   basis of; **base naval** naval base
básico basic
bastante sufficient, enough; *adv.*
   sufficiently, rather
bastar to suffice; to be enough
basto coarse, rough, rude
batalla battle, fight
batir to beat; to switch, lash
bautizar to baptize
bayetón *m.* poncho, cloak
beber to drink

bebida drink, beverage
bélico warlike
belicoso warlike
belleza beauty
bello beautiful
bendecir to bless
beneficiar to benefit; **beneficiarse** to profit
beneficio benefit, profit; **en beneficio propio** to one's own advantage
beneficiosamente beneficially, profitably
beneplácito approval, consent
berenjena or **berengena** eggplant
bergantín m. brig; brigantine
besar to kiss
beso kiss
bestia beast
bestialidad brutality
Biblia Bible
bibliografía bibliography
biblioteca library
bibliotecario librarian
bien well; right; very; **más bien** rather, somewhat; **pues bien** well then; **si bien** while, though; m. good; pl. property
bienestar m. well being, comfort
billete m. ticket; **billete de banco** bank note
billón m. one million millions
biografía biography
biología biology
bisabuela great-grandmother
blanco white; blank; m. target
blandir to brandish; to flourish
blando soft, tender
blasfemia blasphemy
bloque m. bloque
bloqueo blockade
boca mouth
boj m. boxwood
boliviano Bolivian; monetary unit of Bolivia
bombardeo bombardment
bombilla tube, straw

Bonaparte, José Napoleon's brother and king of Spain (1808–1813)
bondadoso kind
borde m. border, edge; **al borde** on the brink
bordo: a bordo on board, aboard
Borgoña Burgundy
borrar to erase; to obscure
bosque m. woods, forest
boticario apothecary
botín m. booty
bracero day-laborer
bramar to roar, howl
bramido roar, howl
brasa live coal
brasero brazier, fire pan
Brasil Brazil
brasileño Brazilian
bravo brave; fierce, wild
brazo arm; pl. hands, laborers
brecha breach; **abrir brecha** to make a breach
breve brief
bribonazo rascal
brincar to leap, jump
brinco leap, jump
británico British
broma joke, jest
brotar to spring
bruma mist, fog
bruñir to polish, burnish
bruto: en bruto raw
buen(o) good, kind, well
Buena Esperanza, Cabo de Cape of Good Hope
bufar to snort
bulto bundle
buque ship; **buque de guerra** warship
burgués bourgeois
burguesía bourgeoisie
burlar to ridicule, mock; **burlarse de** to make fun of, mock
burlonamente mockingly
burócrata m. bureaucrat

burocrático bureaucratic
burro donkey
busca search
buscar to seek, look for

C

caballar pertaining to horses
caballeresco knightly, chivalrous
caballería knighthood, chivalry
caballero gentleman; knight, warrior
caballerosidad gentlemanliness, nobleness
caballo horse; **a caballo** on horseback
cabecilla ringleader, chieftain
cabello hair
caber to go in, fit in; to be pertinent, applicable; **no cabe duda** there is no doubt
cabeza head; chief; capital, seat *(of a province, state, etc.)*; **cabezas de ganado** head of cattle
cabo extreme, extremity; cape; **al cabo de** at the end of; **al fin y al cabo** after all; **llevar a cabo** to carry out, accomplish
cabra goat
cacao cacao, cocoa
cacique *m.* Indian chief; boss
cada every, each; **cada cual** each, everyone
cadalso scaffold
cadáver *m.* corpse
cadena chain
cadencia cadence, rhythm
caer to fall
café *m.* coffee
cajón *m.* box, case; drawer
cal *f.* lime; **cal y canto** stone masonry
cala calla lily
calabaza squash, gourd
calculadamente deliberately, calculatingly

calcular to calculate, compute, estimate
cálculo calculation, estimate
calendario calendar
Calibán *character in Rodó's* Ariel
calidad quality; rank; nobility; **en calidad de** in the capacity of
cálido warm
caliente warm, hot
califa *m.* caliph
californiano Californian
caliz *m.* chalice; *fig.* cup of bitter grief
calmar to calm down, abate
calvinista *m.* Calvinist
Calvino: John Calvin (1509–1564) *French theologian and reformer*
calzada paved highway
calzado shod
calzar to wear *(shoes)*
callado quiet, reticent
callar(se) to keep silent
calle *f.* street
callejón *m.* lane, alley; **callejón sin salida** blind alley
callo callus, corn
cama bed
cambiar to change
cambio change, exchange; rate *(of exchange)*; **en cambio** on the other hand; **libre cambio** free exchange
caminar to walk; to travel; to go
camino road, highway, path; journey, trip; route; **camino de** on the road to; **abrir camino** to make way, find a way, pave the way; **por el camino** along the road; **llevar camino de** to be on the way to
camión *m.* truck
camisa shirt
Camões: Luis Vaz de Camoens (1524–1580) *Portuguese poet*
campaña campaign
Campeche: palo de Campeche logwood
campesino peasant, rustic; *m.* peasant; *f.* peasant woman

campestre rural, rustic
campo country, field
Canadá *m.* Canada
canalizar to canalize, channel
canalla rabble
Canarias Canaries (*i.e.*, Canary Islands)
canción song
candidato candidate
candidatura candidacy
cándido candid
canela cinnamon
caníbal *m.* cannibal
canoa canoe
cansar to tire; cansarse to become
tired
cantar to sing; to "squeal"; Cantar
de los Cantares Solomon's Song
of Songs
cantidad quantity
canto song; stone
cantor *m.* singer
caña cane, reed; sugar cane; caña dulce
sugar cane
cañón *m.* cannon; canyon
cañonera gunboat
caos *m.* chaos
caótico chaotic
capacidad capacity, ability
capataz *m.* overseer, foreman ·
capaz able, capable; roomy,
large
capilla chapel
capital *m.* capital (*money*); *f.* capital
(*city*); *adj.* great
capitalidad leadership
capitán *m.* captain, leader
capitana flagship
capitanía *f.* captaincy; military government; capitanía general captaincy
general
capítulo chapter
capricho caprice, whim
caprichoso capricious, whimsical
captar to capture, catch
captividad captivity

cara face
carabela caravel, sailing vessel
caracol *m.* snail
carácter *m.* character; characteristic;
temper, disposition
característica characteristic
caracterizar to characterize
caraqueño *of or pertaining to Caracas*
carbón *m.* coal, charcoal
carcel *f.* jail, prison
carecer (de) to lack
carente lacking
carga load, burden, charge
cargamento cargo
cargar to load; cargar con to carry;
cargarse de to load oneself with
cargo charge, care; post, office; cargo
público public office; al cargo de
in charge of; hacerse cargo de to
take over
caribe *m.* Carib; Mar Caribe Carib-
bean Sea
caricaturesco caricatural
caridad charity
Carlos V (1500–1558) *king of Spain and
emperor of the Holy Roman Empire*
carne *f.* meat, flesh; *pl.* flesh
carnicería carnage, slaughter
caro dear, expensive
carrera career; carrera de caballos
horse race, horse racing
carretera highway
carro cart; car, automobile
carta letter; playing card; jugar la
carta to play one's card(s)
cartel *m.* placard, poster
casa house, home; Casa de Contratación
Chamber of Commerce (*established
in Seville in 1503 for commercial and
maritime purposes*); casa de juego
gambling casino
casamiento marriage
casar(se) to marry; casarse con to
marry, get married to
casi almost, nearly

caso case; occurrence; **en algún caso** in some cases; **en todo caso** in any case, at all events

casta caste, race

castellano Castilian

castigar to punish; to plague

castigo punishment

Castilla Castile

castillo castle

Cástor y Pólux *twin deities of Greek mythology*

castrismo Castroism

castrista of Castro, Castrist

casual accidental

catalejo telescope

catástrofe *f.* catastrophe

catedral *f.* cathedral

categoría category, class

catolicismo Catholicism

católico Catholic

cauce *m.* river bed; trench, ditch

caucho India rubber

caudal *m.* volume, abundance

caudaloso copious, abundant, rich

caudillismo political bossism

caudillista "bossist"

caudillo commander; chief, leader; political boss

causa cause, reason; **a causa de** because of; **por causa de** because of

causar to cause, occasion

cautela caution, reserve

cauterio cautery

cautivo captive

caza hunting, game

cazadero hunting grounds

cazador *m.* hunter

cazar to hunt, chase

cebada barley

cebolla onion

ceder to cede, yield

cegar to blind

ceguera blindness

ceja eyebrow

celebrar to celebrate, praise; to hold *(a meeting, elections)*; **celebrarse** to take place

célebre celebrated

celebridad celebrity; renown, fame

celeste celestial, heavenly

celo zeal, ardor; *pl.* jealousy

celoso jealous, envious

cemento cement; **cemento armado** reinforced concrete

censo census

censurar to criticize, blame

centauro centaur

centavo cent

centenar *m.* hundred

centenario centenary; centennial

central central; **central eléctrica** electric power plant

centro center, middle

Centroamérica Central America

centroamericano Central American

ceñir to gird, surround

ceu *Port.* sky

cera wax

cerámica ceramics

cerca near, close, by; **cerca de** near, about; **de cerca** closely

cercanías neighborhood, vicinity

cercano near, close

cercar to surround, enclose, fence in

cerda horse's hair, mane

cerdo pig

cereales *m. pl.* cereal, grain

cerebro cerebrum, brain

ceremonia ceremony

cereza cherry

cerrar to close; **cerrarse** to shut oneself off from

cerro hill

certeza certitude, certainty

certidumbre *f.* certitude, certainty

cerveza beer

cesar to cease, stop

cesto basket

ciclo cycle

cidra citron
ciego blind
cielo sky
ciénaga marsh, swamp
ciencia science; knowledge
científico scientific
cierto certain, true
cifra figure, number
cigarrillo cigarette
cima top, summit
cimiento foundation, groundwork, basis
cinematógrafo motion-picture
cintura waist
Cipango *ancient name of Japan*
ciprés *m.* cypress
circular to circulate
círculo circle
circunstancia circumstance, incident; detail
cisma schism
cisne *m.* swan
cita appointment, engagement
citar to cite, quote
ciudad city
ciudadano citizen
civilizador civilizing
civilizar to civilize
clamar to call out
clamoreo clamor
clamoroso noisy, vociferous
claridad clearness, clarity
clarividencia clear-sightedness
claro clear; bright; **claro que** of course; **está claro** it is clear, evident
clase *f.* class, kind
clásico classic, classical
claustro cloister
clericalismo clericalism
clérigo clergyman
clima *m.* climate
climática climatic
cobardía cowardice
cobrar to collect, receive; to gain

cobre *m.* copper
cobrizo copper-colored
coca *a shrub whose leaves yield cocaine*
cocina kitchen
cocinar to cook
cocodrilo crocodile
cochino pig: *Cub. a family of fishes including the alewife, menhaden, etc. that abound in the waters of Cochinos Bay*
codicia greed, covetousness
codiciar to covet
codicioso covetous
codorniz *f.* quail
coexistir to coexist
coger to catch; to seize, take
cohibir to restrain, check
coincidir to coincide
cojo lame; *m.* cripple
col *f.* cabbage
cola tail
colaborar to collaborate
colectividad collectivity
colectivizado collectivized
colegio college; school; seminary
cólera anger, rage, fury
colgante hanging
colina hill
colindar to be adjacent; to exist alongside
Coliseo Coliseum *(Roman amphitheater)*
colocar to place
colombiano Colombian
Colón Columbus; **Cristóbal Colón** Christopher Columbus
colonia colony
colonizador *m.* colonizer
colonizar to colonize
colono colonist, settler
colorado red
colorido color
coloso colossus, giant
columna column
collar *m.* necklace
combate *m.* combat, fight
combatido attacked, opposed

combatiente *m.* combatant
combatir to combat, fight; to struggle
combinar to combine, join, unite
combustible *m.* fuel
comedia comedy, play
comentar to comment
comentario commentary
comenzar to begin
comer to eat; **echar de comer** to distribute feed
comerciante *m.* trader, merchant
comerciar to trade
comercio commerce, trade
comestibles *m. pl.* victuals, provisions, foodstuff
cometer to perpetuate, commit
comida food; dinner; fare, meal
comienzo beginning; **a comienzos de** at the beginning of; **en sus comienzos** at the beginning
como how, as
cómo how? why?
comodidad comfort
cómodo comfortable
compacto compact, close
compañero companion
compañía company; **compañía anónima** corporation; **Compañía de Jesús** Society of Jesus (Jesuits); **compañía petrolera** oil company
comparar to compare
compartir to share
compás: al compás in time; in cadence
compatriota *m. & f.* compatriot, fellow citizen
compensar to compensate (for), reward
competidor *m.* rival, opponent
competir to vie, compete
complacer to please
complejidad complexity
complejo complex
completar to complete, finish
complicar to complicate
complicidad complicity

componer to compose; to adjust, settle; to mend, repair
compositor *m.* composer
comprar to buy
comprender to understand; to embrace, comprise
comprensible comprehensible
comprimido compressed, compact
comprimir to repress, restrain
compromiso compromise, obligation
Comte, Auguste (*1798–1857*) *French philosopher, founder of positivism*
compuesto *see* **componer**; composed
común common; ordinary, vulgar; **de (en) común** in common; **por lo común** commonly, ordinarily
comunicación communication; *pl.* means of communication
comunicar to communicate; to send
comunidad community
comunista Communist(ic)
con with
concavidad concavity, hollow, cavity
concebible conceivable
concebir to conceive
conceder to give, grant, bestow; to concede
concentrar to concentrate, center
conciencia conscience, consciousness; **tener conciencia** to be conscious, aware
concurrencia attendance, audience; coincidence
concurrir to concur, coincide
concurso concourse; crowd
concha shell
condado county
condena sentence; **cumplir condena** to serve a prison sentence
condenar to condemn
condición condition; **a condición de que** on condition that
conducir to lead, conduct
conducta behavior
conductor *m.* guide, bearer

conexión connection
conferencia conference, meeting
confesar to confess
confianza confidence
confiar to entrust; **confiar en** to trust in, rely on
confidencia confidence
confinarse to be limited; to confine oneself
confirmar to confirm, corroborate
confiscar to confiscate
conflicto conflict
confluencia confluence
conformar to conform; **conformarse** to comply; to yield; to resign oneself to
conforme alike, corresponding; **conforme a** according to
conformista *m.* conformist
confrontación comparison, checking; confrontation
confundir to confuse
confuso confused
congelado frozen, congealed
conglomerado conglomerate
congreso congress
conjetura conjecture, guess
conjugación conjugation; interaction
conjunción association, union
conjunto whole, aggregate; **en conjunto** as a whole, in all
conjurar to conjure; to plot
conmensurar to make *or* be commensurate
conmover to disturb, agitate, stir up
conocedor *m.* expert
conocer to know; **más conocido** best known
conocimiento knowledge
conquista conquest
conquistador *m.* conqueror, conquistador
conquistar to conquer
consabido already known, aforesaid, generally known

consagrarse a to devote oneself to
conscientemente consciously
consecuencia consequence; **a consecuencia de** as a consequence of
conseguir to obtain, attain, get; to succeed (in); to bring about
consejero adviser
consejo counsel, advice; council
conservador conservative
conservar to conserve; to preserve, keep
conservas preserves; **conservas alimenticias** canned goods
considerar to consider
consignar to consign; to state *(in writing)*
consigo with oneself, himself, herself, itself
consiguiente consequent; **por consiguiente** consequently
consistir en to lie in, consist in
constar de to be composed of, consist of
constelado constellated, starry
constituir to constitute
construcción construction; **construcción de la fantasía** figment of the imagination; **de construcción** building
construir to build, construct
consubstancial consubstantial
consultar to consult, ask advice of
consumarse to be accomplished, take place
consumidor *m.* consumer
consumir to consume, waste away; **consumirse** to be spent, exhausted
consumo consumption
contagioso contagious
contar to count, number; to tell, relate; **contar con** to reckon with, depend on, rely on
contemplar to contemplate, behold; to view
contemporáneo contemporary

contener to contain
contenido contents
contento glad, contented
contestar to answer
continente *m.* continent
contingente contingent
continuación continuation; **a continuación de** right after
continuador *m.* continuer, continuator
continuar to continue
continuidad continuity
continuo continuous, constant
contra against; **en contra de** against
contrabando smuggling
contradicción contradiction
contraer to contract
contrario contrary; **al contrario** on the contrary; **al contrario de** unlike; **por el contrario** on the contrary
Contrarreforma Counter Reformation *(Catholic reformatory movement in the 16th century which followed the Protestant Reformation)*
contrarrevolución counterrevolution
contratación trade, commerce
contrato contract
contribuir to contribute
contumaz stubborn
convencido convinced
convencionalismo conventionalism
convenir to agree; to be desirable; to be wise; **convenir en** to agree to
convento convent; monastery
convergir to converge
conversar to converse, chat
converso *baptized Spanish Jew of the 15th century*
convertir to convert; to change
convivencia *(act of)* living together
convivir to live together
convocar to convoke, call
convulsivo convulsive
coordinar to coordinate
copa goblet; cup; tree(top)
copia copy

coqueta coquette
coqueteo flirting, flirtation
coquetería coquetry
coraje *m.* courage, bravery
corazón *m.* heart
cordillera mountain range
cordobés *of or pertaining to Córdoba*
Corneille, Pierre *(1606–1684) famous French playwright*
corona crown
coronar to crown
coronel *m.* colonel
corporativo corporate
corrección correctness
corregir to correct
correr to run; to flow
correría foray, raid
correspondencia correspondence; relation
corresponder to correspond; to belong, pertain to
corrida course, race; **corrida de toros** bullfight
corrido ballad
corriente current
corrompido corrupt
corta felling *(of trees)*; cutting
cortar to cut, hew, chop
corte *f.* court
cortesía courtesy
corto short
cosa thing; **no significó gran cosa** didn't amount to very much
cosecha harvest, crop, yield
cósmico cosmic, vast
cosmopolitanismo cosmopolitanism
costa coast; cost, expense; **a costa de** at the expense of
costar to cost; to cause
costarricense Costa Rican
costero coastal
costo cost
costoso costly
costumbre *f.* custom; *pl.* customs, ways

cotidiano daily
cotizar to quote
creador creative; *m.* maker, creator
crear to create
crecer to grow
creciente growing, increasing
crecimiento growth, increase
crédito credit
credo belief
creencia belief
creer to believe
creíble believable
crepuscular crepuscular, twilight
crepúsculo twilight, dusk
crespo curly
cría breeding
criado servant
criar to breed; to raise, rear
criatura creature; infant, child
crimen *m.* crime
crines *f. pl.* mane
criollista creole
criollo creole, a person of French or
    Spanish descent born in the colonies
cristal *m.* crystal, glass
cristalería glassware
cristianismo Christianity
cristianizar to Christianize
Cristo Christ
criterio criterion
crítica criticism; censure
criticar to criticize
crítico critical; *m.* critic
crónica chronicle
cronista *m.* chronicler
cronología chronology
cronológico chronological
crudo raw, crude; cruel
crueldad cruelty
cruelísimo very cruel
cruelmente cruelly
cruz *f.* cross; **Cruz Roja** Red Cross
cruzar to cross; to go across
cuadrado square
cuadro picture, painting

cual which; what; such as, as, like; **el
    (la) cual** which, who; **lo cual** which
cualidad quality
cualquier anyone, someone; any
cuán how *(before adjectives and adverbs)*
cuando when
cuandoquiera whenever
cuanto as much as; **en cuanto a** as
    for; *pl.* as many as; **unos cuantos**
    a few
cuarto fourth, fourth part, quarter; *m.*
    room
Cuauhtémoc *last Aztec emperor*
cubano Cuban
cubierto *see* **cubrir**; covered
cubo cube
cubrir to cover
cuchillo knife
cuello neck
cuenca basin *(of a river)*
cuenta account; **dar cuenta de** to
    account for; *(ironically)* to eat
    greedily; **darse cuenta de** to realize;
    tener en cuenta to take into account,
    remember
cuentista short-story writer
cuento story, short story; fable;
    cuento de hadas fairy tale
cuerda cord, rope
cuero pelt, leather; hide
cuerpo body
cuestión question, matter
cueva cave; *Arg.* hole
cuidado care, carefulness, attention;
    cuidado con be careful of
cuidar to care for, look after; **cuidar
    de** to take care of
culminar to culminate
culpa blame
culpable *m.* a guilty person
cultivador *m.* cultivator
cultivar to cultivate
cultivo cultivation; farming
culto cultured; *m.* cult, worship,
    religion; homage

cumbre *f.* top, summit, peak
cumplidamente thoroughly
cumplir to fulfill
cuna cradle; origin
cuota quota
cúpola cupula, dome
cura *m.* parish priest
curandero quack, charlatan
curar to cure, heal
curiosidad curiosity
curioso curious, odd
curso course, current; progress
curtido tanned leather
curtiente *m.* tanning substance
cúspide *f.* apex, top, peak
cuyo of which, of whom, whose

Ch

Chaco *vast zone between Bolivia, Brazil, Paraguay and Argentina*; **Gran Chaco** *that part of the Chaco that belongs to Argentina*; **Chaco Boreal** *Paraguayan Chaco*
chaleco waistcoat, vest
champaña champagne
chapa veneer; sheet *(of metal)*
chaparrón *m.* downpour
chaqueta jacket, coat
chasco trick, failure, disappointment
Chibcha *South American Indian*
chica girl, lass
chileno Chilean
chino Chinese
chispear to sparkle
chocar to clash; to combat
choque *m.* clash
chorizo pork sausage
chorro spurt, stream
choteo *Cub.* jeering, mockery, banter
choza hut
chupar to suck; to draw, sip
churrigueresco excessively ornamented *(so-called after José Churriguera, 17th century Spanish architect)*

D

dama lady
Dante Dante Alighieri *(1265–1321), great Italian poet*
dañar to harm
dañino destructive, harmful
daño harm; damage; **daños y perjuicios** damages
dar to give, grant; **dar a conocer** to make known; **dar con** to find; **dar de** to offer
datar to date
dato datum; basis
de of; from; for; with
debajo beneath, underneath; **debajo de** beneath, underneath; **por debajo de** under
debate *m.* debate
deber to owe, must; **se debe a** is due to; *m.* duty, obligation
debidamente justly
debido a due to
débil weak
debilidad debility, weakness
debilitación weakness, weakening
debilitar to weaken, enfeeble; **debilitarse** to become feeble
década decade
decaer to decay
decaído decayed; declined; fallen
decenal decennial; ten-year
decidir to decide; to determine
décimo tenth
decir to say; tell; to name, call; **es decir** that is to say; **buen decir** elegant style
declamatorio declamatory
declarar to declare
declinante declining
decrecer to decrease, diminish
decretar to decree, resolve
decuplicar to multiply by ten
dedicar to dedicate, devote
dedo finger

defecto defect, fault
defectuoso defective; imperfect, faulty
defender to defend
defensivo defensive
deficiencia deficiency
deficiente deficient, insufficient
definir to define; to establish
deformar to deform
deforme deformed, hideous
degenerar to degenerate
deidad deity, divinity; god
dejar to leave, let; to allow; **dejar de** to fail, stop; **dejarse** to let, allow oneself
delante before, ahead; **delante de** before, in front of
deleitoso delightful, enjoyable
delgado thin, slender, delicate
delicado delicate
delincuente delinquent; *m.* offender
delito crime
demagógico demagogical
demagogo demagogue
demás: los (las) demás the others; **por demás** excessively, very; **por lo demás** aside from this, as to the rest
demasiado too, too much; *pl.* too many
democracia democracy
democristiano Christian Democrat
demográfico demographic *(pertaining to population)*
demostrar to demonstrate, prove
denigrar to defame
denominador *m.* denominator; **común denominador** common denominator
denominar to denominate, name
densidad density, compactness
dentro inside, within; **dentro de** within
denunciar to denounce
deparar to offer, afford
departamento department *(territorial division)*; **Departamento de Estado** State Department
dependencia dependency, branch

depender (de) to depend, rely (on)
deporte *m.* sport
depuesto *p.p. of* **deponer**; deposed, overthrown
derecho right; **a la derecha** to the right
derivado derived
derogar to abolish
derribar to throw down; to overthrow; to demolish
derrocar to pull down, demolish; to pull one down from his station
derrochar to waste, squander
derrota defeat, rout
derrotar to defeat
desacuerdo disagreement
desafiar to challenge
desafío challenge; duel
desaparecer to disappear, vanish
desaparición disappearance
desarmonía lack of harmony
desarmónico discordant
desarrollar to develop; to unfold; to promote; **desarrollarse** to develop
desarrollo development
desasosiego restlessness, uneasiness
desastre *m.* disaster
desastroso disastrous
desatino folly
desbaratar to destroy, smash
desbordante overflowing
descamisado in shirt sleeves, *i.e.,* underprivileged
descansar to rest
descargar to unload, discharge
descendiente *m. & f.* descendant, offspring
descenso descent, drop
desconcertado disorderly
desconfianza distrust
desconocer to ignore; not to know
desconocido unknown
desconocimiento ignorance, disregard
descontentar to dissatisfy, displease
descontento dissatisfaction, discontent

descorazonar to discourage
describir to describe
descriptor *m.* describer
descrito *p.p. of* **describir**; described
descubierto *p.p. of* **descubrir**; discovered
descubridor *m.* discoverer
descubrimiento discovery
descubrir to discover; to disclose, show, reveal; to make known
desde since, from; **desde luego** of course; **desde que** since
desdén *m.* disdain, slight
desdeñar to disdain, despise
desdeñosamente disdainfully
desdicha misfortune
desdichado unfortunate, unhappy
desear to desire, wish
desembarcar to land
desembarco debarkation, landing
desembocadura mouth *(of a river)*
desembocar en to flow into; to end in
desempeñar to redeem; to perform; to discharge; to fill *(an office)*
desencadenar to unchain; to let loose
desenfreno wantonness, unruliness
desenmascarar to unmask
desenrollar to unroll, unwind
desenvolver to unfold
deseo desire
desesperación desperation
desesperado desperate, hopeless
desestima poor opinion
desestimar to underestimate
desfallecido weakened, faint
desfavorable unfavorable
desgajar to tear off
desgarrar to rend, tear, claw
desgarro breach, break
desgracia misfortune; **por desgracia** unfortunately
desgraciado unfortunate, unlucky
deshacer to undo; **deshacerse de** to get rid of
deshecho destroyed, wasted; worn out

desheredado disinherited
deshonor *m.* dishonor
desidia laziness
desierto deserted, uninhabited; *m.* desert
designar to designate
designio design
desigual uneven
desigualdad inequality, unevenness
desilusionarse to be undeceived; to be disenchanted
desinteresado disinterested, impartial
desligar to untie
deslinde *m.* demarcation
deslizar to slip; **deslizarse** to glide
deslumbrado dazzled
deslumbrador dazzling
deslumbrante dazzling
desmán *m.* excess
desmentir to give the lie to; to contradict
desmesurado disproportionate
desmontar to dismount, alight
desmoralización demoralization
desnudo nude, naked, bare
desobediencia disobedience
desolado desolate
desorden *m.* disorder
desordenado disorderly
desparramado scattered
desparramo scattering
despavorido terrified
despectivo contemptuous, scornful
desperdiciar to squander, waste
despertar to awaken; to excite
despiadadamente ruthlessly
desplazar to displace
desplegado deployed
despliegue *m.* unfurling, deployment
desplomarse to collapse, topple over
despojar to despoil; to deprive of
desposar to marry; **desposarse** to get married
despreciable contemptible
despreciar to despise, scorn

desprovisto lacking, without
después after, afterwards; next, later;
  después de todo after all; **poco
  después** shortly after
destacado outstanding, prominent
destacar to detach; to stand out; to lay
  stress *(on a fact)*; **destacarse** to
  stand out
destartalado jumbled; poorly furnished
desterrar to exile
destino destiny, fate
destituir to dismiss from office
destronar to dethrone, overthrow
destrozar to tear to pieces, shatter
destruición destruction
desunido disunited
desunión separation, disunion
desunir to disunite
desvanecer to vanish; to cause to
  disappear
desventura misfortune
desventurado unfortunate, wretched
desvío deviation; coldness, indifference
detallar to detail, relate minutely
detalle *m.* detail
detener to stop, detain; **detenerse** to
  tarry, halt, pause
determinado determined, fixed,
  settled
determinar to determine
detrás behind, after, back; **detrás de**
  behind, back of
deuda debt, indebtedness
devanar to reel, wind
devolver to return; to restore
devorar to devour
devoto faithful; devout
deyección excrement
día *m.* day; **día de Santiago** St. James's
  day; **de día** by day; **hoy día** nowadays; **poner al día** to bring up-to-date;
  un buen día some fine day
diablo devil; **cuando el diablo no
  tiene que hacer, con el rabo mata
  moscas** when the devil is idle, he kills

flies with his tail *(idle people do silly or
preposterous things)*
diáfano transparent, clear
dialecto dialect
dialogar to converse
diálogo dialogue
diamante *m.* diamond
diario daily; *m.* newspaper
dibujar to draw, depict
diccionario dictionary
diciembre December
dictador *m.* dictator
dictadura dictatorship
dictar to dictate; to command; to
  promulgate *(a law)*
dicho *p.p. of* **decir**; said; **dicho esto**
  having said this; **lo dicho** what has
  been said; *m.* saying, expression,
  statement
dichoso happy, fortunate
diente *m.* tooth
diezmar to decimate
diferencia difference; **a diferencia de**
  unlike
diferenciar to differentiate, differ;
  diferenciarse to differ, be different
difícil difficult
dificultad difficulty
dificultar to make difficult; to
  impede
difundido widespread
difundir to diffuse, spread
difuso diffuse, wordy
digerir to digest
dignamente worthily, with dignity
dignatario dignitary
dignidad dignity
dignificar to dignify
digno worthy, deserving
diminuto diminutive
dimitir to resign
dinastía dynasty
dinero money
Dios God; **Dios Padre** God, Our
  Father

Dioscuros *the twins Castor and Pollux,*
  sons of Jupiter and Leda
diplomacia diplomacy
diplomático diplomatic
diputado representative
directivo directing, guiding
director directing, ruling
dirigente ruling
dirigir to direct; to lead, guide;
  dirigirse a to apply, resort to; to go
disciplina discipline
disciplinar to discipline, educate, trade
disconforme disagreeing
discontinuo discontinuous, interrupted,
  intermitent
discordia discord, disagreement
discurrir to reflect, think; to reason; to
  conjecture; to flow
discursivo reasoning, logical, reflective
discurso discourse
discutir to discuss; to dispute
disentir to dissent
disgregación separation, disintegration
disgregador disuniting, separating
disgregar to separate; to disintegrate
disidente *m. & f.* dissident, opponent
disimular to dissemble
disminuir to diminish, decrease
disociación separation, dissociation
disolver to dissolve
disparate *m.* blunder; **un puro**
  disparate utter nonsense
disparo discharge, explosion
displicente unpleasing, disagreeable
disponer to dispose; **disponerse** to get
  ready
dispuesto *p.p. of* **disponer**; disposed
disputa dispute; controversy
distancia distance; **guardar las**
  debidas distancias to keep the
  proper distance
distante distant, far; **en lo distante** at
  a distance
distendido distended
distinción distinction

distinguido distinguished, conspicuous
distinguir to distinguish; **distinguirse**
  de to differ, be distinguished from
distinto distinct; different
distribuir to distribute, divide
distrito district; region
disturbio disturbance, outbreak
disuelto *p.p. of* **disolver**; dissolved
divergente divergent; different
diversidad diversity
diversión entertainment, amusement
diverso diverse, different
divertir to amuse; **divertirse** to enjoy
  oneself
dividir to divide
divinidad divinity, god
divinizar to deify
divino divine
divisar to perceive
división division; discord; quarrel
divorcio divorce
doblar to round
doble double
doblez *m.* crease, fold; duplicity
docena dozen
docto learned
doctorado doctorate; **doctorado**
  honoris causa honorary degree
dólar *m.* dollar
dolor *m.* pain; grief
dolorido heartsick, grieving
doloroso sorrowful, painful
domar to tame; to break in; to subdue,
  master
dominador dominating, controlling
dominar to dominate, govern, rule
dominicano Dominican
dominico Dominican
dominio dominion; domain, authority,
  domination; property
don *Spanish form of address used before the*
  given name of men
don *m.* gift, ability
donar to donate; to bestow
donativo gift, donation

donde where; in which; **en donde** where, in which; **por donde** through which

dondequiera wherever

Don Quijote *famous novel by Miguel de Cervantes Saavedra*

doña *Spanish form of address used before the given name of women*

dorado gilt, gilded; **El Dorado** *fabulously rich but legendary country of America eagerly sought by the conquistadors*

dormido asleep, sleeping

dormitorio dormitory; bedroom

dotar to endow

dote *f.* talent

dramatismo quality of being dramatic

dramaturgo dramatist, playwright

droga drug, medicine

duda doubt; **no cabe duda** there is no doubt; **sin duda** without a doubt

dudoso doubtful

duende *m.* elf, goblin

dueña owner, mistress; **dueño** owner, master

dulce sweet

dulzura sweetness

durante during, for

durar to last

dureza hardness

duro hard; unkind, harsh, cruel

E

e and *(before words beginning with* i- *or* hi-*)*

¡ea! well now! well then

ebrio intoxicated, drunk

eclesiástico ecclesiastic

eclipsado eclipsed

eco echo

economía economy

ecuador *m.* equator

ecuatoriano Ecuadorean

echar to cast, throw (out), fling; **echarse a** to start to

edad *f.* age, era, epoch; **Edad Media** Middle Ages; **de poca edad** young; **hasta la mayor edad del monarca** until the monarch became of age; **menor de edad** minor

edificado built

edificio building

editar to publish

educado educated; well mannered

educador *m.* educator

educar to educate, train

educativo educational

efectivo effective; actual

efecto effect; purpose; **en efecto** in fact

eficacia efficacy, efficiency

eficaz efficacious, effective

eficiencia efficiency

efímero ephemeral, short-lived

egipcio Egyptian

Egipto Egypt

egoísmo egoism, selfishness

egoísta selfish; *m. & f.* egotist

Eje: el Eje the Axis

ejecución execution

ejecutar to execute; to carry out

ejecutoria letters, patent of nobility

ejemplar exemplary; *m.* example, specimen; copy

ejemplo example; **por ejemplo** for example

ejercer to exercise, perform

ejercicio exercise

ejército army

ejido *Mex.* communal land

ejote *Mex.* string bean

elaboración development

elegancia elegance

elegía elegy

elegir to choose, select; to elect

elevado elevated; lofty, exalted; high

elevar to elevate, raise

eliminar to eliminate

eliminatoria elimination match

eludir to elude; to avoid

embajador *m.* ambassador

embarazo impediment, obstacle
embarcación vessel, ship
embargo: sin embargo nevertheless
embellecer to beautify, embellish
emborrachar to intoxicate ; emborra-
    charse to become intoxicated, get
    drunk
emboscada ambush
embriagado intoxicated
embrutecer to brutalize
emigrar to emigrate
emigratorio migratory
emisario emissary
emitir to issue; to send forth
emocionante stirring, moving
emotividad emotion
emotivo emotive
emperador m. emperor
empeorar to impair, make worse
empezar to begin
emplasto plaster, poultice
emplear to employ, give occupation to;
    to use
emplumado feathered
empobrecer to impoverish
empobrecimiento impoverishment
emporio emporium, commercial
    center
emprender to undertake, engage in
empresa enterprise, undertaking
empresario contractor
empujar to impel
emular to emulate
en in, into; on
enamorar to make love to; enamorarse
    de to fall in love with
enardecido inflamed, excited
encaminar to guide; to direct;
    encaminarse a to take the road to
encantador enchanting
encantamiento enchantment
encantar to charm, enchant
encanto charm, enchantment
encarcelar to jail
encarecer to go up in price

encargar to entrust; encargarse to take
    charge
encarnado red
encarnizado bloody; bitter
encender to light, kindle
encerrar to lock up; to contain
enciclopedistas encyclopedists
    (writers of the French Encyclopedia,
    1751–1772, which embodied the
    enlightened thought of the period)
encima above, over; por encima de
    over
encogerse to shrink
encomendero one who owns an
    encomienda
encomienda land and Indians
    inhabiting it granted to Spanish colonists
encontrar to meet, find; encontrarse
    to be, find oneself; encontrarse con
    to meet, come upon
encorvado curved
encuadrado framed
encubierto concealed, undercover
encuentro encounter, meeting
encumbrado raised, elevated
enderezar to straighten
endurecido hardened
enemigo inimical, hostile; m. enemy
enemistad enmity, hatred
enérgico energetic
enero January
enfermedad illness, sickness
enfermo sick, ill; m. sick person
enflaquecer to become thin or weak; to
    weaken
enfocar to focus, approach
enfrentar to confront; enfrentarse con
    to face, oppose
enfurecer to enrage; enfurecerse to
    become furious
engaño deceit; mistake
engañoso deceptive
engrandecer to aggrandize; to exalt,
    extol; to enlarge
enjambre m. swarm

enlace *m.* connection; link
enlazar to bind, join, connect; to lasso
enmudecer to hush, silence;
  enmudecerse to become silent
ennoblecido ennobled, knighted
enorme enormous
enredadera climber, vine
enredo entanglement, puzzle
Enrique de Borgoña Henry of
  Burgundy, *Count of Portugal by*
  marriage (1095–1112); **Enrique el**
  Navegante (1394–1460) *Portuguese*
  prince who promoted maritime discoveries
enriquecer to enrich; **enriquecerse** to
  get rich
enrojecido reddened, inflamed
enroscar to twist; **enroscarse** to twist,
  coil itself
ensalzar to extol
ensanchar to widen, extend
ensangrentar to stain with blood
ensayar to try; **ensayarse** to practice;
  to try
ensayo essay; experiment
enseñanza education, learning
enseñar to teach
ensordecedor deafening
ensortijado curly, kinky
ensueño dream, illusion
entablamento entablature *(upper*
  section of a wall)
entablar to start, begin
entender to understand; **entenderse**
  con to deal with; ¿ **cómo se**
  entiende? what is the meaning of
  this?
entendimiento understanding; intellect;
  mind
enteramente entirely
enterar to inform, acquaint
entero entire, complete, whole
enterrar to bury
entidad entity
entoldar to cover
entonar to intone, sing

entonces then
entrada entrance, door, gate; entry
entrambos both
entrañas entrails; **sin entrañas**
  heartless
entrar (en) to enter
entre between, among; **por entre**
  between, among
entreabierto half-open
entrecejo space between the brows
entrecruzar to interweave, interlace
entrelazado interwoven
entrega delivery
entregar to deliver; to give up,
  surrender; **entregarse a** to devote
  oneself to
entristecer to sadden
entusiasmado enthusiastic
entusiasta *m. & f.* enthusiast
enumerar to enumerate
enunciar to express, point out
envejecer to grow old
enviar to send
envío shipment
envolver to envelop, wrap
envuelto *p.p. of* **envolver**; enveloped,
  involved
épica epic poetry
épico epic; *m.* epic poet
epicúreo Epicurean
epidemia epidemic
episodio episode
época epoch, age, era
equilibrio equilibrium, balance
equiparar to put two things at the same
  (moral, artistic) level; to equalize
equipo team
equivocar to mistake; **equivocarse** to
  be mistaken
equívoco ambiguous; *m.* equivocation,
  ambiguity
era era, age
erección erection, raising
erguir to straighten; **erguirse** to
  straighten up, arise

erigir to erect, build, establish
errabundo wandering
errado mistaken
errante errant, wandering
erróneo erroneous, mistaken
erudito scholarly, learned; *m.* scholar,
   learned person
escabrosidad ruggedness
escabroso rough, rude, crude
escala scale; **en gran escala** on a large
   scale
escalar to scale, climb
escalera stair, staircase
escalón *m.* step, stepping stone
escapar(se) to escape, flee
escasamente scantily, hardly, scarcely
escasear to be scarce
escasez *f.* scarcity
escaso scanty, small, limited
escena scene; episode
escepticismo skepticism
esclarecer to clear up
esclava slave; **esclavo** slave
esclavitud slavery
esclavizar to enslave
escoger to choose, select
escolástico scholastic; pertaining to
   scholasticism *(Christian philosophy of the
   Middle Ages and early Renaissance)*
escollo reef; hitch
esconder to hide, conceal
escribir to write
escrito *p.p. of* **escribir**; written; *m.*
   manuscript, literary composition
escritor *m.* writer
escritura writing
escuadra fleet
escudo shield
escuela school; **escuela de minas**
   school of mining engineering; **escuela
   de navegantes** school of navigation
esculpido sculptured
escultor *m.* sculptor
escultórico sculptural
escultura sculpture

escupir to spit (upon)
ese, esa (*pl.* **esos, esas**) that (*pl.* those)
esencia essence; **por essencia**
   essentially
esencial essential; important, principal
esfera sphere
esférico spherical
esfinge *f.* sphinx
esforzarse to exert oneself, make an
   effort
esfuerzo effort
esmaltar to embellish, adorn
esmeralda emerald
esnobismo snobbery
eso that *(thing, fact, idea)*; **por eso**
   therefore, that's why
espacio space
espada sword
espalda back, shoulders; **de espaldas**
   on one's back
espanto fright, terror, horror
espantoso frightful, dreadful
España Spain
español Spanish; *n.* Spaniard
esparcir to scatter, spread
espárrago asparagus
especia spice
especial special, particular
especialista *m.* specialist
especializado specialized
especie *f.* species, kind, sort
espectáculo spectacle, pageant
espejo mirror
esperanza hope; **Cabo de Buena
   Esperanza** Cape of Good Hope
esperar to hope (for); to expect; to
   look for; **como era de esperar** as was
   to be expected; **sería de esperar** we
   should expect
esperpéntico nonsensical
espeso thick, dense
espina spine; **espina dorsal** backbone
espino hawthorn
espíritu *m.* spirit, soul; genius,
   inclination

espiritualista spiritual
espléndido splendid, magnificent
esplendor *m.* splendor, magnificence
esplendoroso resplendent, shining,
　radiant
espolear to spur; to incite
espontaneidad spontaneity
espontáneo spontaneous
esposa wife
esqueleto skeleton
esquema scheme; outline
esquila sheepshearing
estabilidad stability; steadiness
estabilizar to stabilize
estable stable; steady
establecer to establish
establecimiento establishment, founding
estación station; season
estacionario stationary
estadista *m.* statesman
estadística statistics
estado state, condition; nation,
　commonwealth; **estado de ánimo**
　mood; **Estados Unidos**
　United States
estallar to explode; to break out
estampa stamp, impression
estancia dwelling; living room; small
　farm; stay, sojourn
estaño tin
estar to be; **estar al corriente** to be
　well informed; **estar en llano** to be
　in a flat, open country; **claro está** of
　course
estático static, motionless
estatua statue
estatura stature, height
este *m.* east
este, esta this (*pl.* those)
éste, ésta this, this one; the latter
estepa steppe, barren plain
estera mat, matting
esterar to cover (*with matting*)
estéril sterile, barren
estético aesthetic; *f.* aesthetics

estilizado stylized, conventionalized
estilo style
estima esteem
estimar to estimate, judge, value, esteem
estimulante stimulating
estimular to stimulate
estímulo stimulus, incitement
estirado pulled, drawn
estirpe *f.* race
esto this (*idea, fact*)
estorbar to hinder; to be in the way
estratégico strategic
estrato stratum, layer; stratus (*cloud*)
estrechez *f.* narrowness; poverty
estrecho narrow, tight; *m.* strait;
　Estrecho de Magallanes Strait of
　Magellan
estrella star
estremecerse to tremble, shake
estribación counterfort, spur
estribar en to rest on, be based on
estridente strident
estrofa stanza
estructura structure
estructurar to organize, structure
estuario estuary, inlet
estudiante *m.* student
estudiar to study
estudio study
estupendo stupendous, wonderful
estúpido stupid
eternidad eternity
eterno eternal, everlasting
étnicamente ethnically
etnografía ethnography
Europa Europe
europeo European
evangelizar to evangelize, convert to
　Christianity
evidencia evidence
evitar to avoid
evocar to evoke, call out
exactitud *f.* exactness, accuracy
exagerar to exaggerate
exaltado hot-headed; exalted

exaltar to exalt, elevate, lift
examinar to examine, investigate
exceder to exceed, outdo
excelencia excellence, superiority; **por excelencia** par excellence
exceptuar to except
excesivo excessive
exclamar to exclaim
excluir to exclude
exclusivismo exclusivism
ex-colonia former colony
exhalar to exhale, breathe out
exhausto exhausted, spent
exhibir to exhibit, show
exigir to require; to exact, demand
exiguo exiguous, small
exiliado exiled
eximio famous, superior, distinguished
existir to exist; to be
éxito result, end; success
expansivo effusive, sociable, talkative
expedicionario expeditionary
expensas expense, cost; **a expensas de** at the expense of
experiencia experience; **por propia experiencia** from personal experience
experimentar to experience
expirar to expire, terminate, end
explicación explanation
explicar to explain
explorador m. explorer
explorar to explore
explotación exploitation
explotador m. exploiter
explotar to exploit; to work, develop (*mines*)
exponer to expose; to expound, explain
exportar to export
expositor m. expounder
expresar to express
expresión expression; utterance
expresividad expressiveness
expresivismo quality of being self-expressive

expresivo expressive
expropiación expropriation
expropiar to expropriate
expuesto *p.p. of* **exponer;** exposed; explained
expulsar to expel
exquisito exquisite
exsargento former sergeant
extender to extend, spread
extensión extension, expanse; length
extenso extensive
extenuado emaciated, wasted
extenuante exhausting
exterior exterior; external, outward, outside; foreign
exteriorizar to externalize, make manifest
exterminar to exterminate
externo external
extracto extract; abstract, summary
extraer to extract
extranjero foreign; m. foreigner; **al extranjero** abroad
extraño strange, foreign
extraordinario extraordinary
extremado extreme, consummate
Extremadura *region of western Spain*
extremeño Extremenian
exuberante exuberant, rampant

F

Fabio Fabian
fábrica factory, works
fabricación manufacturing
fabricar to manufacture, make
fábula fable, legend
fácil easy
facilidad ease, facility
facilitado facilitated, made easy
facón *Arg.* large knife
factor m. factor, element, cause
factoría overseas trading post

facultad faculty; power; **facultad de
 filosofía y letras** graduate school of
 humanities
fachada façade, front (*of a building*)
faja band
falda skirt; slope
faldilla short skirt
falseamiento adulteration; inadequate
 treatment *or* representation of facts
falsear to pervert; to alter (*facts*)
falsedad falsehood, untruth, deceit
falta lack; **a falta de** for want of; **hacer
 (gran) falta** to be (very) necessary
faltar to be wanting; to lack
Falla, Manuel de (*1876–1946*) *Spanish
 composer*
fallecer to die
fallecimiento death
fallido frustrated
fallo verdict, judgement
fama fame, renown
familia family
familiar familiar; domestic
familiarizar to familiarize;
 familiarizarse to become familiar
fanatismo fanaticism
fantasía fantasy; fancy, imagination
fascinar to fascinate
fascista *m. & f.* fascist
fatalidad fatality; ill fortune; fate
fatídico fatidical, oracular; fateful
fatigarse to tire, get tired
favor *m.* favor; **a favor de** in behalf of
favorecer to favor, benefit
faz *f.* face
fe *f.* faith, testimony; **a fe** in truth
febrero February
fecundidad fecundity, fertility
fecundo fecund, fruitful, fertile
fecha date
fechar to date
Feijoo, Benito Jerónimo (*1676–1764*)
 Spanish writer
felicidad happiness
feliz happy

femenino feminine
fenómeno phenomenon
feo ugly
féretro bier
Fernando VII (*1784–1833*) *king of
 Spain* (*1813–1833*)
ferocidad ferocity
feroz ferocious, fierce
férreo tough
ferrocarril *m.* railroad, railway
ferroviario *adj.* railroad
fertilidad fertility
fertilizante *m.* fertilizer
fertilizar to fertilize
fervoroso fervent
festejar to feast, celebrate
feudo fief
fiar to entrust
fibra fiber, filament
ficticio fictitious
fidedigno creditable, trustworthy
fiebre *f.* fever; **fiebre amarilla** yellow
 fever
fiel faithful, loyal; **los fieles** the faithful,
 the congregation
fiera wild beast
fiesta feast; festival; holiday
figurar to figure, be conspicuous
fijar to fix, fasten; **fijarse en** to
 take notice of, pay attention
 to
fijeza firmness, steadfastness
fijo fixed, firm, secure
fila row; line; **en fila** in a row
Filipinas: Islas Filipinas Philippine
 Islands
filo cutting edge
filólogo philologist
filosofía philosophy
filosófico philosophic
filósofo philosopher
filtrar to filter
fin *m.* end, conclusion; **a fin de** in order
 to; **a fines de** toward the end of;
 al fin at last; **al fin y al cabo** after

all; **en fin** finally, well; **hasta fines de**
until the end of; **poner fin a** to put
an end to; **por fin** finally
final final; *m.* conclusion, end
finalidad finality, end; purpose
finalizar to finish, end
financiero financial; *m.* financier
finca estate; ranch
fingir to feign; to pretend
fino fine; perfect, delicate
finura fineness, excellence
firmar to sign
firme firm, solid; unyielding
física physics
físico physical; *m.* physicist
fisiología physiology
flagelar to flagellate
flamante flaming, bright
Flandes Flanders
flaqueza feebleness, weakness
flecha arrow, dart
flexibilidad flexibility
flojo loose; weak; flaccid; lazy
flor *f.* flower
florecer to flourish, thrive
florecimiento flowering, flourishing
floresta wooded field; forest
florido florid, flowery
flota fleet
flotar to float
flotilla flotilla *(a small fleet)*
fluctuar to fluctuate
fluencia current
fluir to flow, issue
fluminense *Port.* inhabitant of the State of
Rio de Janeiro in Brazil *(from Latin*
flumen = river)
fluvial fluvial, river
fogoso fiery
fomentar to foment; to foster; to stir up
fomento support, improvement
fondo bottom, depth; background; **a
fondo** thoroughly; **al fondo** in the
background; **en el fondo** at bottom,
in substance; *pl.* funds

fonética phonetics
forma form, shape; manner
formación formation; training
formar to form, shape; **formar parte
de** to be part of
formulado formulated
fornido robust, stout
forrado lined
fortaleza fortress, fort
fortificado fortified
fortuna fortune, wealth; **por fortuna**
fortunately
forzadamente forcibly
forzar to force
forzosamente necessarily, perforce
fracasar to fail
fracaso calamity, failure
fraccionar to divide, break up
frágil fragile, frail
fragmentar to break apart, break up,
split
fragmento fragment
fraile *m.* friar, monk
francés French; *m.* Frenchman
Francia France
franciscano Franciscan
frasco bottle; vial
frase *f.* phrase, sentence; **frase hecha**
set phrase
fratricida fratricide
fraude *m.* fraud
fraudulento fraudulent
fray brother *(used before names of
members of certain religious orders)*
frecuencia frequency
frenar to check, restrain
frente in front, opposite, before; **frente
a** facing, before; *m.* front, fore part;
frente popular popular front
(coalition of leftist political parties);
poner al frente to take the lead; *f.*
forehead; **hacer frente** to face
fresco cool; *m.* fresco painting
fresno ash tree
fricción friction, lack of harmony

frigorífico *Arg.* packing house
frijoles *m. pl.* kidney beans
frío cold
frívolo frivolous
frontera frontier, boundary
fronterizo close to the border
fruta fruit
frutal fruit
fruto fruit, product
fuego fire
fuelle *m.* bellows
fuente *f.* fountain; source
fuera out, outside; **fuera de** besides, in addition
fuerte strong; firm; *m.* fort
fuerza force; strength; courage; power; **a la fuerza** forcibly; **por fuerza** by force; **a fuerza de** by dint of; **fuerza bruta** brute force; **más fuerza en los pies que en la cabeza** [the masses were] stronger than the leaders
fugaz fleeting, brief
fumadero smoking room
función vital function *(of a living organism)*
funcionamiento functioning
funcionar to function, work
funcionario public official
fundación founding, establishment
fundador *m.* founder
fundar to found; to erect, build; to base; **fundarse en** to base one's opinions on
fundición founding; foundry
fundir to fuse, melt
funesto fateful; sad, dismal
furia fury, rage; zeal
furibundo furious
furioso furious
furor *m.* fury
fusilar to execute, shoot
fútbol *m.* association football, soccer
futuro future; *m.* future

G

galope *m.* gallop, haste, speed; **a todo galope** at full speed
gallina hen
gallo rooster, cock
gana will, wish; appetite; **de buena gana** willingly; **lo que le dé la gana** just what he wants
ganadería cattle-raising; livestock
ganadero drover, cattleman
ganado livestock, cattle, herd; **ganado caballar** horses; **ganado ovejuno** sheep; **ganado vacuno** cattle
ganancia gain, profit; *pl.* earnings, dividends
ganapán *m.* laborer; porter
ganar to gain, win; to earn
garantía guarantee
garbanzo chickpea
García Bacca, Juan David *Mexican philosopher*
garra claw; clutch
gasolina gasoline
gastar to spend; to waste
gauchaje the gauchos *(as a social class)*
gauchesco gaucho-like
gavilán *m.* sparrow hawk
generalizar to generalize; **generalizarse** to become popular
generalmente generally
género kind, genre: **género humano** mankind; **género literario** literary genre
generoso generous, magnanimous
genial endowed with genius
genio genius; temperament
Génova Genoa
genovés Genoese
gente *f.* people
geografía geography
geometría geometry
germánico Germanic, German
germén *m.* germ, source
germinar to germinate

gesto gesture; feature
giba hump, hunch
gigantesco gigantic
globo globe
gloria glory; bliss
glosar to comment
Goa *Portuguese possession on the west coast of India*
gobernador *m.* governor
gobernante *m.* governor
gobernar to govern, rule
gobierno government
Goethe, Johann Wolfgang von *(1749–1832) celebrated German poet*
golfo gulf
golondrina swallow
golpe *m.* blow; coup; **golpe de estado** coup d'état
goma gum, rubber
Góngora, Luis de *(1562–1627) famous Spanish poet*
gota drop
gótico Gothic
gozar de to enjoy
gracia grace; wit; *pl.* thanks; **gracias a** thanks to, owing to
gracioso funny; witty
grada step *(of a staircase)*
grado degree; rank; **en grado máximo** to a maximum degree
gradualmente gradually
gramática grammar
gran, grande large, big; great; grand
granada pomegranate
granadino native of Granada *(Spain)*
grandeza grandeur, magnificence
grandilocuencia pompous eloquence
grandiosidad greatness, grandeur
grandioso grandiose, magnificent
granero granary, storehouse
granito granite
grato welcome, pleasant
gravedad gravity, seriousness
gravitar to press on, burden
Grecia Greece

greco-latino Graeco-Latin
greco-romano Graeco-Roman
gremio guild; trade union
griego Greek
grieta crevice, crack
grillos fetters, irons
gringo *(slang)* American
gritar to scream, shriek
grito cry, shout
grosería rudeness; bad manners
grotesco grotesque
grueso thick; big; large
gruñido grunt, growl
grupa croup, rump
grupo group
guacamayo *Central American bird*
Guadalupe: Virgen de Guadalupe Virgin of Guadalupe *(patroness saint to whose care and intercession Mexico is dedicated)*
guano guano *(fertilizer)*
guante *m.* glove
guaraní Guarani Indian
guardar to keep; to bear *(a relationship)*
guardia *m.* guard
guarnecer to garnish
guarnición garrison
guatemalteco Guatemalan
gubernativo governing
guerra war; warfare; **voz de guerra** war cry
guerrear to wage war, fight
guerrero warlike; *m.* warrior; soldier
guerrillas: guerra de guerrillas guerrilla warfare
guerrillero guerrilla leader
guía *m.* guide, leader
guiar to guide, lead
guinda wild cherry
guipuzcoano *native of Guipúzcoa, province in the Spanish Basque country*
guisar to cook
guitarra guitar
gusano worm; **gusano de luz** glow worm

gustar to taste; to try; to be pleasing to; to like; **gustar de** to like

gusto (por) fondness (for)

H

haba bean

habano cigar

haber to have; **haber de** to have to

había *(impers.)* there was, there were

hábil capable, skillful

habilidad skill

habitable inhabitable

habitación residence, abode; apartment

habitante *m. & f.* inhabitant, dweller

habitar to inhabit

hábito garment; habit; custom

habituar to accustom; **habituarse** to become accustomed

habla speech, language

hablador talkative

hablar to speak, talk

hacer to do, make; to cause; **hacer de** to act as; **hace mucho (poco; pocos años; un siglo)** a long while (short while; a few years; a century) ago; **hacerse** to become

hacia toward; about

hacienda farm; treasury; *Arg.* livestock

hacha axe

hada fairy

hado fate, destiny, doom

halago flattery; blandishment

halcón *m.* falcon

hallar to find; to discover; **hallarse** to be

hallazgo *(act of)* finding, find

hamaca hammock

hambriento hungry, starved

harina flour

hartar to satiate

harto enough

hasta till, until; as far as; to; up to; even; **hasta ahora** hitherto; **hasta que** until

hay there is, there are; **hay que** it is necessary

haz *m.* bundle, bunch

hazaña feat, exploit

he aquí here is, here you have; lo!

hebreo *adj. & n.* Hebrew

hecho *p.p. of* **hacer**; made; *m.* fact; deed, action; **de —** in fact, actually

hechura make, making

helado ice cream

henchir to fill; to stuff

hendido cleft, split

henequén *m.* henequen, sisal

herbolario herbist, herbman *(one who sells herbs)*

Hérder, Johann Gottfried *(1744–1803) German philosopher*

heredero heir

hereditario hereditary

hereje *m. & f.* heretic

herejía heresy

herencia inheritance; heritage

herida wound

herido wounded

hermana sister; **hermano** brother; *pl.* brother(s) and sister(s)

hermetismo secretiveness

héroe *m.* hero

herramienta tool

herrar to brand

híbrido hybrid

hidalgo noble, illustrious; *m.* gentleman

hierbabuena mint

hierro iron

higiene *f.* hygiene, sanitation

hija daughter; **hijo** son; *pl.* children

hilado yarn

hilera row, line, file

hipérbaton *m.* hyperbaton *(the transposition of the natural order of words in a phrase or sentence)*

hispanizado Hispanicized

hispano Hispanic, Spanish

Hispanoamérica Spanish America

hispanófilo Hispanophile

hispanohablante Spanish-speaking
hispano-portugués Hispano-Portuguese
histólogo histologist
historia history; story
historiador *m.* historian
historiografía historiography
hogar *m.* home; hearth
Holanda Holland
holandés Dutch
holganza leisure
holgazán lazy; *n.* lazy person
hombre *m.* man; **hombre de**
   negocios businessman
hombro shoulder
homenaje *m.* homage, respect
homogéneo homogeneous
honda sling
hondo deep
hondureño Honduran
hongo mushroom; fungus
honra honor; reputation
honrado honorable; honest
honrar to honor
hora hour
horadar to perforate, bore through
horda horde
horizontalmente horizontally
horizonte *m.* horizon
hormiga ant
hormiguero ant-hill
hornacina vaulted niche
Hornos: Cabo de Hornos Cape Horn
horrendo hideous, horrible
hostilidad hostility
hoy today; now, at the present time;
   hoy día nowadays; **hoy por hoy** for
   the present
huelga strike; **huelga decir** needless to
   say
huella track; impression, imprint
huerto orchard; yard
hueso bone
huida flight
humanidad humanity; *pl.* the humanities
humanista humanist

humanístico humanistic
humanitario humanitarian
humano human; humane
humear to smoke
húmedo humid, moist
humildad humility
humilde humble
humillar to humiliate, humble;
   humillarse to humble oneself
humorismo humor
humorista *m.* humorist
humorístico humorous
hundimiento sinking, collapse
hundir to submerge, sink; **hundirse** to
   sink; to crumble, collapse
huracán *m.* hurricane

I

ibérico Iberian
Iberoamérica Iberoamerica
idealista *m. & f.* idealist
idealizar to idealize
idear to devise; to plan
identificar to identify
ideológico ideological
idílico idyllic
idioma *m.* language
ídolo idol
iglesia church
ignorancia ignorance
ignorar to ignore, not to
   know
igual equal, like; **igual a** similar to,
   like; **sin igual** unrivaled
igualar to equalize, even
ilegalmente illegally
ilimitado unlimited, boundless
iluminar to illuminate
iluminismo illuminism *(the belief in*
   special spiritual or intellectual
   enlightenment)
ilusión illusion, enthusiasm
ilusionar to fascinate; to delude

ilusionismo illusionism *(the doctrine affirming that the material world is illusory)*
ilusionista *m. & f.* illusionist, visionary
ilusorio illusory, deceptive
ilustre illustrious
imagen *f.* image
imaginar to imagine
imaginario imaginary
imborrable indelible
imitador *m.* imitator
imitar to imitate
impasibilidad indifference
impasible impassive, indifferent
impasividad impassivity, indifference
impedir to impede, prevent
impensable unthinkable
imperar to command
imperecedero imperishable
imperialista imperialistic
imperio empire
ímpetu *m.* impetus, impulse
impetuosidad impetuosity
implícito implicit; implied
imponer to impose; **imponerse** to assert oneself
importar to be important; to concern; to import
impotencia weakness, helplessness
impotente weak, helpless
impreciso indefinite
imprenta printing
impresionado impressed
impresionante impressive
impresionista *m. & f.* impressionist
impreso *p.p. of* **imprimir**; printed, stamped
imprevisto unforeseen, unexpected
imprimir to print
improductivo unproductive
impuesto tax
impulsado impelled, actuated, motivated
impulsivamente impulsively
impulso impulse; impulsion

impunemente with impunity
inadecuado inadequate
inalterable unalterable, changeless
inca Inca *(title of the emperors of Peru)*
incaico Incan
incapacidad incapacity
incapaz incapable
incautación heedlessness
incendiar to set afire
incertidumbre *f.* uncertainty
incipiente incipient, beginning
incitante inciting, exciting
incitar to incite, spur
inclemencia inclemency, severity, rigor
inclemente inclement, rigorous; unmerciful
inclinar to incline; to tilt; **inclinarse** to incline, slope
incluir to include
incluso including; even; together with *(the fact that)*, and one may add
incómodo uncomfortable
incomprensible incomprehensible
incomprensión incomprehension
incomunicación lack of communication
inconcebible inconceivable
inconexión irrelevance
inconexo disconnected, irrelevant
inconstancia inconstancy, fickleness
inconveniente *m.* obstacle
incorporar to incorporate, annex
increíble incredible
incremento increase
incultivable untillable, inarable
inculto uncultured
incultura lack of culture
incurrir en to incur
indefenso defenseless, helpless
indefinidamente indefinitely
independiente independent
indeseable undesirable
india Indian *(woman)*; *m.* Indian
indiano *Spaniard returning to Spain with great wealth*

Indias Indies; **Indias Orientales** East
  Indies
indígena indigenous, native; *m.* & *f.*
  native
indigenista indigenous
indigno unworthy; contemptible
indiófilo Indiophile
indisciplina lack of discipline
indisciplinado undisciplined
individuo individual
índole *f.* nature; disposition, kind
indomable indomitable; unconquerable
indómito indomitable
indudable indubitable, unquestionable
industria industry; **industria petrolera**
  petroleum industry
industrial industrial; *m.* industrialist
inefectividad ineffectiveness
ineficacia inefficiency, inefficacy
ineficaz inefficient
ineludible inescapable, unavoidable
inepto inept, incompetent
inerte inert
inesperado unexpected
inestabilidad instability
inexplorado unexplored
inexplotado unexploited
inexpresivo inarticulate
inexpugnable firm
infantería de marina Marine Corps
infecundo barren, sterile
infeliz unhappy
inferioridad inferiority
inferir to infer
infiel unfaithful, infidel
infierno inferno, Hell
infinidad infinity; infinite number
infinitud infinitude, infinity
inflación inflation
influencia influence
influir (en *or* **sobre)** to influence, have
  an influence (on); to affect
influjo influence
influyente influential
información information; account

informar to report to; to inform, advise
infrahumano subhuman
infranqueable impassable, insuperable
infringir to infringe, violate
infundado unfounded, baseless
ingeniería engineering
ingeniero engineer
ingenio talent; skill; cleverness;
  ingenio de azúcar sugar mill,
  plantation
ingenioso ingenious; witty
ingenuidad ingenuousness, candor
ingenuo ingenuous, naive, candid
ingerencia interference
Inglaterra England
inglés English; *m.* Englishman
ingresar (en) to enter, join
ingreso revenue; *pl.* revenue
inhábil unable; unskilled
inhabitable uninhabitable
inhospitalario inhospitable
inhumanidad inhumanity
iniciador *m.* initiator
iniciar to initiate; to begin
iniciativa initiative; beginning
iniquidad iniquity
injusticia injustice
injusto unjust
inmediato immediate, close
inmerecido unmerited, undeserved
inmigración immigration
inmigratorio migratory
inmoralidad immorality
inmóvil motionless, fixed
inmundo unclean
inmutable immutable
innecesario unnecessary
innegable undeniable
innovador innovating; *m.* innovator
innumerable countless
inolvidable unforgettable
inoportuno inopportune
inquebrantable unbreakable,
  unyielding
inquietante disquieting

inquieto restless
inquietud restlessness
Inquisición Inquisition
insaciable insatiable
insatisfacción dissatisfaction
insatisfecho dissatisfied
inseguro insecure
insensato insensate, stupid
inservible useless
insignificante insignificant,
   unimportant
insistir to insist, persist
insolidaridad lack of solidarity
insospechable unsuspected
insospechado unsuspected
inspirar to inspire
instalar to install; instalarse to settle
instante m. instant
instar to urge
instauración establishment
instaurar to install
instinto instinct
instituto institute
instrucción instruction, education
instruir to instruct, teach, train
instrumento instrument, implement
insubordinarse to rebel; to mutiny
insurgente m. & f. insurgent
integrar to integrate; to unite; to form,
   make up; integrarse to become
   united
íntegro whole, complete
intelectualista rationalistic, intellectual
inteligencia intelligence, understanding,
   knowledge
intención intention, purpose
intencionado pointed; disposed
intensidad intensity
intensificar to intensify
intenso intense, intensive
intentar to try, attempt
intento intent, purpose; attempt
intercambio interchange, exchange
interés m. interest
interesante interesting

interesar to interest; interesarse por
   to be interested in
interhumano between people
interior interior, internal; inner;
   domestic; m. interior
interiormente within oneself
intermediario intermediary
internarse en to penetrate into
interno internal
interoceánico interoceanic
interpretar to interpret
intérprete m. & f. interpreter
interrogar to interrogate, question
interrumpir to interrupt
intervenir to intervene, interfere; to
   participate
interventor m. supervisor; inspector
intestino domestic
intimidad inner self; intimacy; intimate
   feelings
íntimo intimate
intraducible untranslatable
intranquilidad unrest, restlessness
intranquilo restless
intriga intrigue
intrincado complicated
introducir to introduce, insert
introvertido introvert
intruso intruding; m. intruder
intuir to perceive intuitively
inundación flood
inútil useless
inutilizar to render useless; to disable
invadir to invade
invalidar to nullify; to invalidate
invasor m. invader
invencible invincible, unconquerable
inventar to invent
invento invention
inversión (de capital) investment (of
   capital); inversiones poéticas
   inverted order in poetry
invertir to invest
investigación investigation, research
investir to invest, confer upon

invierno winter; **en pleno invierno** in midwinter
invisiblemente invisibly
invitado guest
invitar to invite
involuntario involuntary
inyectar to inject
ir to go; to be
ironía irony
irónico ironical
ironizado made ironic
irradiar to irradiate
irreal unreal
irresponsable irresponsible
irritar to irritate, irk
isla island
isleño islander
istmo isthmus
Italia Italy
italiano Italian
izar to hoist
itzás *Mayan people of Yucatan (Mexico)*
izquierdo left; **a la izquierda** at (to) the left

J

jabalí *m.* wild boar
Jacobo I *(1566–1625) James I, king of England*
jactarse to boast, brag
jai-alai *Basque ball game (also called* **pelota vasca***)*
jamás never; ever
James, William *(1842–1910) eminent American philosopher and psychologist*
Japón *m.* Japan
japonés Japanese
jardín *m.* garden
jefe *m.* chief, leader
jerarquía hierarchy
jerga jargon
jeroglífico hieroglyphic
jesuita *m.* Jesuit

jesuítico Jesuit, Jesuitical
jinete *m.* horseman
jornada journey
jornal *m.* day's wage
joroba hump
jorobado humpbacked
Jovellanos, Gaspar Melchor de *(1744–1811) famous Spanish statesman, economist, and writer*
joven young; *n.* young person
joya jewel
Juana Joan
juanete *m.* bunion; cheekbone
judía bean; **judía verde** string bean
judío Jewish; *m.* Jew
juego play, game
juez *m.* judge
jugar to play, toy
jugoso juicy, succulent
juicio judgement, decision
julio July
junio June
junta junta, council
juntarse to get together; to join
junto together; **junto a** beside, by; next to; **junto con** along with
jurídico juridical
jurisdicción jurisdiction
jurista *m.* jurist
justicia justice
justificar to justify
justo just; correct; exact
juventud *f.* youth
juzgar to judge

L

labio lip
laberinto labyrinth
laborable tillable, arable
laboratorio laboratory
laborioso industrious
laborista *m. & f.* Laborite
labranza farming

labrar to work; to make; to carve
labriego peasant
La Condamine, Charles-Marie de
 (*1701–1774*) *French mathematician and writer*
ladera slope, hillside
lado side; **al lado de** beside
ladrillo brick, tile
ladronzuelo petty thief
lago lake
laguna lagoon
lamentar to lament, regret
lámina engraving, picture
lana wool
languidez *f.* languor
lánguido languid
lanza lance, spear
lanzar to throw, hurl, fling
lanzazo thrust (*with a lance or spear*)
largamente liberally, abundantly
largo long; *pl.* many; **a lo largo de**
 along; **a la larga** in the long run
lata tin; **lata de conservas** can of
 processed food
latente latent, hidden
lateral lateral, side
latido beat, throb
latín Latin (*language*)
latino Latin
latir to beat, throb
latón *m.* brass
laúd *m.* lute
laurel *m.* laurel; honor
lavar to wash
Lázaro Lazarus
lazo bond, tie; lasso, lariat
lector *m.* reader (*person*)
lectura reading
lechuga lettuce
leer to read
legalidad legality
legar to bequeath
legión: ser legión to be very numerous
legislatura legislature
legua league

lejanía distance
lejano distant
lejos far; **de** *or* **desde lejos** from afar
lengua tongue; language; **lengua de**
 tierra strip of land
lenguaje *m.* language
lenteja lentil
lentitud *f.* slowness
lento slow
leña wood
león *m.* lion
leproso leper
lesivo harmful
letargo lethargy
letra letter (*of the alphabet*); *pl.* letters,
 learning; **letra muerta** dead letter;
 unenforced law
levantar to raise, lift; to erect, build;
 to uplift
leve light
léxico vocabulary; lexicon
ley *f.* law
leyenda legend
liberar to free, release
líbero free
libertad liberty, freedom; **puesto en**
 libertad set free
libertador *m.* liberator
libertar to liberate, free
libra pound
librarse de to escape from
libre free; independent; bold
librería bookstore
libro book; **libro de caballerías**
 romance of chivalry; **libro de historia**
 history book
líder *m.* leader
lienzo linen cloth
ligar to tie, bind
limitar to limit
límite *m.* limit, boundary; **sin límites**
 limitless
limítrofe bordering on
limón *m.* lemon
limpiabotas bootblack

limpidez limpidity, clearness
limpio clean
linaje m. lineage, race
lindo pretty
línea line
lineal linear
lingüista m. & f. linguist
lingüística linguistics
lingüístico linguistic
lino flax
liquidar to liquidate, settle
lirismo lyricism
Lisboa Lisbon
lisonja flattery
lisonjear to flatter
lista list
litera litter
literario literary
literatura literature
lo (neuter) the; **lo que** that which, what, which
localidad locality
localismo localism, sectionalism
localista localist
loco crazy
locuaz loquacious, talkative
locura madness
locutorio locutory, reception room
lógica logic
lógico logical
lograr to gain, obtain; to attain; to succeed
loma hill
Londres London
longitud f. longitude
loro parrot
loza chinaware, crockery
Lucayas: las Lucayas Bahama Islands
lucha struggle; dispute; **lucha civil** civil struggle; **luchas intestinas** domestic struggles
luchador m. fighter
luchar to fight, struggle
luego presently; afterwards; then; **desde luego** of course

luengo long
lugar m. place; city, town; site; **dar lugar a** to give rise to, bring about; **en lugar de** instead of; **en primer lugar** in the first place; **tener lugar** to take place; **lugar común** commonplace, truism
lugarteniente m. lieutenant
lúgubre gloomy
lujo luxury
lujoso showy, luxurious, lavish
lujuria lewdness, lust
luminaria lamp, light
luna moon; **luna llena** full moon
lunar m. fleck; mole
lunfardo Arg. jargon, slang
Lusiadas, Los famous Portuguese epic by Luis Vaz de Camoens published in 1572
lusitano Lusitanian, Portuguese
luso-brasileño Portuguese Brazilian
Lutero Martin Luther (1483–1546) leader of the Protestant Reformation
luz f. light; **sacar a luz** to bring forth; **salir a la luz** to come out

Ll

llama llama
llamado so-called
llamar to call; **llamarse** to be called, named
llamativo showy
llanero plainsman
llano even, smooth, level; m. plain, llano; **estar en llano** to be in a flat open country
llanura plain
llegada arrival
llegar to arrive; to come; to reach, extend; **llegar a ser** to become
llenar to fill
lleno full, filled
llevar to carry, carry away; to take; to bear; to lead; to wear: **llevarse** to be carried away

llorar to weep (over)
llover to rain
lluvia rain

M

macana flint-edged wooden saber
machacar to pound, crush
machismo *extreme emphasis on masculinity*
madera wood
madero timber, piece of lumber
madre *f.* mother
maestro teacher
Mafia *a secret society, originating in Sicily, which is engaged in criminal activities*
Magallanes, Fernando de *(1480–1521) Portuguese navigator*
mágico magic(al)
magnificencia magnificence, splendor
magnífico magnificent
magnitud size, magnitude
magno great
maguey *m.* Mexican plant
maíz *m.* corn
majestad majesty
majestuoso majestic, grand
mal *adv.* badly; *adj. apocopation of* malo; muy a mal con on bad terms with, at odds with; *m.* evil, fault
Malaca Malacca *(port on western coast of Malay peninsula)*
maldecir to curse
malévolo malevolent, unfriendly
maligno malign, malignant, perverse, mischievous
malo bad, evil
malón *m. Arg.* sudden attack by Indians
malsano unhealthy
maltratado ill-treated
maltratar to mistreat
manantial *m.* spring, source
mancebo young man
mancha spot, stain

mandar to command, order; to send
mandatario chief executive
mandato mandate; command, order
mando command, power
manejar to manage
manejo scheming, intrigue
manera manner; way, style; **manera de ser** manner of being, character; **de la misma manera** in the same way; **de todas maneras** at any rate
manganeso manganese
manifestar to manifest, reveal, show
manifiesto manifest, obvious; **poner de manifiesto** to make manifest, reveal
manioca manioc *(plant from whose root a nutritious starch is obtained)*
manjar *m.* food
mano *f.* hand; **mano de obra** manpower
manotón *m.* cuff, blow *(with the hand or paw)*, slap
mansalva: a mansalva without risk
mansedumbre *f.* meekness
manso meek
mantener to maintain, keep; to support
manto mantle, cloak
manufacturar to manufacture
manuscrito manuscript
manzana apple
maoismo Maoism *(doctrine embodying the principles of Mao tse-Tung, leader and a founder of the Chinese Communist party)*
mapa *m.* map
máquina machine
maquinaria machinery; applied mechanics
mar *m. & f.* sea
maravilla marvel, wonder
maravillado amazed
maravilloso marvelous, wonderful
marca brand
marcadamente markedly
marcar to mark; to make stand out; to point out

marco frame, setting; framework
marcha march; course, progress
marchar to go; to leave; to march; to walk; to pace
margarita marguerite, daisy; pearl
margen *m. & f.* margin; border; fringe; bank *(of a river)*
María Mary
marinero mariner, sailor
mariposa butterfly
marítimamente by sea
marítimo maritime
mármol *m.* marble
maroma rope, cable
marquesa marchioness
martillear to hammer
mas but
más more; most; **los** *or* **las más** the majority; **más de** more than
masa mass, masses
mascar to chew
máscara mask
masculinidad masculinity
matadero slaughterhouse
matanza slaughter
matar to kill
mate *m.* maté; **yerba mate** maté
matemática mathematics
matemático mathematician
materia matter; subject matter; material; stuff; **materia tintórea** dyestuff; **en materia de** as regards, in point of; **materias alimenticias** foodstuffs
materialmente materially, physically; absolutely
maternidad motherhood, maternity
matiz *m.* shade; nuance
matizar to shade; to blend
matrimonio matrimony, marriage; **contraer matrimonio** to marry
máximo maximum; **en grado máximo** to a maximum degree
Maya Maya, Mayan
mayo May

mayor greater, greatest; older, oldest; principal, major; *m. pl.* ancestors
mayordomo majordomo; manager, steward
mayoría majority
mecánica mechanics
mecánico mechanical
mecanización mechanization
mecanizar to mechanize
mecer to rock
medalla medal
mediación mediation
mediados: a mediados de about the middle of
mediano moderate, medium
mediante by means of, through
medicina medicine
medición measurement, measuring
médico physician, doctor
medida measure; **a medida que** while, as
medio half; middle; middle-class; *m.* middle, center; environment; medium; *pl.* means; **en medio de** in the midst of, in the middle of; **por medio de** by means of, through; **término medio** average
mediocridad mediocrity
medioeval medieval
medir to measure; to weigh; to judge
meditar to meditate, muse
mejicano Mexican
Méjico Mexico
mejor better, best
mejora improvement
mejorar to improve, better
melancolía melancholy
melancólico melancholy, sad
melodiosamente melodiously
melón *m.* muskmelon, cantaloupe
melonar *m.* melon patch
membrillo quince
memoria memory
mencionar to mention
mendigo beggar

menesteroso needy

menor smaller; less, lesser; few, fewer; minor (of music)

menos less, least; except; **al menos** at least

mensaje m. message

mensajero messenger

mente f. mind

mentir to lie, tell a falsehood

mentira lie, falsehood

mentiroso deceitful, lying

menudo small, little; **a menudo** frequently

mercadería merchandise; pl. goods, merchandise

mercado market, store

mercancía trade; pl. merchandise, goods

mercantil commercial, mercantile

merced a thanks to

Merced, Nuestra Señora de la Our Lady of Mercy. In connection with this Virgin, the religious order of La Merced was founded in the 13th century to ransom Christians captured by the Moors.

mercedario pertaining to the religious order of La Merced

mercurio mercury

merecer to deserve, merit

meridional southern, southerly

mérito merit

meritorio meritorious, deserving

mero mere

mes m. month; **a los pocos meses** a few months later

mesa plateau

mescolanza medley

meseta plateau

mesiánico messianic (relating to the belief in a savior or deliverer)

mestizaje m. crossbreeding

mestizo mestizo, half-breed

mesura civility; moderation

mesurado moderate, temperate

metafísico metaphysical

metáfora metaphor

meter to put (in); **meterse a** to get into, plunge into

metódico methodical

metodizado systematic

método method

metro meter (3.281 ft.)

metrópoli f. metropolis; mother country

mezcla mixture, mixing

mezclar to mix, mingle; **mezclarse** to mix; to intermarry

mezquita mosque

miedo fear; **poner miedo** to frighten; **tener miedo** to be afraid

miel f. honey

miembro member

mientras while; meanwhile

mil thousand

milenario millenary (a thousand)

milenio millennium, a thousand years

militar military; m. military man

milla mile

millar m. thousand; pl. a great number; **a millares** by the thousands

millón m. million

mina mine

minería mining

minero mining; m. miner

mínimo minimal; minimum

ministro minister; **primer ministro** prime minister

minoría minority

minucioso minutely; precise, thorough

minúsculo very small, minute

minuto minute

mira: con miras a with a view to

mirada glance, gaze

mirar to look at; to have regard for; to consider

misa Mass

miserable wretched, poor

miseria misery, poverty

mísero miserable, unhappy

misil m. missile

misionero missionary

Misisipí *m.* Mississippi
mismo same, similar, like; -self (himself, herself, itself); **por lo mismo** for that very reason
misterio mystery
misterioso mysterious
místico mystic
mitad half
mitayo Indian servant
mítico mythical
mito myth
mitología mythology
mitológico mythological
moda mode, fashion, style; manner
modelo model, pattern
moderado moderate
modernamente recently, lately
modernista *m. & f.* modernist
modernizar to modernize
modestia modesty
modificación modification
modificar to modify
modo mode, way; **modo de ser** manner of being, character; **de ese modo** in that way; **de modo que** so that; **de todos modos** at any rate; **del mismo modo que** in the same way as; **en cierto modo** after a fashion
modular to modulate
mohino peevish; mournful
mojado wet; moist
mojón *m.* landmark
molde *m.* mold; pattern
moldear to mold, cast
moler to grind, mill
molibdeno molybdenum
molino mill
mona monkey
monarca *m.* monarch
monarquía monarchy
monárquico monarchical
monasterio monastery
moneda money
monetario monetary

Mónica, Santa St. Monica *(the mother of St. Augustine)*
monocultivo one-crop (system)
monólogo monologue
monopolio monopoly
monopolizar to monopolize
monótono monotonous
Monroe, James *(1785–1831) fifth president of the United States*
monstruo monster
montaña mountain
montañoso mountainous
montar to mount
monte *m.* mountain, mount; wild country; **monte de piedad** pawnshop
montículo mound
montonera band of mounted revolutionaries
montura saddle; riding horse
mora Moorish girl *or* woman
morador inhabitant, dweller
moral moral; *f.* ethics, morality, morale
moralizar to moralize
morar to inhabit, reside
morboso morbid
morcón *m.* large sausage
morder to bite; to eat
moribundo dying
morir to die
morisca *Moorish girl or woman converted to Christianity*
morisco *Moor converted to Christianity*
moro Moorish; *m.* Moor
morro peak; bluff; promontory, headland
mortalidad mortality
mortero mortar
mortífero death-dealing, fatal
mosca fly
mostrar to show
motivo motive, reason; motif, theme; **con motivo de** because of, on account of
motor *m.* motor, engine; **motor de explosión** internal combustion engine

mover to move
movibilidad mobility
móvil *m.* motive, incentive
movimiento movement
muchacha girl; **muchacho** boy
muchedumbre *f.* multitude, mob
mucho much; **por mucho que**
however much, no matter how much;
pl. many
mudéjar *of or pertaining to Moslems living
under Christian Spanish domination*
muerte *f.* death; **dar muerte** to kill,
put to death
muerto *p.p. of* **morir**; dead; *m.* corpse,
dead man
muestra specimen, sample
mujer *f.* woman; wife
mula mule
mulato mulatto
multimilenario of several thousand
years
múltiple multiple, manifold; complex
multitud *f.* multitude
mundial world, of all the world
mundo world
Murillo, Bartolomé Esteban *(1617–
1682) famous Spanish painter*
muro wall, rampart
museo museum
música music
muslo thigh
Musset, Alfredo de *(1812–1857)
famous French romantic poet*
musulmán *m.* Mohammedan
mutación change, alteration, mutation
mutuo mutual, reciprocal
muy very, greatly

N

nacer to be born
naciente rising, growing
nacimiento birth
nacionalidad nationality; citizenship

nada nothing, anything; **en nada** at all,
not at all; **nada más** nothing else
nadie nobody, no one
náhuatl Nahuatlan
Napoleón *(1769–1821) French emperor*
napolitano Neapolitan
naranja orange; **naranjo** orange tree
narciso narcissus
nariz *f.* nose
narrador *m.* narrator
narrar to narrate
natural natural; *m.* native
naturaleza nature
naturalidad naturalness
naturalista *m. & f.* naturalist
naufragar to be shipwrecked
naufragio shipwreck
nave *f.* ship, vessel
navegable navigable
navegante *m.* navigator
navegar to navigate, sail
navío ship, warship
necesitado *m.* needy person
necesitar to need, necessitate
negar to deny; **negarse** to refuse
negociar to trade, negotiate
negocio occupation, business; *pl.*
business
negrito little negro
negro negro, negroid; *m.* Negro
negrófilo negrophile
Nelson, Horatio *(1758–1805) famous
British admiral*
neologismo neologism *(a new word
introduced into a language)*
nervio nerve
neutralizar to neutralize
nevado covered with snow
ni neither, nor, not even; **ni ... ni**
neither . . . nor
nicaragüense Nicaraguan
nicho niche
nido nest
nieto grandson
nieve *f.* snow

ningún, ninguno no, none, not one, not any

niñez *f.* childhood

niño child, boy; **de niño** as a child

níspero medlar tree

nítido bright, neat

nitrato sodium nitrate; **nítrato potásico** potassium nitrate

nitrógeno nitrogen

nivel *m.* level; **a nivel** at the same level

nivelar to level, make even

no no, not

nobiliario nobiliary

noble noble; *m.* nobleman

nobleza nobility

noción notion, idea

nocivo noxious, harmful

noche *f.* night; **de noche** by night; **noche y día** day and night

nómada nomadic

nombradía renown

nombrar to name, appoint

nombre *m.* name, fame, reputation

nordeste northeast

norma norm, standard, rule

normal: lo normal the normal thing

normalidad normality

noroeste northwest

norte *m.* north; northern

Norteamérica North America

nostálgico nostalgic, homesick

nota note

notar to note; to observe; to notice

noticia notice, knowledge; information; *pl.* news

notoriedad notoriety

novedad novelty; news

novela novel

novelar to write novels

novelesco novelistic

novelista *m. & f.* novelist

noviembre November

nube *f.* cloud

nudo knot

nuestro our

Nueva España *name given to Mexico during the time of Spanish domination*

Nueva Granada *name of Colombia during Spanish domination*

nuevo new, recent; **de nuevo** anew, again

nuez *f.* walnut

número number

nunca never, ever

O

o or

oasis *m.* oasis

obedecer to obey

obispo bishop

objetivar to make objective *(i.e., to express feelings, beliefs, ideas, etc., through facts, artistic creations, etc.)*

objeto object

obligar to oblige, compel

obligatorio obligatory, compulsory

obra work

obrar to work

obrero working; *m.* worker, laborer

obscenidad obscenity

obscurantista obscurantist *(applied to one who hinders the spread of knowledge)*

obsequiar to treat, entertain; to prevent

observación observation, remark

observador *m.* observer

observar to observe

obsidiana obsidian *(volcanic glass)*

obstáculo obstacle

obstante: no obstante notwithstanding, nevertheless

obstinado obstinate

obtener to obtain, get

obvio obvious

ocasión occasion; **dar ocasión** to give rise to

ocaso west; setting *(of the sun)*; decline

occidente *m.* west; occident

océano ocean; **Océano Pacífico** Pacific Ocean

octavo eighth
octogenario octogenarian
octubre October
ocultar to hide, conceal
oculto hidden
ocupar to occupy; **ocuparse de** to pay attention to, busy oneself with
ocurrir to occur, happen; to take place
odiar to hate, detest
odio hatred
oeste *m.* west
ofender to offend
oficial *m.* officer, official
oficio work, occupation; trade; *pl.* office, service
ofrecer to offer
ofrenda offering, gift
ofrendar to present, offer *(as an act of worship)*
ofuscado dazzled
oidor *m.* judge
oír to hear
¡ojalá! would that!, grant that!
ojeada glance
ojo eye; **en un abrir y cerrar de ojos** in the twinkling of an eye
ola wave
oler to smell
oligarquía oligarchy
oligárquico oligarchic
olímpico Olympic
olivo olive tree
olmeca *(pertaining to the culture of the Olmecas, an Indian people who settled in the Mexican state of Veracruz between 800 and 100 B.C.)*
olor *m.* smell, scent, fragrance
oloroso fragrant
olvidar to forget
olvido forgetfulness; **caer en olvido** to be forgotten
ondeante wavy
onomatopoeia *a word formed in imitation of a sound*
opio opium

oponer(se) to oppose, object to; to hinder
oportuno opportune
oprimir to oppress; to weigh down, burden
optar por to decide in favor of
opuesto *p.p. of* **oponer**; opposed; opposite
oración prayer
orar to pray
oratoria oratory
órbita orbit
orden *m. & f.* order; **de primer orden** of prime importance
ordenar to put in order; to ordain
oreja ear
orfebre *m.* goldsmith
orfebrería gold *or* silver work
organismo organism; organization
organizador *m.* organizer
organizar to organize
orgullo pride
orgulloso proud
orientación orientation
orientar to orient, direct
oriente *m.* east; Orient
origen *m.* origin, beginning; **dar origen a** to give rise to
originar to originate
originario native
orilla bank *(of a river)*
Orlando Furioso *epic poem by Ludovico Ariosto (1474–1533)*
Ormuz *city on the island of Ormuz (Hormuz) between the Persian Gulf and the Gulf of Oman. Captured by the Portuguese in 1507.*
oro gold
orografía orography *(the branch of geography dealing with mountain systems)*
osamenta skeleton; bones
osar to dare
oscilar to oscillate; to waver
oscurecer to darken; **oscurecerse** to become dark

xlix

oscuro dark

Os Sertões *Port. pl. of* **sertão** wilderness; *title of a famous Brazilian book by Euclydes da Cunha (1866–1909)*

ostentar to make a show of, exhibit; to boast

otorgado granted

otro another, other; **ser muy otra** to be very different; **unos y otros** all of them, both of them

ovalado oval

oveja sheep

ovejuno *(pertaining to)* sheep

P

pacecilla respite

pacificar to pacify, appease

pacífico pacific, peaceful

padecer to suffer

padre *m.* father

padrón *m.* column, pillar

pagar to pay for

página page

pago payment; *Arg.* rural district

país *m.* country, nation

paisaje *m.* landscape

paisajístico landscape

paisano fellow-countryman; *Arg.* peasant

pajarero bright-colored, gaudy

pájaro bird

paja straw

pajonal *m. (field of)* tall grass

palabra word; **dejar la palabra a** to leave the floor to; **en pocas palabras** in a few words

palacio palace

palma palm

palmada slap

palmera palm tree

palo stick, pole; scaffold; blow; **palo brasil** Brazil wood; **palo de Campeche** logwood *(used in dyeing)*

paloma pigeon, dove

pampa pampa, extensive plain

pan *m.* bread

panameño Panamanian

panamericano Pan-American

panhispánico Pan-Hispanic

pantalla lamp shade, screen

pantano swamp

Pão de Açúcar *Port.* Sugar Loaf

Papa *m.* Pope

papagayo parrot

papel *m.* paper; part; role; **papel moneda** paper money; **desempeñar un papel** to play a role, part

par equal; *m.* pair, couple

para for, in order to

paradisíaco heavenly

parado standing (up)

paraguayo Paraguayan

paraíso paradise, heaven

paralelo parallel; similar

paralítico crippled; *n.* cripple, paralytic

paralizado paralyzed

paramilitar paramilitary

parcial partial

parecer to appear, seem; **por extraño que parezca** however strange it may seem; **parecido a** resembling, like; **parecerse a** to resemble

parecido similar, like; *m.* resemblance

pared *f.* wall

pareja pair; couple

parición *Arg.* parturition, delivery

paridad parity

parlamentario parliamentary

parlamento parliament

parque *m.* park

parte *f.* part; **de una parte** on one hand; **décima parte** one tenth; **en todas partes** everywhere; **por parte de** on the part of; **por otra parte** on the other hand; **por todas partes** everywhere

particular particular; special; private; *m.* individual

particularidad peculiarity

partida departure

partidario partisan, follower

partido party

partir to depart, leave; **a partir de** beginning with

pasado past

pasaje *m.* passage

pasajero passing, transient

pasar to pass; to go across; to happen; to go beyond; to spend *(time)*; to go; **pasar a** to proceed

pascua Easter; Christmas; **pascua florida** Easter Sunday

pasear(se) to take a walk; to promenade; to walk up and down

pasivamente passively

pasividad passivity

paso pace; step, footstep; pass, passage; *adv.* slowly; **a paso precipitado** at a rapid pace; **abrirse paso** to make one's way; **de paso** in passing

pasto pasture

patata potato

paternalista paternalistic

paterno paternal

patio patio, courtyard

patria native country, fatherland

patriarca *m.* patriarch

patriarcal patriarchal

patriota *m. & f.* patriot

patriótico patriotic

patrón *m.* master, boss; protector, patron saint; **patrona** mistress, protectress

paz *f.* peace

pecado sin

peculiaridad peculiarity, distinctiveness, singularity

peculiarismo peculiarity

pecho chest, breast; **de pecho** face down

pedagógico pedagogical

pedagogo educator, pedagogue

pedazo piece, fragment; bit; **hacer pedazos** to smash to pieces

pedernal *m.* flint

pedir to ask for, demand

pedrería precious stones

pedrerío boulder-strewn ground

pegar to fasten, stick, attach

peine *m.* comb

pelea fight

pelear to fight

peligro danger; **poner en peligro** to endanger

peligroso dangerous

pelo hair

pelota *ball game also known as* **jai-alai**

pena penalty, punishment; sorrow

penacho crest, tuft; plume

penalidad hardship, trouble

penetrar to penetrate; to enter

península peninsula; **Península Ibérica** Iberian Peninsula *(Spain and Portugal)*

pensador *m.* thinker, philosopher

pensamiento thought, idea

pensar to think; to consider; **pensar en** to think about

penumbra penumbra, semidarkness

penuria indigence, poverty

peón *m.* peon, day laborer

peor worse

pequeñez *f.* smallness

pequeño small, little

pera pear

peral *m.* pear tree

percibir to perceive

perder to lose; to miss

pérdida loss

perdiz *f.* partridge

perdón *m.* pardon, forgiveness

perdonar to pardon, forgive

perdurable everlasting

perdurar to last, endure, survive

perecer to perish

perenne perennial

pereza laziness
perezoso lazy
perfil *m.* profile, outline
perfilar to outline
pericia skill, expertness
periferia periphery, border
periódico periodical, newspaper
periodístico journalistic
período period, age, era; term
peripecia sudden change of fortune or situation; *pl.* vicissitudes
perla pearl
permanecer to stay, remain
permanencia permanence
permitir to permit, allow
pernicioso pernicious
pero but
peronismo *political philosophy of Juan Perón, dictator of Argentina*
peronista *a partisan of Perón*
perpetuidad perpetuity
perpetuo perpetual
perro dog
persecución persecution
perseguir to persecute; to pursue
pérsico Persian
persistir to persist, persevere
personaje *m.* personage; character (*theater*)
personalidad personality
personalísimo very personal
personalismo self-interest, egoism
personalista selfish, self-seeking
personificar to personify
perspectiva perspective; prospect; outlook
perspicaz acute, sagacious
persuadir to persuade; to convince
pertenecer to belong
perteneciente belonging
perturbador disturbing; *m.* disturber
perturbar to disturb
peruano Peruvian
perverso perverse, depraved
pesado heavy

pesar to weigh, have weight; *m.* sorrow, grief; **a pesar de** in spite of, despite
pesimista pessimistic
peso weight; peso (*monetary unit of several Spanish American republics*)
pesquero fishing
petate *m. Mex.* (*woven*) sleeping mat
petición petition, demand
petróleo petroleum
petrolero (*pertaining to*) oil
petrolífero oil-bearing, petroliferous
picacho summit, peak
picadura bite; sting
picardía mischievousness; trickiness; malice
picaresco picaresque, knavish
pícaro rogue
pico beak, bill; peak, summit
pictórico pictorial
pie *m.* foot; **a pie** on foot; **en pie** standing; **mantenerse a pie** to exist, survive; **poner los pies** to set foot; **tener quince pies de ancho** to be fifteen feet wide
piedad piety; mercy; charity
piedra stone
piel *f.* skin; hide; leather
pierna leg
pieza piece; piece of work; **de una pieza** whole, in one piece
pilar *m.* pillar, column, post
pilastra pilaster
piloto pilot, navigator
pillaje *m.* pillage, plunder
pimienta pepper
pino pine
pintar to paint; to rouge
pintor *m.* painter
pintoresco picturesque
pintura painting, picture
pipa pipe
piramidal pyramidal
pirámide *f.* pyramid
pirata *m.* pirate
piratería piracy

pisada step, footstep

pisar to tread on, step on

piso floor

placer *m.* pleasure

placidez *f.* placidity, serenity

planear to plan; to draw the plan *(of a building)*

plano plane; **primer plano** foreground

planta plant; sole *(of the foot)*

plantador *m.* planter

plantar to plant

plantear to set, pose, raise *(a problem)*; to state *(a question)*

plasticidad plasticity

plata silver

plateresco plateresque *(a style of delicate interlacing figures and lines, so-called because of its resemblance to the work of a silversmith or* **platero***)*

platino platinum

plato dish, plate

Platón Plato *(427?–347 B.C.) Greek philosopher*

playa shore, beach

plaza plaza, square

plebe *f.* common people *(derogatory)*

plebeyo plebeian

pleno full, complete

pliego sheet of paper, folder

plomo lead

pluma feather; pen

plutócrata *m. & f.* plutocrat

población population; city; town

poblado populated, inhabited, settled; heavy, dense; *m.* town, settlement

poblador *m.* settler

poblar to populate, settle

pobre poor

pobreza poverty

poco little; some; *pl.* few; *adv.* little; a short time; **poco más o menos** more or less

pocho *Mex.* Mexican born in the United States; Mexican sympathizer of the U.S.

poder to be able, can, may; *m.* power, authority; **en poder de** in the power of

poderío power

poderoso powerful, mighty

poema *m.* poem

poesía poetry; poem

poeta *m.* poet

poético poetic

poetisa poetess

poetizar to poetize; to render poetically

polaco Polish

polémicamente polemically, controversially

policía police

política politics; policy; **política de buena vecindad** Good Neighbor Policy; **política exterior** foreign policy

político political; *m.* politician

polo pole

Pólux Pollux

pollo chicken

pomposo pompous, ostentatious

poner to put, place, set

popularidad popularity

popularmente popularly

por by; across; through; on account of; no matter how; **por eso** therefore; **por qué** why

porción portion, part

porfía persistence, insistence

porfirista follower of Porfirio Díaz

poroto *Arg.* bean

porque because

porra club, bludgeon

portada portal, front, façade

portal *m.* entrance; gate *(of a town)*

portento prodigy

porteño *(from)* Buenos Aires

portugués Portuguese

porvenir *m.* future

pos: en pos de after, in pursuit of

posar(se) to alight; to lodge; to put up at

poseer to possess, have, own

posibilidad possibility; means

posible possible; **lo posible** everything possible; **en lo posible** as far as possible

positivismo positivism

posterioridad posterity; **con posterioridad a** subsequent to

posterior posterior; later, subsequent

postguerra postwar

postre last, final; **a la postre** at last, finally, in the end

postrero last, hindermost

postura posture, position

potásico potassic, potassium

potencia power, strength

pozo well

práctica practice

practicar to practice; to perform

práctico practical

precario precarious

precedente preceding, foregoing; *m.* precedent

preceder to precede

precio price

precioso precious, beautiful

precipitado precipitated, cast headlong, hasty

precisar to compel, fix, determine with precision; to need

preciso necessary; precise, exact

preclaro illustrious, famous

precolombino pre-Columbian

precortesiano pre-Cortesian

predicador *m.* preacher

predicar to preach

predominar to predominate

predominio prevalence, sway

preexistente preëxistent

preferir to prefer

pregunta question

prejuicio prejudice

preliminar preliminary

premio reward; prize

prenda ornament; *pl.* trappings

prender to seize, grasp

prensa press; newspapers; printing press

preocupar to preoccupy

preparar to prepare

preparativo preparative; *m.* preparation

preponderancia preponderance; prevalence

presa prey

prescindir (de) to dispense with; to ignore

presencia presence

presencial present; in person; immediate

presentar to present

presente present; **tener presente** to keep in mind; *m.* present, gift

presentimiento presentiment; misgiving

preservado preserved, kept

presidencia presidency

presidencial(ista) presidential

presidente *m.* president

presidir to preside (over); to govern

presión pressure

preso prisoner

prestar to lend; to give

presteza speed

prestigio prestige

presunción presumption, presumptuousness

presupuesto budget *(of a state)*

pretencioso pretentious

pretender to claim, solicit; to try; to suppose, assume

pretoriano praetorian; pertaining to the bodyguard of a Roman emperor

prevalecer to prevail

prever to foresee

previsto *p.p. of* **prever**; foreseen

primacia primacy

primario primary

primavera spring

primer(o) first; former; **lo primero** the first thing

primor *m.* beauty; exquisite work *or* thing

primordial primordial, original, primary

princesa princess

príncipe *m.* prince, sovereign, ruler; **príncipe heredero** crown prince

principiar to begin

principio principle, beginning, start; **a principios de** at the beginning of; **al principio** at the beginning

prisa haste, hurry

Prisca, Santa *Christian martyr*

prisionero prisoner

prisma *m.* prism

privado private

privar to deprive

privilegiado privileged

privilegio privilege

proa bow, prow

probar to prove; to try; to taste

problema *m.* problem

procedente de coming from

proceder to proceed; to issue, arise

procedimiento procedure, method

proceso process; lawsuit

proclamar to proclaim

procurar to get, obtain

prodigar to lavish

prodigio prodigy, wonder

prodigioso prodigious, marvelous

producción production

producir to produce; to occur

productor *m.* producer

proeza prowess, feat

profanar to profane, desecrate

profano profane, secular, worldly

profecía prophecy

profesar to profess

profesor *m.* professor; teacher; **profesor secundario** teacher in a secondary school

profeta *m.* prophet

profético prophetic

profundidad depth, profundity

programa *m.* program

progresar to progress

progresista *m. & f.* progressive

progreso progress

prohibir to prohibit, forbid

prójimo neighbor

proletario proletariat

prolífico prolific, productive

prologar to write a preface

prolongación prolongation, extension

prolongar to prolong, continue

promesa promise

prometedor promising

prometer to promise

promotor *m.* promoter

pronto soon, promptly, quickly; **al pronto** at first, to begin with

pronunciado pronounced, prominent

pronunciamiento insurrection, uprising

pronunciar to pronounce; to utter

propagandista *m. & f.* propagandist

propagar to propagate; to spread

propiamente properly, fittingly

propicio propitious

propiedad property

propietario proprietor, owner, landlord

propio (one's) own; peculiar, characteristic; proper, suitable; **lo propio de** what is peculiar to

proponer to propose; **proponerse** to propose, plan, intend

propósito purpose, aim

propuesto *p.p. of* **proponer**; proposed

prosa prose

prosaico prosaic, dull

proseguir to go on, continue

proselitismo proselytism

prosista *m. & f.* prose writer

prosperar to prosper

prosperidad prosperity

próspero prosperous

protagonista *m. & f.* protagonist

protector protective; *m.* protector

proteger to protect
protestante Protestant
protestantismo Protestantism
protestar to protest
provecho benefit; profit; **en provecho de** for the benefit of
provenir to originate, arise
proverbio proverb
providencial providential
provincia province
provinciano provincial
provisionalmente provisionally
provocar to provoke, incite
proximidad proximity, nearness
próximo next; near, neighboring
proyección design, projection
proyectar to project
prudencia prudence, moderation
prueba proof
psicología psychology
psíquico psychical
publicación publication
publicar to publish
público public
pudiente rich, well-off
pueblo town; people; nation; common people
puente m. bridge
pueril puerile, childish
puerto port
puertorriqueño Puerto Rican
pues since; well; why; **pues bien** well then; **así pues** thus, well then
puesta de sol sunset
puesto p.p. of **poner; puesto que** although, since, inasmuch as; m. place, position, post
pugilato pugilism
pugna struggle; **en pugna** in conflict
pulque m. Mex. a fermented drink
punta point, end, tip; Arg. group, number (of cattle)
puntear to pluck, play (a guitar)
punto point; spot; extent; **punto de arranque** starting point; **punto de**

partida starting point, point of departure; **punto de vista** point of view; **a punto de** on the point of
punzar to prick, sting
puñado handful
puñalada stab
puño fist
pupila pupil
pureza purity
puritano Puritan
puro pure

Q

que pron. that, which, who, whom; adv. than; conj. that, for, because; **el que** the fact that
qué what
quebracho quebracho tree, break-ax (a tropical hardwood tree whose bark is used in tanning leather)
quebrantar to break; to transgress; to weaken
quedar to remain; to be left; to be; **quedar preso** to be taken prisoner
queja complaint, lament
quejumbroso grumbling, plaintive
querella complaint
querencia haunt (of animals); tendency of animals to return to their habitual place; refuge
quemar to burn
querer to wish, desire; to love; to attempt; **querer decir** to mean
queso cheese
Quevedo, Francisco de (1580–1645) Spanish author
quichua Quichua (language of Peruvian Indians)
quien who, whom, whoever, whomsoever
quieto quiet
quietud quiet, calm

Quijote, El *most famous Spanish novel, written by Miguel de Cervantes Saavedra; first part published in 1605; second part in 1615*
química chemistry
quina cinchona *(a bitter bark containing quinine)*
quipos *m.pl.* knots *(Incan)*
quitar to take away, remove
quiteño resident of Quito
quizá(s) perhaps, maybe

R

rábano radish
rabo tail
racional rational, reasonable
racionalista rationalistic
radicalmente basically; sharply
radio radius; *m. & f.* radio
raíz *f.* root
rama branch
ramaje *m.* foliage
ramo bough, branch
rancho cattle ranch
rango rank
rapar to shave; to crop *(the hair)*
rapiña robbery, plundering
rareza oddity
raro rare
rascacielos *m. sing. & pl.* skyscraper
rasgo dash, stroke; deed; characteristic, feature
rastro trail; scent
rato short time, while, little while
ratón *m.* mouse
raya stripe, line
rayar to draw lines on, rule; to underscore
rayo ray, beam; thunderbolt; flash of lightning
raza race
razón *f.* reason; **a razón de** at the rate of; **perder la razón** to lose one's mind; **tener razón** to be right

razonar to reason
reaccionar to react
reaccionario reactionary
real royal, real
realeza royalty, regal dignity
realidad reality, fact; **en realidad** actuality, in fact
realista realistic; royalist
realizar to realize, fulfill, perform; to accomplish
realmente really, in reality
realzar to raise; to make prominent, enhance
reanimar to encourage; to revive
reanudar to renew, resume
reavivar to revive
rebajar to lower; to cut down
rebasar to exceed; to overflow
rebautizar to rebaptize
rebelar to revolt
rebelde rebellious, unmanageable
rebeldía rebellion; rebelliousness, disobedience
recargado surcharged
recaudar to collect *(taxes)*
recelo fear; distrust
receptividad receptivity
recibir to receive; to accept
recibo receipt
recién recently, just, newly
reciente recent
recinto enclosure; precinct
recio strong; thick
recíproco reciprocal, mutual
reclamar to claim, demand
reclinar to recline
reclutar to recruit
recobrar to recover; to regain
recoger to gather, collect, pick up; to shelter
recolección harvest
recomendable commendable
recomendar to recommend
recompensar to reward, compensate
recomponer to mend; to repair

reconciliar to reconcile; **reconciliarse** to become reconciled, make up

reconocer to inspect; to recognize; to scout, reconnoitre

reconocimiento recognition

reconquista reconquest *(the period between 718 and 1492 during which the Spaniards fought to drive the Moors out of the Iberian Peninsula)*

reconquistar to reconquer

reconstruir to reconstruct

recordar to remember, remind, recall

recorrer to go over; to travel over

recrear to recreate

recto straight

recua drove, train *(of pack animals)*

recubierto covered

recubrir to cover

recuerdo recollection, memory; memento

recuperar to recover, regain

recurrir to resort

recurso recourse, resort; *pl.* resources, means

rechazar to repel; to reject

red *f.* net, network; system

redactar to write, draw up

redentor *m.* redeemer

redescubrir to rediscover

redondez *f.* roundness

redondo round

reducir to reduce, lessen; to subdue

reductible reducible

reducto stronghold

reedificar to rebuild

reeditar to republish, reprint

reelegir to reelect

reemplazar to replace; to substitute

referir to refer, relate; to tell, narrate

refinamiento refinement

refinar to refine

reflejar to reflect; to consider

reflejo reflection

reflexivo reflective, thoughtful

reforma reform, reformation

reformador reforming

reformar to reform; to reconstruct

reforzar to reinforce

refractario rebellious, refractory

refuerzo reinforcement

refugiarse to take refuge

refugio shelter, refuge

refulgente refulgent, resplendent

regalar to give, donate

regalo gift

regencia regency

regente *m.* regent

régimen *m.* system; government; rule; policy

regio royal, regal; magnificent

regir to rule

registrar to inspect, examine; to register, record

regla rule

regocijar to cheer, gladden

regocijo joy, rejoicing

regresar to return

regularidad regularity

rehabilitar to rehabilitate, restore

rehacer to rebuild; to repair

reina queen

reinado reign

reinar to reign

reino reign; kingdom

reír(se) to laugh

reiteradamente repeatedly

reivindicación claim, demand, recovery

reja plowshare

rejuvenecer to rejuvenate

relación relation, report, narrative; relationship

relacionar to relate, connect

relajo lack of seriousness

relámpago lightning

relato statement, account, narrative

relieve *m.* relief; calibre

religiosidad religiosity

religioso religious; *m.* monk; *f.* nun

reloj *m.* clock, watch

rematar to finish off, crown

remediar to remedy
remedio remedy; consolation
remolinear to whirl about, spin
remontar to cross, cross over; to go up
  (*a river*)
remunerador gainful
renacentista (*of the*) Renaissance
renacimiento Renaissance, rebirth
rencor *m.* rancor, animosity, grudge
rendimiento yield, yearly produce
rendir to surrender; to yield; to do
  (*homage*); **rendir cuentas** to render
  (*an account*)
renombre *m.* renown, fame
renovador *m.* reformer, renovator
renovar to renovate, renew
renta rent; income
renunciar to renounce; to disown;
  renunciar a to give up, renounce
reñir to quarrel; to scold, reprimand
reorganizar to reorganize
reparo doubt, objection
repartir to divide, distribute, allot
repercusión reverberation
repercutir to rebound; to reverberate
repetir to repeat
réplica reply, answer
reposar to rest
reprender to scold, reproach
representación representation; image
representante representative
representar to represent
reprimir to suppress
reprochar to reproach
reproducir to reproduce
reptil *m.* reptile
república republic; commonwealth
requerir to require, need
resbalar to slip, glide
rescatar to ransom
reseco parched
resero cowboy
reserva reserve
reservado reserved
resfriado cold

resguardarse to protect, take care of
  oneself
residencia residence
residente resident, residing; *m. & f.*
  resident
residir to reside, live in, dwell
resignar(se) to resign (oneself)
resistir to resist
resolver to resolve, decide; to solve
resonancia resonance; echo
resonar to resound
respaldar to back, support
respectivamente respectively
respecto relation, respect; **respecto a**
  or **de** with respect to
respetable respectable, considerable;
  reliable
respetar to respect
respeto respect
resplandeciente resplendent
responder to respond, answer
responsabilidad responsibility
responsable responsible, liable
respuesta answer
resquebrajar to crack
restablecer to reestablish, restore
restante remaining; *m.* remainder
restaurar to restore
resto rest, remainder; *pl.* remains
resucitar to revive
resuelto *p.p. of* **resolver**; resolved,
  determined
resulta result
resultado result, outcome
resultar to result; to turn out; to be
resumen *m.* summary; résumé; **en**
  resumen to sum up
resumir to sum up, summarize
resurgimiento resurgence
retablo retable (*a series of paintings*)
retirada withdrawal
retirar to withdraw; **retirarse** to retire,
  withdraw
retórica rhetoric
retórico rhetorical

retornar to return
retrasado deferred, delayed, slow
retraso backwardness
retrato picture, portrait
retribuir to repay
reunión union; meeting, gathering
reunir to unite, join; to gather; **reunirse** to meet, assemble
revalorar to rehabilitate; to revalue
revelador revealing
revelar to reveal
reverencia reverence
reverso reverse *(side)*; opposite
revés *m.* reverse *(side)*; **de un revés** dealing a backhand stroke, reverse *(in fencing)*
revisar to revise
revista review, muster; magazine; **pasar revista** to review
revivir to revive; to relive
revolver to turn upside down; to stir (up)
revuelta uprising; revolt
rey *m.* king; *pl.* king and queen; **Reyes Católicos** Catholic Sovereigns of Spain (Ferdinand, 1452–1516, and Isabel, 1451–1504)
rezo prayer
ribera shore, beach
rico rich
rienda rein
riesgo danger, risk
rígido rigid
riguroso severe, rigorous
rima rhyme
rincón *m.* corner
río river
rioplatense *of the River Plate region*
riqueza wealth, richness
risa laughter
rítmico rhythmic
ritmo rhythm; rate
rito rite
rivalidad rivalry

rivalizar to rival, compete
robar to steal, rob
roble *m.* oak
roca rock
rococó rococo *(a highly ornamental style popular in the 18th century)*
rodear to surround
rodela round shield
rodeo rodeo
rodilla knee; **de rodillas** kneeling; **hasta que le dio a las rodillas** until it came up to his knees
rojo red
romance *m.* ballad
romano Roman
romanticismo romanticism
romo blunt
rompecabezas riddle, puzzle
romper to break, shatter
ropa clothes, costume
rosa rose
Rosada: Casa Rosada Pink House *(residence of the Argentine Chief of State)*
rosario rosary
rostro face
roto *p.p. of* **romper**; broken, torn, ragged
Rousseau, Jean-Jacques *(1712–1778) French philosopher*
rubí *m.* ruby
rubio blonde
rudeza roughness, coarseness
rudo rude, rough, hard
rueda wheel
ruido noise
ruina ruin
rumbo bearing, course, direction; **con rumbo a** bound for, in the direction of
rumor *m.* noise, sound
ruptura rupture, breaking
ruso Russian
rústico rustic
ruta route, way

S

sabana savannah

saber to know, know how; *m.* learning, knowledge; **a saber** to wit

sabidura wisdom; learning

sabiendas: a sabiendas knowingly

sabio sage; scholar

sable *m.* sabre, cutlass

sabor *m.* taste, flavor

sacamuelas *m.* dentist, "tooth jerker"

sacar to take out, draw out; to get, obtain

sacerdote *m.* priest

saco sack, bag; pillage, sack

sacrificar to sacrifice; to slaughter *(cattle, sheep)*

sacrificio sacrifice

sacudida shake, shock

sacudimiento shaking, shock, jolt

sacudir to shake

sádico sadistic

sagaz sagacious, discerning

sagrado sacred, holy

sagrario shrine, sanctuary

Sagres *Portuguese seaport*

sala parlor, large room

salado salt, salty

salario wages

salida outlet; departure

saliente salient, outstanding

salir to go out; to depart, leave, sail

salitre *m.* saltpeter, sodium nitrate

salitrero *(pertaining to)* saltpeter

salitroso nitrous

salomónico Solomonic; twisted spiral *(column)*

salpicar to spatter; to strew

saltar to jump, leap

salto leap, bound; skipping, omission; **a saltos** by leaps; **dar un salto** to leap, jump

salubre healthful

salud *f.* health

saludable healthful, wholesome

salvadoreño Salvadorean *(from El Salvador)*

salvaguardar to safeguard

salvaje savage, wild; *m.* savage

salvajismo savagery

salvar to save; to clear *(an obstacle)*; **salvarse** to be spanned, be bridged

salvo save, excepting

San Saint *(before a masculine name)*

sandalia sandal

saneamiento sanitation, sanitary control

sangre *f.* blood

sangría bleeding, bloodletting

sangriento bloody

sanguinario sanguinary, bloodthirsty

sanidad sanitation

sanitario sanitary, hygienic

santamente saintly, blessedly

Santiago Saint James

santidad sanctity

santificado sanctified, hallowed

santo saint; saintly, holy

santuario sanctuary, shrine

saquear to plunder, loot

sargento sergeant

sastre *m.* tailor

Satanás Satan

satírico satirical, sarcastic

satisfacer to satisfy

satisfactorio satisfactory

satisfecho *p.p. of* **satisfacer**; satisfied

savia sap

sazón *f.* season; occasion; **a la sazón** then, at the time

secretario secretary

secreto secret

secuestro kidnapping

secularizado secular *(not religious)*

secundario secondary

sed *f.* thirst

seda silk

sede *f.* see; location

seducir to seduce; to entice

seglar worldly, secular; *m.* layman

segregar to set apart, segregate

seguida succession; **a seguida de**
following; **en seguida** immediately
seguir to follow; to continue; to pursue
según according to; as
segundo second
seguridad certainty, safety
seguro certain, sure; secure, safe;
seguro social social security
seísmico seismic (*pertaining to
earthquakes*)
seleccionar to choose, select
selva forest, woods; jungle
selvático wild
sello seal, stamp
semana week
semblante *m.* mien, face; look
sembrado cultivated field
semejante similar, like; *m.* fellow
creature
semejanza resemblance, similarity
semejar to resemble
semilla seed
senado senate
senador *m.* senator
sencillo simple
senda path
sendero path
seno chest, breast
sensación sensation
sensibilidad sensibility; sensitiveness
sensible sensitive.
sensorial sensory (*pertaining to the
senses*)
sensualidad sensuality, desire
sentar to set up, establish; to fit, to
suit; **sentarse** to sit down
sentencia sentence
sentencioso sententious, pithy
sentido meaning, sense; feeling; **buen
sentido** common sense
sentimentalismo sentimentalism,
sentimentality
sentimiento sentiment, feeling
sentir to feel; **sentirse** to feel; *m.*
feeling

señal *f.* sign, mark; **en señal de** in
proof of
señalar to stamp, mark; to point out;
to fix
señor Mr.; master, lord; gentleman;
man
señora Mrs., lady
señorial manorial, lordly
señorío dominion, mastery,
lordliness
señuelo lure
separado separate, apart
separar to separate, divide
septentrional northern, northerly
sepulcro sepulchre
sequedad dryness, aridity
séquito retinue
ser to be; **o sea** or rather; **por muy
ricos que fueran** however rich they
might be; **sea como fuere** whatever
may be; **sea como sea** be it as it may;
m. life; being
serenidad serenity, tranquility
sereno serene, calm
serie *f.* series
serio serious
serpiente *f.* serpent
servicio service
servidor *m.* servant
servil servile, abject
servir to serve, wait on; **servir de** to
act as, be used for; **servirse de** to
make use of
seso brain(s); intelligence; **devanarse
los sesos** to rack one's brains
setiembre September
severo severe
sevillano Sevillian
sexo sex
sexto sixth
si if, whether
sí himself, herself, itself, oneself; **por sí**
of itself
sí yes
siciliano Sicilian

siempre always; **para siempre** forever;
por siempre forever

sierra sierra, ridge of mountains; **Sierra
Maestra** *mountain range in southeastern
Cuba from which Fidel Castro launched his
revolution*

siglo century; **en lo que va de siglo**
in this century; **hace un siglo** a
century ago; **siglos atrás** centuries
ago

significación significance, meaning

significar to signify, mean; **no significó
gran cosa** didn't amount to very much

significativo significant

signo sign

siguiente following

sílaba syllable

silbante whispering, hissing

silencio silence

silencioso silent, quiet

silueta silhouette

silvestre wild, sylvan

silla chair

simbolizar to symbolize

simétrico symmetrical

simiente *f.* seed; **simiente de lino**
linseed

simpatía sympathy; liking

simpatizante *m.* sympathizer

simpatizar to be congenial; to have a
cordial feeling for; to be in favor of

simplificado simplified

simulación feint, simulation

simultáneamente simultaneously

simultaneidad simultaneousness,
simultaneity

sin without; **sin que** without

sincero sincere

siniestro sinister

sino but, except

sinónimo *adj.* synonymous; *m.* synonym

sintáxis *f.* syntax

síntesis *f.* synthesis

sintético synthetic

síntoma *m.* symptom

siquiera even, at least; **ni siquiera** not
even

sistema *m.* system

sitiado besieged, hemmed in, surrounded

sitiador *m.* besieger

sitio place; siege

situar to situate, place

soberanía sovereignty, rule

soberano sovereign

soberbio proud, arrogant

sobrar to be excessive; to remain, be
left

sobre on, upon; above; **sobre todo**
above all

sobreabundancia superabundance

sobrehumano superhuman

sobrenatural supernatural

sobrenombre *m.* nickname

sobresalir to excel, be prominent, stand
out

sobrevalorar to overrate

sobrevenir to happen; to come upon

sobrevivir to survive, outlive

sobrio sober, restrained

sociedad society

sociología sociology

sociológico sociological

sociólogo sociologist

socorro aid, help, relief

sofisma *m.* fallacy

sol *m.* sun; **amanece el sol** the sun
rises

solar solar; *m.* manor house, mansion

soldado soldier

soledad solitude, loneliness

solemne solemn

solemnidad solemnity; pomp

soler to be in the habit of; to be
wont

solicitar to solicit, seek

solidaridad solidarity

solidez *f.* solidity, strength

sólido solid, firm

solitario solitary, lonely

solo alone, only, sole

sólo solely, only
soltero bachelor
solterón *m.* old bachelor
solucionar to solve
sombra shadow; **hacer sombra a** to dwarf
sombreado shaded
somero cursory
someter to subject, subdue, submit
sometimiento submission, subjection, subduing
sonar to sound; to play (*an instrument*)
soneto sonnet
sonreír to smile
sonrisa smile
soñador *m.* dreamer
soñar to dream; **soñar con** to dream of; **soñar en** to dream of
soplador *m.* fan, ventilator
soplo blowing, breath
soportales *m. pl.* covered walk
soportar to suffer, endure, bear
sor sister (*used before names of nuns*)
sorber to sip, suck
sorprender to surprise
sorpresa surprise
sosegar to calm, pacify, lull
sospecha suspicion
sospechar to suspect; **sospechar de** to suspect, distrust
sospechoso suspicious
sostén *m.* support
sostener to support; to maintain, to bear, endure; to sustain; to hold up
sostenimiento maintenance, support
Spencer, Herbert (1820–1903) English philosopher
su his, her, its, your, their
suave smooth, soft, delicate, gentle
suavidad suavity; softness, gentleness
subciclo a small cycle depending on a larger one
súbdito subject
subdividir to subdivide
subida increase, raise

subir to raise; to take up, set up; to go up, climb; to rise
súbitamente suddenly
sublevación insurrection, revolt
sublevado rebel, insurrectionist
sublevarse to rise in rebellion, revolt
subordinar to subordinate
subrayar to underscore; to emphasize
subsiguiente subsequent
subsistencias *f. pl.* food
subsistir to subsist, exist
subsuelo subsoil
subversivo subversive, destructive
subyugar to subjugate
suceder to succeed, follow; to happen
suceso event, happening
sucesor *m.* successor
sucinto brief, concise
sucio dirty
Sudamérica South America
sudoeste southwest
suela sole
suelo ground; soil, earth; floor
suelto free, loose; light; unattached; **dar suelta a** to let loose
sueño sleep, dream; **entre sueños** dreaming
suero serum
suerte *f.* chance; luck; kind, sort; fate
suficiente sufficient
sufrimiento suffering
sufrir to suffer; to undergo
sugerir to suggest
sugestivo suggestive
suicidarse to commit suicide
suicidio suicide
sujeto held down; *m.* grammatical subject; prime mover
suma sum; **en suma** in short; **suma del poder público** dictatorial powers
sumamente chiefly, exceedingly, highly
sumar to add
sumario summary
sumergir to submerge, sink
suministrar to supply, provide

sumir to sink
sumo high, great, supreme
suntuosidad magnificence
suntuoso sumptuous
superar to overcome; to surpass
superávit *m.* surplus
superficie *f.* surface, area
supermercado supermarket
superposición superimposition
suplemento supplement
suplicio torture
suponer to suppose, assume
supremo supreme
suprimir to suppress, abolish; to eliminate
supuesto: por supuesto of course, evidently
sur *m.* south
suramericano South American
Suramérica South America
surcar to plow; to cut through
surgir to arise
suroeste southwest
surrealismo surrealism
suscitar to excite; to rouse
suspender to suspend; to stop
sustancia substance
sustentar to sustain, support
sustituir to substitute, replace
sutil subtle
suyo his, hers, its, yours, theirs

T

tabaco tobacco
tacto touch
taitai *Per.* papa
tajante sharp, decisive
tal such, so, as; tal como just as
talla size
tallo stem; stalk
tamaño such a big; so much
también also, too
tampoco neither, not either; either

tan as, so, such; tan ... como as ... as
tanino tannin
tanque *m.* tank
tanto so much, as much; tanto como as well as; tanto ... como ... both ... and; en tanto que while; entre tanto in the meantime; por tanto therefore; por lo tanto for that reason, therefore
tapera *Arg.* ruins *(of an abandoned house)*, hovel, shack
tapia mud wall, adobe wall
taquigráfico stenographic
tardar to delay
tarde late; más tarde later; *f.* afternoon
tarea task
té *m.* tea
teatral theatrical
teatro theatre; dramatic art
técnica technology, technical ability, skill
técnico technical; *m.* technical expert, technician
techo ceiling, roof
techumbre *f.* roof
teja tile
tejano Texan
Tejas Texas
tejedor *m.* weaver
tejer to weave
tejido fabric; weaving; textiles
tela cloth, fabric
tema *m.* theme, subject
temblar to tremble, quiver; to shiver
temblor *m.* trembling, tremor; thrill; temblor de tierra earthquake
temer to fear
temible dreadful, terrible
temor *m.* dread, fear
templado temperate *(climate)*
templanza mildness *(of temperature or climate)*
templo temple; church
temporalmente temporarily, provisionally, transiently

lxv

temprano early
tenacidad tenacity
tenaz tenacious, stubborn
tendencia tendency
tender to stretch out
tener to have; to be; **tener en nada** to think nothing of; **tener en poco** to think little of; **tener que** to have to: **tener que ver con** to have to do with
teniente *m.* lieutenant; **teniente coronel** lieutenant colonel
tensión *f.* tension, strain
tenso tense
tentación temptation
tenue thin, tenuous
teñido dyed
teocali *m.* teocalli, temple
teocrático theocratic
teología theology
teólogo theologian
teorema *m.* theorem
teoría theory
teórico theoretical
terapéutica therapeutics
tercer(o) third
tercio one-third
terminar to terminate, end
término end; term; **en último término** in the last analysis; **primer término** foreground; **a segundo término** to a secondary position; **término medio** average
ternura tenderness
terrateniente landowner
terraza terrace
terremoto earthquake
terreno land, ground; soil; sphere *(of action)*
territorio territory
terrorista *m. & f.* terrorist
terso polished; correct; terse, pithy
tertulia social gathering
Teseo Theseus *(the mythological hero who slew the Minotaur in the labyrinth)*

tesoro treasure; **tesoro de leyenda** legendary treasure
testigo witness; **testigo presencial** eye-witness
testimonio evidence, witness
texto text
Ticiano Titian *(1477–1576) famous Italian painter*
tiempo time; weather; **a tiempo** in time; **en los primeros tiempos** in the early years; **mucho tiempo** a long time; **en otros tiempos** formerly, in former times
tierra land, earth, soil, native country; **tierra firme** terra firma, mainland; **Tierra del Fuego** *islands off South America south of the Strait of Magellan;* **echar por tierra** to throw on the ground
tiesura stiffness, rigidity
tigre *m.* tiger, jaguar
tijeras *f. pl.* scissors, shears
timbre *m.* bell; **tocar el timbre** to ring the bell
tino skill, judgement
tintóreo *(pertaining to)* dyeing
tipo type
tiranía tyranny
tiránico tyrannical
tiranizar to tyrannize
tirano tyrant
tirar to throw; to remove
tiro shot; **pegarse un tiro** to shoot oneself
Tirso de Molina *(1571?–1648) famous Spanish playwright*
titulado entitled
título title
tiza chalk
tocar to touch
todavía still, yet; even
todo all, everything; every; **del todo** entirely, wholly; **sobre todo** above all
tolerancia tolerance

tolerar to tolerate
tolteca Toltec
tomar to take; **tomar en serio** to take
  seriously
tonelada ton
tono tone; manner; **tono menor**
  lower tone; **a tono con** in harmony
  with
tontería nonsense; stupidity
tormenta storm, tempest
tornar to return; to do again
torno: en torno a about, around
toro bull; *pl.* bull fighting
torpe slow, heavy; dull
torpeza dullness; awkwardness
torre *f.* tower
torreado fortified with towers *or*
  turrets
tórrido torrid, hot
tórtola turtledove
tortuga turtle
torturar to torture
totalidad totality
totalitario totalitarian
totalitarismo totalitarianism
totalizar to add up, total
trabajador *m.* worker, laborer
trabajar to work, toil
trabajo work; labor; hardship; **trabajo**
  manual handwork
trabazón *f.* connection, juncture,
  coalescence
traducción translation
traducir to translate
traductor *m.* translator
traer to bring, fetch; to have
tráfico trade; traffic
tragedia tragedy
trágico tragic
trago swallow; **trago amargo** a bitter
  pill to swallow
traición treason, treachery
traje *m.* dress, suit of clothes
trampa trap, snare
trampolín *m.* springboard

trance *m.* peril, danger
tranquilidad quiet, tranquillity
tranquilo tranquil, calm
transcrito transcribed
transformar to transform
transido distressed, afflicted
transitar to pass through
transmitir to transmit
transmutar to change, transmute
transparente transparent
transportar to transport
transporte *m.* transport, transportation
tras after, behind; beyond
trasladar to move, transfer
traspasar to pierce, transfix
trasquilar to shear; to curtail
trastornar to upset, disturb; to excite;
  to daze
trastorno upheaval; disorder; trouble
trata *(slave)* trade
tratado treatise
tratar to treat; **tratar de** to try to; to
  treat of, deal with
trato dealing; **trato discursivo** dealing
  with matters thoughtfully
través: a través de across, through
trazado tracery, outline
trazar to trace; to draw
trazo trace, outline; stroke
trecho distance, stretch
tregua rest, respite, truce
tremendo tremendous
trementina turpentine
trémulo quivering
tren *m.* train
trenza braid
trepar to climb, clamber
tribu *f.* tribe
trigo wheat
triplicar to triple
tripulación crew
triste sad
tristeza sadness
triunfal triumphant
triunfar to triumph

triunfo triumph
triunvirato triumvirate
trompeta trumpet, bugle
tronco trunk; stem
trono throne
tropa troops, soldiers
tropezar to stumble; **tropezar con** to meet (with), find
trópico tropics
trozo piece, fragment, selection
tuberculoso tuberculous, tubercular
tubería tubing; pipeline
tumba tomb
túmulo catafalque
túnel *m.* tunnel
tupí-guaraní Tupian-Guarani
turista *m.* tourist
tutela guardianship, protection
turnar to alternate
turquesa turquoise

U

u or *(before* **o** *or* **ho***)*
ufanarse de to boast of
ufano proud, haughty
últimamente lastly, of late, recently
último last, latest; latter; **por último** finally
ultraexpresivo exceedingly expressive
ultramarino ultramarine; overseas
ultrapoderoso extremely powerful
un, uno a, an, one; *pl.* some, a few
unánime unanimous; *pl.* of one mind
unanimidad unanimity
ungüento ointment
único only, sole; singular; unique; **lo único** the only thing
unidad unity; unit
uniforme *m.* uniform
uniformidad uniformity
unión union; marriage; **Unión Panamericana** Pan American Union
unir to join, unite
universalidad universality

universalizar to universalize
universidad university
universo universe
untado anointed
uña fingernail, claw, talon
urbano urban
URSS = Unión de Republicas Socialistas Soviéticas Union of Soviet Socialist Republics
uruguayo Uruguayan
urgente urgent
usar to use
uso use, custom
usurpación usurpation
útil useful
utilidad utility, usefulness
utilizar to utilize
utopía utopia
utópico utopian
utopismo utopianism
utopista *m.* utopian

V

vaca cow
vaciar to empty; **vaciarse** to become empty
vacilante hesitating; unstable
vacilar to vacillate; to hesitate; to waver
vacío empty; *m.* void
vacuno bovine
vagabundo tramp, vagabond
vago vague, indistinct
vahear to emit vapor; to steam
valer to be worth, be valued (at); to prevail; to be valid, have value; to yield *m.* merit, value, worth
valeroso brave, courageous
validez *f.* validity
valido valid, binding
valioso valuable; rich
valor *m.* value, price; worth; valor, courage
valoración valuation
valorar to appraise, value

valla fence, stockade
valle *m.* valley
vanadio vanadium
vanguardia vanguard
vanidad vanity
vano vain; **en vano** in vain
vara twig; pole; yard *(about 2.8 feet)*
variadísimo most varied, most variegated
variar to vary, change, alter
variedad variety, diversity
vario various, different; *pl.* several
varón *m.* man, male; man of standing
vasco Basque
Vasconcelos, José *(1881–1959)*
   Mexican writer
vascongado Basque
vasija vessel, receptacle
vaso glass; vessel
vasto vast, huge
vaticinar to predict
vaticinio prediction
vecindad neighborhood; neighborliness
vecino neighboring; *m.* neighbor, resident
vegetal vegetal; *m.* vegetable
vela sail
Velázquez, Diego *(1599–1660)*
   Spanish artist
veleidad fickleness, inconstancy
vello down, fuzz
vencedor victorious; *m.* conqueror
vencer to conquer; to win; to vanquish; to overcome
vendado bandaged
vendaval *m.* strong wind
vendedor *m.* seller, salesman
vender to sell
Venecia Venice
veneno poison
venerar to venerate, revere
venezolano Venezuelan
venganza revenge, vengeance
venir to come
venta sale

ventajoso propitious
ventana window
venturoso lucky
Venus *Roman goddess of love*
ver to see; to examine; to consider
verano summer
veras: **de veras** really
verbalismo wordiness, verbosity
verdad truth; **de verdad** in earnest, real; **en verdad** really, truly
verdadero true, real, veritable
verde green
verdura greens, vegetables
vergonzoso shameful
Vernon, Edward *(1684–1757)*
   British Admiral
verosímil probable, likely
verosimilitud *f.* probability
versificar to versify
verso verse
vertebral vertebral, spinal
verter to pour, shed, spill
vertiente *f.* slope
vertiginoso dizzy
Vespucio, Américo *(1451–1512)*
   Italian navigator
vestido dressed; **vestido de** dressed in; *m.* dress, clothes
vestir to clothe, dress; **vestirse** to dress oneself
vez *f.* time; **a la vez** at the same time, at a time; **a su vez** in his turn, on his part; **alguna vez** sometimes; **a veces** at times; **cada vez** each time, every time; **en vez de** instead of; **muchas veces** often; **rara vez** rarely; **tal vez** perhaps; **unas veces** sometimes
vía way, road; **vías de comunicación** means of communication; **vía férrea** railway; **en vías de** in the process of
viajar to travel
viaje *m.* journey, voyage, trip
vibrar to vibrate
vicepresidencia vice presidency
vicioso vicious

vicisitud vicissitude

víctima *m. & f.* victim

victoria victory

vid *f.* vine, grapevine

vida life; **ganarse la vida** to earn a living; **en el más alto de la vida** in the life beyond

vidalita *Arg.* melancholy song

Vieira, Antonio *(1608–1697)* *Portuguese missionary and writer*

viejo old; *m.* old man

viento wind

vigencia use, force

vigente prevailing; in force

vigilado to watch (over)

vigor *m.* vigor; **en vigor** in force; **poner en vigor** to put into effect

vil vile

villa town

vinícola *(pertaining to)* wine

vino wine; **vino de buena marca** fine wine

viñedo vineyard

violar to violate

violencia violence

virgen *f.* virgen; **la Virgen de los Remedios** Our Lady of the Afflicted; **la Virgen del Rosario** Our Lady of the Rosary

virreinal viceregal

virreinato viceroyalty

virrey *m.* viceroy

virtud virtue; **en virtud de** by virtue of

virtuoso virtuous

visión vision; sight; view

visitar to call on, visit

vista sight; view; vision; **en vista de** in view of, considering; **perder de vista** to lose sight of

visto *p.p. of* **ver**; seen

vistosidad beauty, attraction, showiness

visualidad pleasure in viewing beautiful things

visualmente visually

vital vital; important, essential

vitalidad vitality

vituperar to berate, censure

viuda widow

¡viva! hurrah! long live!

viveza liveliness, briskness

vivienda dwelling, house

vivir to live

vivo alive, living; lively; vivid

vizcaíno Basque

vizconde *m.* viscount

vocablo word, term

vocabulario vocabulary

volar to fly; to vanish

volcán *m.* volcano

volcánico volcanic

volumen *m.* volume

voluminoso voluminous, bulky

voluntad will; good will; **de su propia voluntad** of their own free will

volver to turn; to return; **volver a** to . . . again; **volver atrás** to go back

vómito vomit; yellow fever

vorágine *f.* vortex, whirlpool

vos you

votar to vote

voto vote

voz *f.* voice; word; sound; **voz de guerra** war cry

vuelo flight

vuelta turn, return; **dar la vuelta al globo** to circumnavigate the globe; **dar vueltas** to turn, walk to and from

vuestro your, yours

vulgar vulgar, common; hackneyed (*never* coarse, unmannerly)

vulgaridad vulgarity

vulgarmente commonly

vulgo populace; common and ignorant people

W

Whitman, Walt *(1819–1892) American*
  poet

Y

y and
ya already, now; at once, presently; **ya**
  no no longer
yacer to lie, rest
yacimiento bed, deposit
yanqui citizen of the United States,
  Yankee
yegua mare
yerba herb, grass; **yerba mate** maté
yerra *Arg.* branding
yesca tinder
yodo iodine
yucateco *inhabitant of Yucatan*

yugo yoke
yuxtaposición juxtaposition

Z

zambo *born of an Indian and a Negro*
zapatista *follower of Emiliano Zapata,*
  Mexican revolutionary leader (1883–1919)
Zárate, Agustín de *chronicler of Peru*
  (16th century)
zarpar to weigh anchor, sail
Zócalo, El *central square of Mexico City*
zona zone; band; sphere
zorro fox
zumbar to buzz, hum
zumo juice
Zurbarán, Francisco de *(1598–1664)*
  Spanish artist
zurrado drubbed, thrashed